KAMERPLANTEN ENCYCLOPEDIE

NICO VERMEULEN

KAMERPLANTEN ENCYCLOPEDIE

REBO PRODUCTIONS

Verklaring van de gebruikte tekens:

☼ zo licht mogelijke standplaats, niet altijd directe zon

◑ niet te veel licht, geen directe zon

● schaduw

● weinig water

◑ niet te veel water

○ veel water

De hoeveelheden licht en water zijn aangegeven voor het groeiseizoen; afwijkingen buiten het groeiseizoen worden in de tekst aangegeven.

6e druk 1999
tekst en foto`s: Nico Vermeulen
omslagontwerp: Ton Wienbelt, Den Haag
redactie: Gerda Leegsma
produktie: TextCase, Groningen
zetwerk en lay-out: Michéle Thurnim
B0005REBO

ISBN 90 366 0987 9

Inhoud

Woord vooraf

De *Kamerplantenencyclopedie* is een soepel gebruiksboek voor mensen mèt en zonder groene vingers, voor plantenliefhebbers mèt en zonder veel tijd. En hoe vreemd het misschien ook moge klinken: al die gebruikers raad ik aan om dit boek niet al te serieus te nemen. Miljoenen kamerplanten bewijzen dagelijks dat ze ook in leven blijven zonder dat ze precies genoeg vocht, licht en warmte krijgen. Ze worden immers verzorgd door mensen die in de meeste gevallen wel iets anders te doen hebben dan alleen hun kamerplanten vertroetelen. Beschouw de tips daarom gerust als leidraad, niet als voorschrift. Dan helpen ze u om met nog meer plezier uw kamerplanten te verzorgen.

De invalshoek van deze encyclopedie is de vraag: waar voelen kamerplanten zich het prettigst? Het antwoord is te vinden in de wouden van Zuidoost-Azië, tegen de berghellingen van de Andes en op de vlakten van Mexico. Is het er heet of koud, vochtig of droog en staan de planten er in de volle zon of in diepe schaduw? Dat zegt veel over de optimale standplaats in huis, zodat we in deze encyclopedie vaak naar verre oorden af zullen dwalen.

De beste standplaats bepaalt of een plant sprietig groeit en ziek wordt, of blaakt van gezondheid. Een gezonde plaats zal ziekte en plagen meestal voorkomen. Mochten ze toch toeslaan, dan adviseer ik u om de plant ergens anders neer te zetten. 's Zomers is voor de meeste soorten een beschutte standplaats buiten ideaal om van ongedierte of ziekte af te komen.

Chemische bestrijdingsmiddelen wijs ik af, omdat er grote gevaren aan kleven voor mens en milieu. We houden kamerplanten immers voor ons plezier. Bovendien werken gifstoffen slechts tijdelijk. Ziekten en plagen komen onherroepelijk terug wanneer de plant op de ongezonde plaats blijft staan.

Juist omdat het boek voor uw gemak is geschreven, vindt u de planten onder de namen die algemeen in de plantenwinkels worden gebruikt, ook wanneer die inmiddels zijn achterhaald door een nieuwe wetenschappelijke naamgeving. Met alleen die nieuwe namen komt u overigens via het register feilloos op de juiste bladzijde.

Links: *Fuchsia* 'Nell Gwyn'

De enige uitzondering vormt het hoofdstuk over de cactussen. Die worden over het algemeen naamloos in tuincentra en plantenwinkels verkocht en ik hoop cactusliefhebbers een plezier te doen door de nieuwe naamgeving door te voeren, omdat die onder liefhebbers al ingang vindt en de soorten met een gelijke verzorgingsbehoefte samenvoegt. Met de oude namen komt u via het register uiteraard weer op de goede bladzijde terecht.
De encyclopedie bestaat uit twee delen. In de eerste acht hoofdstukken komen planten aan de orde die vooral om hun mooie blad worden aangeschaft. Hoofdstuk 9 behandelt hang- en klimplanten, zowel de bladsierplanten als de bloeiende soorten. Vanaf hoofdstuk 10 staan de bloemplanten centraal, waarbij we in de laatste twee hoofdstukken over de drempel naar buiten stappen, voor de kleurrijke versiering van balkon en terras.

De auteur

Blz. 9: *Helicona psittacorum*

1. Varens

Vanaf halverwege de vorige eeuw tot diep in deze eeuw waren varens razend populair als kamerplant. Met de opkomst van de centrale verwarming verdwenen de varens uit de huizen. De meeste soorten kunnen slecht tegen droge lucht. Langzamerhand wordt duidelijk dat die droge lucht ook voor mensen ongezond is, zodat luchtbevochtiging steeds vaker voorkomt. Soms plaatst men daarvoor speciale apparaten. In andere gevallen worden de drogende radiatoren vervangen door stralingswarmte (vloerverwarming, muurverwarming en tegelkachels). In ruimten die door stralingswarmte worden verwarmd, kan de temperatuur bovendien enkele graden omlaag zonder dat de bewoners het voelen.

Voor varens maken die paar graden alle verschil. Ze groeien beter in een iets koelere ruimte, omdat de relatieve luchtvochtigheid daar hoger ligt. Varens hebben met de modernste verwarmingsmethoden dus weer toekomst. En mocht u –net als het overgrote deel van de bevolking– centrale verwarming hebben, dan nog is het mogelijk om van varens te blijven genieten. Zet ze tijdens het stookseizoen in een koele kamer. Daar overleven de meeste varens de winter. En zodra de cv in het voorjaar weer op een laag pitje gaat, zet u ze fris terug in de huiskamer.

Adiantum cuneatum

Zie: *Adiantum raddianum*

Links: *Dicksonia antarctica*

Adiantum hispidulum

Is de luchtvochtigheid in uw huis te laag om het gewone Venushaar (*Adiantum raddianum*) goed te laten groeien, probeer het dan eens met *Adiantum hispidulum*. Ook dit varentje houdt van vochtige lucht, maar verdraagt meer droogte. De deelblaadjes zitten in lange rijen aan de bladstelen, die op hun beurt weer op een zwarte steel staan, zodat de varen een transparante indruk maakt. En mocht het binnenshuis met *hispidulum* niet lukken, dan gaat zij nog niet verloren. Zet de varen buiten in vochtige, humusrijke grond in de schaduw, op een tegen wind beschutte plek. Daar overleeft zij onze winters met gemak. En zo lang het niet vriest, houdt zij ook buiten haar blad.

Adiantum hispidulum 'Bronze Venus'

Adiantum pubescens

Zie: *Adiantum hispidulum*

Adiantum raddianum

VENUSHAAR

Venushaar reageert onmiddellijk op een verkeerde behandeling. Is de luchtvochtigheid te laag, of vergeet u een keer water te geven, dan verdrogen de randen van de ragfijne deelblaadjes. Zet u de varen met de voet in het water, dan worden ze glazig en sterft de hele plant af, zeker in een koele ruimte. *Adiantum raddianum* komt uit de warme tropische wouden van Zuid-Amerika, waar de luchtvochtigheid hoog is en de temperatuur niet beneden de 18°C zakt. Probeer daarom een plaats in huis te zoeken die zo veel mogelijk op een tropenbos lijkt. Zet Venushaar op een lichte plaats, maar uit de zon. In centraal verwarmde huizen is extra vocht noodzakelijk. Nevel de varen geregeld met regenwater of gekookt water. Zet de plant met pot op een bed van kiezels in een brede schaal en vul die zo ver met water, dat dit de onderkant van de pot net niet raakt. Maar misschien is het eenvoudiger om deze prachtige varen op de vochtigste plekken in huis te houden: in de badkamer of in de buurt van het gasfornuis.

◑ – ● ◯

Adiantum raddianum 'Brilliantelse'

VENUSHAAR

Venushaar wordt in veel kweekvormen aangeboden. Het jonge blad van 'Goldelse' begint goudgeel, verkleurt later lichtgroen, maar houdt vaak een gouden randje. De sterke kweekvorm 'Fragrantissimum' wordt meer dan een halve meter hoog, met blauwgroene deelblaadjes, waarop zich gemakkelijk sporenhoopjes vormen. 'Brilliantelse' is nog taaier. Deze gedrongen varen heeft sierlijk goudgroene deelblaadjes aan de taaie, zwartglimmende bladstelen.

◑ – ● ◯

Adiantum raddianum 'Brilliantelse'

Aspidium

Zie: *Cyrtomium*

Adiantum raddianum

Asplenium antiquum

Deze soort uit Taiwan en Japan heeft kleinere, spitsere bladeren dan de vogelnestvaren. Aan de randen zijn ze vaak licht gegolfd en meer V-vormig. Bovendien zijn ze nog wat steviger dan de bladeren van *Asplenium nidus*. Ook dat maakt ze minder kwetsbaar. De verzorging is gelijk aan die van de echte vogelnestvaren (zie: *Asplenium nidus*).

◑ – ● ◐ – ○

Asplenium antiquum

Asplenium nidus

VOGELNESTVAREN, STREEPVAREN

De lange, tongvormige bladeren van de vogelnestvaren ontrollen zich vanuit een zwartbruin behaard groeipunt in het hart van de plant. Dat lijkt op een vogelnestje. De dunne, maar taaie bladeren vormen een trechter, waarvan de buitenste bladeren geleidelijk afsterven. Knip die gerust af.
Het blad blijft langer mooi, wanneer u de varen uit de zon houdt en geregeld met regenwater of gekookt water besproeit. *Asplenium nidus* houdt van een vochtige atmosfeer, maar neemt ook genoegen met drogere lucht. Het is een van de weinige varens die goed in centraal verwarmde kamers groeit. Daar zal de plant over het algemeen niet hoger en breder worden dan een halve meter. Onder ideale (vochtiger) omstandigheden kan de vogelnestvaren twee keer zo groot worden. Zo'n plant vraagt wel de ruimte, want de bladeren moeten volkomen vrijstaan, anders raken ze gemakkelijk aan de randen beschadigd. Beschadiging kan ook ontstaan door schild- of dopluis, speciaal wanneer de varen op een te droge plek staat. Chemische bestrijdingsmiddelen mogen beslist niet worden gebruikt. Daar zijn alle *Asplenium*-soorten zeer gevoelig voor. Krab de schildjes dus los en stip de plekken aan met een in spiritus gedoopt penseel.
Wanneer de plant voorspoedig groeit, zullen zich sporen vormen. De sporendragers staan in rechte lijnen aan de onderkant van de bladeren. Het is een kenmerk van de aspleniums, die om die reden ook wel streepvarens worden genoemd.
Er zijn woeste kweekvormen in de handel. *Asplenium nidus* 'Fimbriatum' bijvoorbeeld, heeft gehakkelde en soms gekrulde bladeren. De plant maakt een zieke indruk en is zeker geen verbetering ten opzichte van de echte *Asplenium nidus*.

◑ – ● ◐ – ○

Asplenium nidus

Asplenium scolopendrium

Zie: *Phyllitis scolopendrium*

Blechnum gibbum

In de winkel lijkt *Blechnum gibbum* op een heel gewone varen. De sierlijke, geveerde bladeren komen vanuit één punt uit de potgrond. Maar wanneer u de plant goed verzorgt, zult u merken dat u eigenlijk een boomvaren hebt gekocht. Ieder voorjaar verschijnen nieuwe frisgroene bladeren, terwijl de oudste afsterven. U kunt ze afknippen. Geleidelijk ontstaat een stammetje van enkele tientallen centimeters hoog. Op de eilanden in het zuidelijk deel van de Grote Oceaan, waar *Blechnum gibbum* van oorsprong groeit, worden de stammen soms anderhalve meter hoog.
De naam *gibbum* betekent 'gegolfd' en verwijst naar de duidelijk golvende bladeren. Die verdragen meer licht dan de meeste varens. Zet *Blechnum* op een lichte plaats, eventueel in de ochtendzon. Houd de plant in het groei-

zeizoen goed vochtig. 's Winters heeft zij weinig water nodig, maar ze zal in centraal verwarmde huizen geregeld moeten worden besproeid om spint te vermijden. U kunt de plant tijdens het stookseizoen het beste in een onverwarmde kamer zetten bij een temperatuur van minimaal 10°C.

◐ ◐–◊

Cibotium

KROMSTAF

Voordat de jonge bladveren van *Cibotium* zich ontrollen, zitten ze samengerold aan het einde van de steel. Zo'n ontluikend blad lijkt sprekend op een bisschopsstaf. Daarom wordt de plant 'kromstaf' of 'bisschopsstaf' genoemd.

Aan de Hawaïaanse boomvarens (*Cibotium glaucum*) is op oudere leeftijd te zien dat het om een boomvaren gaat. De anderhalve meter lange en een halve meter brede bladveren verschijnen steeds hoger aan de korte stam.

Cibotium menziesii, ook wel *Cibotium chamissioii* genoemd, lijkt er sterk op en heet daarom Hawaïaanse boomvaren. *Cibotium barometz* krijgt manshoge bladveren, die heel breed uitgroeien, zonder dat de plant overi-

Cibotium

Blechnum gibbum

gens de hoogte in gaat. De Mexicaanse boomvaren (*Cibotium schiedei*) vormt in cultuur evenmin een stam en ook hier spreiden de bladveren zich wijd uit, al hebt u voor deze laatste soort niet meer dan één tot anderhalve meter ruimte in de breedte nodig.
Een koele kas of serre is voor alle boomvarens ideaal, want ze kunnen niet tegen droge of bedompte lucht. Centrale verwarming is op den duur funest. Moderne verwarmingsmethoden, zoals vloer- en muurverwarming, bieden een veel gezonder klimaat. De luchtvochtigheid daalt niet meer beneden de 50% relatieve vochtigheid en de lucht blijft fris. Er is dus toekomst voor de boomvarens in lichte ateliers, grotere woonkamers en werkruimten. Houd de varens uit de directe zon, maar geef ze wel zo veel mogelijk licht. De wintertemperatuur mag niet beneden 7°C zakken. 's Zomers zijn temperaturen tussen 15°C en 30°C ideaal.

Cyathea

BOOMVAREN

Van de meer dan 300 *Cyathea*-soorten zijn vooral die uit subtropische gebieden voor ons

Cyathea cooperi

De *Cibotium* in de natuurlijke omgeving

klimaat geschikt. De tropische soorten vragen zelfs 's winters nachttemperaturen van boven 15°C. *Cyathea medullaris* uit Nieuw-Zeeland neemt genoegen met 7°C in de nacht. Het betekent dat zelfs deze sterke soort 's winters in een verwarmde ruimte moet worden gekweekt. En omdat de luchtvochtigheid zeker boven de 50% moet blijven, komen alleen lichte en frisse ruimten in aanmerking. Daar mag de milde winterzon deze boomvarens gerust beschijnen. Bescherm de boomvarens in de zomer tegen de zon en geef dan ruim water, zonder dat de potgrond doorweekt raakt.

Cyrtomium falcatum

IJZERVAREN

Cyrtomium falcatum is een ijzersterke varen uit China en Japan, die in huis met de onmogelijkste plekken genoegen neemt. Zelfs in de schemer van een hal blijft het donkergroene blad in leven, al groeit het pas voorspoedig in lichte schaduw en een luchtvochtigheid van boven de 50%. Maar ook in de centraal verwarmde huiskamer houdt *Cyrtomium* het dapper vol.

Wilt u er extra lang plezier van hebben, zet de plant dan 's winters in een onverwarmde kamer. De temperatuur mag gerust tot bij het vriespunt dalen. In het zuidwesten van Engeland overleeft zij de winter zelfs buiten! En mocht de plant in de zomer aftakelen, gebruik dan de tuin als kuuroord: graaf haar op een schaduwrijk plekje in en haal de varen eind september weer binnen. 's Winters heeft de varen op een koele plek heel weinig water nodig. Giet in de verwarmde kamer en 's zomers ruim en sproei het loof, dat tot veertig centimeter hoog kan worden, liefst geregeld.

Cyrtomium falcatum 'Rochfordianum' is een veel verkochte kweekvorm met groter en stekeliger blad. Minder vaak worden de volgende ondersoorten van *Cyrtomium falcatum* aangeboden: *fortunei* met matgroen blad en *caryotideum* met hangende bladpunten en gezaagdrandige deelblaadjes.

Cyrtomium falcatum

Davallia bullata

APEPOOTJE

De wortelstokken van *Davallia bullata* en van de variëteit daarvan, *Davallia bullata mariesii*, zijn meer schubbig dan behaard. Het dertig centimeter lange blad van deze sierlijke varens van de Azoren is ragfijn verdeeld. De kantachtige uiteinden van de deelbladeren zijn iets blaasachtig verdikt en lijken daarmee op wier. Ze zijn slapper dan die van *Davallia canariensis* en drogen gemakkelijker uit. Zorg daarom voor een iets hogere luchtvochtigheid voor *bullata*, van minimaal 50%. Verder is de behandeling gelijk aan die van *Davallia canariensis*.

Davallia bullata

Davallia canariensis

HAZEPOOTJE

De wortelstokken van *Davallia canariensis* kruipen op den duur uit de pot en pakken die helemaal in. Ze zijn roodbruin behaard en doen inderdaad aan hazepootjes denken. Om hun sierwaarde volledig tot haar recht te laten komen, kunt u de varen (van ongeveer dertig centimeter hoog) het beste in een hangmand kweken. In de natuur groeit zij tegen bomen en omwikkelt de stam met vochtabsorberende worteluitlopers.

Dit zegt veel over hoe *Davallia* het beste behandeld kan worden. Kweek haar in zeer humusrijke grond, eventueel aangevuld met wat veenmos. Geef geen of heel weinig kamerplantenmest en zorg dat de aarde niet kletsnat blijft. Het bevochtigen van de wortels en bladeren, liefst met geneveld regenwater of gekookt kraanwater, komt de plant zeer ten goede. Overigens is het een redelijk gemakkelijk te kweken varen, die ook met drogere lucht genoegen neemt en zelfs milde zonneschijn verdraagt. Zet de plant tijdens het stookseizoen wel uit centraal verwarmde vertrekken, want daarin wordt het ook voor deze *Davallia* van de Canarische eilanden te droog. In de winter neemt de varen met heel weinig licht genoegen en verdraagt dan temperaturen van rond het vriespunt. *Davallia canariensis* kan gemakkelijk worden voortgekweekt door afgesneden stukjes van de wortelstok op vochtig veenmos vast te spelden. Leg het veenmos op vochtige aarde.

◑ ◐

De wortelstokken van *Davallia canariensis*

Davallia canariensis

Dicksonia

BOOMVAREN

Dicksonia's zijn de indrukwekkendste boomvarens. Van oorsprong komen ze voornamelijk uit Nieuw-Zeeland en Australië, maar vanwege hun pracht pronken ze nu in menige tuin in tropische en subtropische landen. Op den duur worden ze vele meters hoog met een palmdikke stam. Uit de top ervan spreiden zich de dubbel of meervoudig geveerde bladeren, die enkele vierkante meters in lichte schaduw kunnen zetten. Het is een hele ervaring om onder boomvarens door te wandelen.
Dicksonia antarctica verdraagt enkele graden vorst, maar moet desondanks binnen worden gehouden. Drogende wind is fataal. Mocht u zo'n supervaren willen kopen, ga dan eerst na of u haar in leven kunt houden. Begin er in een centraal verwarmd huis niet aan. De boomvaren moet licht staan, maar niet zonnig. Het moet er vochtig zijn, maar niet kil en bovendien hebt u voldoende ruimte nodig om de bladeren tot volle ontplooiing te laten komen. Geef de varen, die heel goed in een relatief kleine kuip kan groeien, gemiddeld water en een gemiddelde temperatuur en zorg voor zo veel mogelijk frisse lucht. In de zomer kan de varen buiten, maar alleen op een zeer beschutte plek in de schaduw.

Dicksonia antarctica

Didymochlaena truncatula

Het jonge blad van dit bossig groeiende varentje is bronskleurig. Geleidelijk wordt het lichtgroen met een prachtige glans. De bladeren zijn diep ingesneden, waarbij nagenoeg rechthoekige deelblaadjes ontstaan. Ondanks haar hoge sierwaarde is *Didymochlaena* nog tamelijk onbekend. Aan de verzorging zal het niet liggen, want die is beslist niet moeilijker dan die van de meeste andere varens. Zij verdraagt schaduw, maar geen directe zon. In de zomer veel water geven en in de winter mildvochtig houden. Nevelen of sproeien doet het blad bijzonder goed, want het enige waar de plant echt niet tegen kan, is de droge lucht van centrale verwarming. Zet haar daarom 's winters in een onverwarmde kamer, waar de temperatuur niet beneden 7°C mag zakken.

Didymochlaena truncatula

Dryopteris erythrosora

HERFSTVAREN

De jonge bladeren van *Dryopteris erythrosora* beginnen zoals de meeste varenbladeren eindigen: in herfstkleur, vandaar dat deze soort 'herfstvaren' wordt genoemd. De hele zomer door ontstaan er nieuwe herfstbladeren aan deze sterke varen. Zij is familie van onze inheemse mannetjesvaren (*Dryopteris filix-mas*), die als tuinplant wordt aangeboden. *Dryopteris erythrosora* kunt u zowel bij de tuin- als bij de kamerplanten vinden, want zij is geschikt voor buiten en voor binnen. Giet de varen in de zomer ruim en besproei de bladveren zo vaak mogelijk met gekookt leidingwater of regenwater. Aan het begin van het stookseizoen moet de varen uit centraal verwarmde ruimten gehaald worden. Zij kan in een onverwarmd vertrek of in de kas, of

Rechts: *Matteuccia struthiopteris*

zelfs (met pot en al ingegraven) buiten overwinteren. In het laatste geval zal deze Japanse varen haar blad verliezen om in het voorjaar opnieuw uit te lopen.

Dryopteris erythrosora

Matteuccia struthiopteris

STRUISVAREN

De struisvaren is eigenlijk een tuinplant, die zich op vochtige plaatsen snel kan uitbreiden met ondergrondse worteluitlopers. Op alle mogelijke plaatsen schieten dan in het voorjaar de groene bladtrechters op. Juist omdat de varen zo woekert, is zij niet bij iedereen als tuinplant geliefd. Gelukkig kunt u haar gemakkelijk indammen door haar in een grote kuip te planten. In de herfst zakt het afstervende blad over de kuiprand, terwijl de vruchtbare bladeren fier overeind blijven en goudbruin opgloeien in de winterzon.
De struisvaren is volkomen winterhard. U hoeft alleen maar voor voldoende vocht in het groeiseizoen te zorgen, want dan kan zij beslist niet tegen uitdrogen. In vochtige grond kan de kuip zowel in de schaduw, halfschaduw, als in de volle zon worden gezet.

Microlepia speluncae

Microlepia kunt u het beste kopen alsof het een bos bloemen is. Na een tijdje genieten, gooit u de aftakelende plant weg. De zachte, lichtgroene bladveren zijn dun en hebben een luchtvochtigheid van boven de 60% nodig om mooi te blijven, en dat is in centraal verwarmde huizen onmogelijk. In de winter koel zetten helpt niet, want *Microlepia* komt uit de tropen en kan slecht tegen temperaturen beneden 15°C.
Mocht u de plant desondanks in leven weten te houden, zorg dan voor voortdurend vochtige, maar geen kleffe grond en houd die voedzaam. *Microlepia* is een van de weinige varens die om een zeer voedzame bodem vraagt, liefst met oude koemest erin. Vloeibare plantenvoeding mag ook. En uiteraard: sproeien en nevelen met regenwater wordt door deze mooie varen als geen andere op prijs gesteld.

Microlepia speluncae

Nephrolepis exaltata

KRULVAREN

Op iedere veertig verkochte kamerplanten is er één een krulvaren. Van elke drie verkochte varens is er één *Nephrolepis exaltata*. In miljoenen huiskamers buigen de diep ingesneden en meestal gekrulde bladeren zich over de vensterbank. Toch is het geen gemakkelijke varen, zodat een groot deel van de omzet uit vervanging van gestorven planten kan worden verklaard.
Nephrolepis exaltata heeft een gelijkmatig vochtige grond nodig, luchtvochtigheid van boven de 50%, liefst boven de 60%, geregelde sproeibeurten en geregeld mest. Koopt u deze varen in het voorjaar, dan blijft ze meestal tot oktober goed. Daarna hangt het ervan af of u

haar in de centraal verwarmde kamer houdt of een vochtiger plek weet te vinden (bijvoorbeeld de badkamer, een verwarmde kas, een koele serre of kamer, of in de keuken dicht bij het gasfornuis). Daar kan de krulvaren bij een minimumtemperatuur van 12°C de winter door komen.
Desondanks kan het blad geel worden, of vallen de deelblaadjes zelfs helemaal van de draadachtige stelen af. In dat geval hebt u de plant uit laten drogen, staat ze op een te donkere plek of lijdt ze aan voedselgebrek. Geef geregeld vloeibare kamerplantenmest in de voorgeschreven dosering.
Houd *Nephrolepis* uit direct zonlicht, maar geef haar liefst wel een lichte standplaats, ook al houdt zij het in de schaduw verbluffend lang vol.
De krulvaren wordt in een groot aantal kweekvormen aangeboden, waarbij 'Teddy Junior' (met gerimpeld blad), 'Whitmanii' (diep ingesneden, gekruld blad), 'Linda' (gekroest blad) en 'Maassii' (golvende bladranden) de naam 'krulvaren' zeker eer aan doen. Maar er zijn ook gladde kweekvormen, zoals 'Cordata' (strak blad) en 'Bostoniensis' (tot één meter lang, overhangend blad).

Osmunda regalis

KONINGSVAREN

De koningsvaren groeit in vochtige Europese bossen en moerassen en is dus volkomen win-

Osmunda regalis

Nephrolepis exaltata

terhard. De bladeren worden tussen één en anderhalve meter lang met regelmatig gerangschikte deelblaadjes. In de loop van de zomer ontwikkelen zich uit het hart van de plant vruchtbare bladeren met geelbruine sporenhoopjes.
In de tuin heeft *Osmunda* een heel vochtige plek nodig, maar die kunt u ook zelf maken. Kweek deze schitterende varen in een moeraskuip. Een doorgezaagde regenton is ideaal. Vul deze met bladaarde en water en plant daarin de varen, die onder deze omstandigheden best in de zon mag staan (al is halfschaduw beter). In de winter kan de kuip gerust buiten blijven, want de koningsvaren, die dan wel haar blad verliest, is volledig winterhard. De varen groeit sterk uit, tot anderhalve meter hoog. Mocht dit u te hard gaan, kies dan voor de kleinere cultuurvorm 'Gracilis' of de gekroestbladige 'Cristata'.

◐ ◯

Pellaea rotundifolia

DUBBELTJESVAREN

De ronde deelblaadjes van de dubbeltjesvaren, die ook wel rondbladige varen wordt genoemd, zijn leerachtig en verdragen aanmerkelijk meer droogte dan de meeste andere soorten. *Pellaea rotundifolia* komt uit Nieuw-Zeeland, waar zij tegen rotsen groeit. De grond hoeft dus ook niet zo zuur en vochtig te zijn als bij veel andere varens. Een mengsel van twee delen bladgrond en een deel scherp zand voldoet uitstekend. De grond mag nooit helemaal uitdrogen, terwijl de plant evenmin met de voet in het water mag blijven staan.

Pellaea rotundifolia

Phyllitis scolopendrium 'Cristata'

Pellaea rotundifolia mag het hele jaar in de centraal verwarmde kamer blijven. Houd haar uit de zomerzon. Voor het overige stelt *Pellaea* weinig eisen: een lichte standplaats is prima, een donkere wordt verdragen. Aanbevolen minimumtemperatuur: 12°C.

Phlebodium aureum

Zie: *Polypodium*

Phyllitis scolopendrium

TONGVAREN

Net zoals de vogelnestvaren heeft de tongvaren gaafrandige bladeren, die als lange, felgroene tongen uit de aarde komen. Maar ze staan niet duidelijk in een trechter bij elkaar. De tongen worden op een winderige plaats buiten niet langer dan tien centimeter, maar groeien op beschutte, vochtige plaatsen uit tot meer dan een halve meter. De tongvaren is in grote delen van Europa inheems en doorstaat de strengste vrieskou. Zij groeit tegen kalkrotsen en op kalkrijk zand en wil dus, in tegenstelling tot de meeste varens, een kalkrijke grond. Voeg gerust een handje mergel of een vuistvol beendermeel aan de grond toe.
De tongvaren is een gemakkelijke varen voor koele ruimten binnenshuis. De planten verdragen weliswaar kamertemperatuur, maar daarin wordt de lucht vaak te droog, zeker bij de centrale verwarming. Wanneer u een luchtvochtigheid van 50% (liefst 60%) of meer kunt bieden, is de tongvaren een probleemloze plant voor een plaats uit de zon. Zij verdraagt diepe schaduw en is dus heel geschikt voor plaatsen ver van het raam. Houd de aarde altijd gelijkmatig vochtig, maar niet kletsnat.
Uit de tongvaren zijn talloze kweekvormen gewonnen met afwijkende bladvormen: de hanekam-tongvaren 'Cristatum' heeft golvende bladranden, die aan het einde in een kuif uitlopen, 'Crispum' is sterk geplooid, 'Undulatum' is een miniatuurvorm met golvend blad.

Platycerium bifurcatum

HERTSHOORNVAREN

Hertshoornvarens groeien tegen bomen in Afrika, Azië en Australië. De bekendste, *Platycerum bifurcatum*, komt uit Australië en kan redelijk goed tegen de droge lucht in centraal verwarmde huizen. In de natuur putten de wortels uit vocht en humus dat door de naar achteren welvende bladeren wordt vastgehouden. In de huiskamer kunnen we de hertshoornvaren het beste in een hangmand kweken in bladaarde, vermengd met veenmos. Humusrijke potgrond mag ook.
Giet in de holte achter de welvende bladeren, die eerst lichtgroen zijn en later papierachtig en bruin worden. De grond mag tussen de gietbeurten iets uitdrogen. Mocht water geven problemen opleveren, dan kunt u de varen ook ongeveer wekelijks ('s winters om de twee weken) in lauw water dompelen.
Hang de hertshoornvaren op een zo licht mogelijke plek, maar 's zomers niet in de zon.
Wanneer de bladpunten van de lange, geweivormig vertakte, bladeren bruine plekken krijgen, is dit normaal. Het zijn de sporen. Ook de stofachtige beharing hoort op de plant en mag niet worden afgestoft, weggeborsteld of natgemaakt.

Platycerium bifurcatum

Platycerium grande

HERTSHOORNVAREN

Van deze soort uit Zuidoost-Azië en noordelijk Australië vallen vooral de achterwaarts gebogen bladeren op, die aan de bovenkant geweivormig zijn vertakt. De sporen verschijnen aan lange, afhangende bladeren. Maar in de kamer worden die vaak helemaal niet gevormd, zodat u het van de grijsbehaarde cilinder van blad moet hebben. Deze soort, die enkele tientallen centimeters hoog wordt, kan op dezelfde manier worden behandeld als *Platycerium bifurcatum*.

◑ ◑

Platycerium grande

Polypodium

Polypodium betekent letterlijk 'met veel voetjes' en dit duidt op de kruipende wortelstokken van de meeste van de ongeveer duizend varensoorten, die deze naam dragen. Ze groeien overwegend in de tropen tegen bomen, waartegen ze zich met de 'veel voetjes' hechten.
In onze streken is *Polypodium vulgare*, de eikvaren, bekend, die zowel in losse grond als tegen muren en bomen kan groeien. Zij is niet

Polypodium musifolium

geschikt voor de huiskamer. Daarvoor moeten we bij tropische verwanten zijn, zoals *Polypodium aureum*, die tegenwoordig eigenlijk *Phlebodium aureum* moet heten. De blauwachtige bladeren zitten diep geveerd aan een lange steel, die uit een geschubde wortelstok ontspringt. De potgrond mag nooit uitdrogen, terwijl deze moeilijke varen ook een combinatie vraagt van hoge luchtvochtigheid en hoge temperatuur. In centraal verwarmde huizen is geregeld nevelen beslist noodzakelijk. Gelukkig neemt de plant genoegen met weinig licht, zodat u haar ook in de badkamer of keuken kunt zetten.
Polypodium musifolium is nog zo'n tropische varen, uit de wouden van Nieuw-Guinea. Het blad, dat volgens de naam op bananeblad lijkt, is enkele tientallen centimeters lang en decoratief dooraderd. Deze varen houdt van een nog hogere luchtvochtigheid en wordt daarom weinig aangeboden.

● ○

Pteris cretica

VLEUGELVAREN

De vleugelvaren groeit in zeer uiteenlopende gebieden, van de Middellandse Zee tot in de meeste tropenlanden. De lange, lintvormige bladslippen zijn dun en groeien het beste bij hoge luchtvochtigheid. Zet deze kleine varen dus 's winters liefst uit de centraal verwarmde kamer in een koelere ruimte, waar de temperatuur nooit beneden 7°C mag zakken. Laat *Pteris* zelfs in de winter niet helemaal uitdrogen en giet in de zomer met gulle hand, zeker wanneer de varen op een lichte plaats staat. Dat is de ideale standplaats, maar iets donkerder mag ook.
Van de vleugelvaren zijn veel kweekvormen in de handel: *Pteris cretica* 'Parkeri' heeft bijna

Pteris cretica

handvormig samengesteld groen blad, dat iets geribbeld is. Het groene blad van 'Roeweri' heeft extreem lange bladslippen, die aan het einde gegaffeld zijn. Ook 'Mayii' heeft zo'n kuif aan het einde van ieder bleekgeel gestreept blad. 'Albolineata' is heel populair, met een zilverwitte streep over ieder deelblad.

Pteris ensiformis

Deze soort uit Zuidoost-Azië en Noord-Australië heeft hetzelfde dunne blad als *Pteris cretica*. Het is niet lintvormig, maar sterker geveerd. Daar bovenuit steken soms lange, dunne, gekronkelde bladeren, waaraan zich de sporen vormen. Zie voor de verzorging van deze kleine varen bij *Pteris cretica*.

Er zijn talloze kweekvormen van *Pteris ensiformis*. De bekendste twee hebben allebei veel wit in het blad: 'Victoriae' heeft een duidelijk visgraatpatroon van wit door het groene blad lopen, soms een patroon van groen in wit blad. 'Evergemiensis' lijkt er veel op, maar is nog witter. En om het echt ingewikkeld te maken, zijn er ook nog allerlei tussenvormen in de handel.

Pteris ensiformis

Pteris tremula

WORTELLOOFVAREN

De wortelloofvaren heeft een totaal ander uiterlijk dan de hiervoor behandelde *Pteris*-soorten. Het is een varen zoals je een varen verwacht: met één meter lange bladeren van sterk geveerd groen. Er worden voortdurend nieuwe bladeren gevormd uit de kruipende wortelstokken in de aarde, zodat deze varen vroeger veel als snijgroen werd gebruikt. Zij werd toen 'tafelvaren' genoemd, omdat de bladeren als tafelversiering dienden.

Ondanks haar grote groeikracht is ook deze varen gevoelig voor te droge lucht. Een relatieve vochtigheid van 50% is het minimum. Tijdens het stookseizoen zakt het vochtgehalte in centraal verwarmde kamers daar ver onder. Zet de wortelloofvaren daarom in de winter in een koele ruimte bij een minimumtemperatuur van 10°C. Laat de grond nooit helemaal uitdrogen en sproei zo vaak u kunt. Dan kunt u lang blijven genieten van het steeds vernieuwende groen.

Scolopendrium vulgare

Zie: *Phyllitis scolopendrium*

Pteris tremula

2. Palmen

Wanneer we aan palmen denken, zien we tropische landen voor ons. En die gedachte is zo gek nog niet. De meeste van de ongeveer 2500 palmesoorten groeien in tropische en subtropische landen, in een duidelijk begrensd gebied: de zogenaamde palmgordel. Het is een brede strook aan weerszijden van de evenaar, waar het het hele jaar door warm genoeg is om palmen te laten groeien. En al zijn er enkele uitzonderingen, de meeste palmen die we als sierplant in de kamer houden, gedijen het beste in een goed warmgestookt vertrek. Geen wonder dat de palmen bezig zijn om de huiskamers te veroveren, want we verwennen onszelf met een steeds hogere temperatuur.
Palmen worden vaak als jonge plant verkocht. Bij een goede verzorging groeit de plant op den duur uit tot een echt 'meubelstuk'. Het is immers een boom. En omdat palmen niet gesnoeid of gestekt kunnen worden, zult u op den duur op zoek moeten naar een ruime standplaats. Die moet wel licht zijn, maar niet echt zonnig.
Dit lijkt vreemd. Maar ook in de tropenlanden staan jonge palmen (en zelfs de grootste kamerpalm blijft een jonge palm) zelden in de zon. Ze groeien op in struikgewas, vaak in de schaduw van andere bomen.

Areca lutescens

GOUDPALM

Areca lutescens is de meest aangeboden palm op de kamerplantenmarkt. Eigenlijk heet de plant tegenwoordig *Chrysalidocarpus lutescens*, maar ze wordt nog algemeen onder de naam *Areca* aangeboden. De bladveren van jonge planten zijn tamelijk slap en onregelmatig, maar worden op oudere leeftijd steviger en regelmatig. Kenmerkend voor *Areca*-soorten zijn de zwarte stippen op de levendig groengele stamvoet, die iets van bamboe wegheeft, met ringen waar oude bladeren hebben gezeten.
Areca lutescens komt van Madagascar. Het is er altijd warm en de goudpalm is dan ook niet ingesteld op lage temperaturen. Zet haar dus op een warme plek, waar het ook 's nachts niet kouder wordt dan ongeveer 15°C. *Areca* groeit het best op een zeer lichte plaats uit de middagzon.
De potgrond moet zo gelijkmatig mogelijk vochtig blijven, dus giet geregeld, maar nooit met water zo uit de kraan. Dat veroorzaakt een koudeschok. Leng het water aan tot het handwarm is, of gebruik water op kamertemperatuur.

◐ ◑

Links: *Areca lutescens*

Areca lutescens

Caryota

Caryota komt uit tropisch Zuidoost-Azië. Daar wordt de bekendste soort, *Caryota mitis*, meer dan tien meter hoog. De deelblaadjes aan de grote bladveren zijn driehoekig en hangen omlaag. Ze lijken op groene vissestaarten, zodat de plant ook wel vissestaartpalm wordt genoemd. In huis moet u een ruimte van twee meter hoog en één meter breed reserveren, want zo groot wordt deze sterke palm op den duur. De plant heeft dan wel voortdurend temperaturen van boven 15°C nodig, liefst een stuk warmer en een zeer regelmatige watergift. Laat de potgrond nooit uitdrogen, maar zet de palm evenmin met de voet in het water. Gebruik lauw gietwater, waaraan in de zomer maandelijks vloeibare plantenmest wordt toegevoegd. Verpot pas wanneer de wortels over de potrand beginnen te kruipen en houd de palm in een relatief kleine pot, wanneer u haar op een handzaam formaat wilt houden. Een zeer lichte groeiplaats is ideaal, maar zet de palm niet in de volle zon. Sproei geregeld, want dan is de kans op spint minder groot.

☼ – ◐ ◑

Chrysalidocarpus

Zie: *Areca*

Cocos nucifera

KOKOSPALM

In de tijd van Columbus groeide de kokos alleen aan de Caribische kust van Panama. Maar de palm bleek zo nuttig, dat de mens de plant over alle tropenlanden heeft verspreid. Binnen de harde vruchtschaal bevindt zich het eiwitrijke vruchtvlees, dat in de tropen wordt gegeten wanneer het nog geleiachtig is. Kokosmelk is een populaire en gezonde drank. Wij kennen de kokosnoot als een steenharde donkerbruine kogel, maar van nature zit hij in een dikke schil. De vezels van deze schil worden voor alle mogelijke doelen gebruikt, tegenwoordig ook als grondverbeterend middel, dat onder de naam 'cocopeat' op de markt wordt gebracht.

Caryota

De kokospalm in volle wasdom

Cocos nucifera

In de winkel koopt u waarschijnlijk een pas gekiemde kokosvrucht. De noot, omgeven door vezelschil, is als een enorme pit op vochtige aarde gelegd en gekiemd. De kans op een lang leven is klein. Het is moeilijk om de kokospalm de goede groeiomstandigheden te geven. Die zijn: minimaal kamertemperatuur en desondanks vochtige lucht. In centraal verwarmde kamers is de lucht meestal te droog en vergeelt het blad. Alleen zeer geregeld sproeien met handwarm water helpt de palm de winter door. Zo wordt ook spint voorkomen. Zet kokos op een heel lichte plek en bescherm de plant tegen de hete middagzon. Laat de aarde nooit uitdrogen. De palm mag niet met de voet in het water staan.

☼ ◑

Cycas revoluta

CYCASPALM

De cycas is geen palm, maar wordt desondanks hier behandeld, omdat zij er zo op lijkt. De cycassoorten zijn echte antieke planten. Ongeveer tweehonderd miljoen jaar geleden, in het Trias, waren de *Cicadaceae* wijd verbreid. Nu zijn er nog maar acht soorten over, waaronder *Cycas revoluta* uit Japan en Taiwan.

Op Java wordt deze soort geteeld om het eetbare merg in de stam, de sago.

Cycas revoluta

Van de cycaspalmen wordt vooral *Cycas revoluta* vaak als kamerplant aangeboden. Aan de top van een harige, geschubde eivorm spreiden zich zeer regelmatig geveerde bladeren. Bij het ontrollen van het nieuwe blad is het zacht en kwetsbaar, later worden de bladeren hard, stevig en puntig aan het eind.
Op oudere leeftijd kan de cycas gaan bloeien. Er zijn vrouwelijke en mannelijke planten. Bij de laatste groeit een kegel in het hart van de plant. Bij de vrouwelijke is het een wirwar van vruchtbeginselen, die na bevruchting uitgroeien tot oranjegele, viltige zaden, ongeveer zo groot als een gedopte tuinboon. Ze liggen open in het hart van de plant, die men daarom 'naaktzadig' noemt.
Geef *Cycas revoluta* een warme en lichte plek, beschermd tegen de felle middagzon. De oude bladeren zullen geleidelijk afsterven en de nieuwe die ervoor in de plaats komen, zijn telkens iets langer dan de voorgaande (bij heel oude planten zelfs meer dan een meter lang). Wanneer u de plant heel lang in leven weet te houden, zal ze geleidelijk een stammetje vormen. Geef de plant alleen vloeibare mest wanneer zich weer een nieuwe toef bladeren ontrolt. Verpot niet te snel en woel niet in de bovenlaag van de aarde, want daar bevinden zich belangrijke, breekbare wortels, en houd de aarde vochtig maar nooit nat. Dan blijft deze sterke plant, die weinig vatbaar is voor ziekten en plagen, lang leven.

◑ ●–◑

Howea

Zie: *Howeia*

Howeia forsteriana

KENTIAPALM

Op ongeveer 500 kilometer uit de oostkust van Australië liggen de Lord Howe-eilanden, die *Howeia* (vaak ook geschreven als *Howea*) haar naam hebben gegeven. De palm ontleent de Nederlandse naam aan de hoofdstad ervan: Kentia. Tot groot geluk van de bewoners van de eilandengroep is de kentiapalm er inheems en bovendien op iedere andere plaats op aarde moeilijk te kweken. Dus is de export van de populaire *Howeia forsteriana* de belangrijkste bron van deviezen geworden. Vaak kunt u die tropische herkomst van uw *Howeia* op het etiket aflezen. Meestal koopt u een pot met daarin enkele zaailingen van de palm. Ze vervlechten hun lange bladeren tot een sierlijke bos bladveren. Om ze goed te houden, kunt u ze het beste geregeld besproeien, vooral in de verwarmde huiskamer. 's Winters groeit *Howeia* het beste bij een nachttemperatuur van tussen 12°C en 16°C. In de zomer is een dagtemperatuur van 18°C tot 25°C ideaal.
Zet de kentiapalm op een zo licht mogelijke plaats, maar houd het blad beslist uit de hete middagzon. Als gevolg van droogte of te veel zon zullen de bladpunten verdrogen. Giet in de zomer gul met handwarm water en dompel de pot liefst iedere week even onder. Maar laat de plant, die niet met de voet in het water mag blijven staan, wel volledig uitlekken voordat u haar weer in de buitenpot zet.
Behalve de bekende *Howeia forsteriana* is er de grotere *Howeia belmoreana*. Deze heeft minder blad dan *forsteriana*, maar ieder blad is groter en hangt sierlijk omlaag. Voor deze prachtige kentiapalm hebt u veel ruimte nodig, want het veelvuldig aanraken van de bladtoppen kan tot bruine punten leiden.

☼–◑ ○

Links: *Howeia forsteriana*

Licuala

STRALENPALM

De bijna honderd soorten groeien allemaal in tropisch Zuidoost-Azië en Noord-Australië. De palmen blijven over het algemeen klein, tenminste voor palmen. *Licuala grandis* wordt maar ongeveer twee meter hoog. Boven-

Licuala

aan de dunne stam spreiden zich de waaiervormige bladeren. Meestal wordt de stralenpalm als jong palmpje aangeboden. Daarvan ontvouwen de bladeren zich niet waaiervormig, maar blijven smaller, langwerpig. Toch is de kenmerkende gevouwen structuur van het stralenpalmblad dan al goed te herkennen.
Of u ooit van de volle omvang van het palmblad kunt genieten, hangt af van hoe knap u met planten bent. Het tropisch hete en vochtige klimaat waarin de stralenpalmen van nature groeien, is in de huiskamer moeilijk na te bootsen. Laat de nachttemperatuur bij voorkeur niet beneden de 15°C zakken (zelfs niet in de winter) en vermijd een kleffe wortelkluit. Giet vooral in de zomer rijkelijk (altijd met handwarm water) en nevel zo vaak u kunt, speciaal in de droge wintermaanden. Zet *Licuala* op een lichte plek, maar deze palm van de tropische ondergroei verdraagt geen felle zon.

Phoenix canariensis in kamerplantformaat

Phoenix canariensis

CANARISCHE DADELPALM

Op de Canarische eilanden, de plek waar *Phoenix canariensis* oorspronkelijk vandaan komt, wordt de palm op den duur meer dan tien meter hoog. De nachttemperaturen zakken er 's winters vaak tot een graad of 5, zodat deze palm veel meer kou verdraagt. Het is een van de gemakkelijkst groeiende palmen en een van de weinige die 's winters in een koele kamer kan worden weggezet. Daar heeft de plant veel minder last van de drogende verwarming, zeker wanneer u af en toe het raam open zet.

Phoenix canariensis

U hoeft de plant alleen maar vorstvrij te houden en veel licht te gunnen.
's Zomers kan de dadelpalm in een pot of kuip naar buiten, maar zij groeit ook binnen op een lichte plek uitstekend. Te goed misschien, want ook binnen groeit *Phoenix* hoog en breed uit met stugge bladeren, die aan de uiteinden zeer scherp zijn. Dit maakt de palm ongeschikt voor een huis met kleine kinderen. *Phoenix* past het beste in grote werkruimten, ateliers en zeer grote woonkamers.
Geef in de zomer ruim water. Nevelen is altijd goed, maar bij deze palm niet noodzakelijk. De dadelpalm wijkt ook in andere opzichten wat betreft de verzorging af. Zo mogen de *Phoenix*-soorten in de volle zon.

Washingtonia filifera

Op het zuidwestelijke puntje van Engeland staan grote palmen in de buitenlucht. Het zijn *Washingtonia*'s, palmen uit het zuidwesten van de Verenigde Staten. De woestijnen van Arizona en Californië koelen 's nachts sterk af. De palmen beschermen zich door de afstervende bladeren niet onmiddellijk te laten vallen. Dat gebeurt pas later.
Eerst hangen ze een tijdje omlaag en vormen samen een isolerende mof rond het kwetsbare groeipunt.

Washingtonia filifera

Ook bij ons verdraagt *Washingtonia filifera* beter kou dan warmte. In de zomer kan de palm zowel in de huiskamer als buiten, in een kuip op het terras, worden gekweekt. In het stookseizoen houdt *Washingtonia* zich het best in een koele serre of kas, bij een temperatuur van rond de 10°C. Een onverwarmde kamer gaat ook prima. In de winter hoeft u er alleen maar voor te zorgen dat de aarde niet helemaal uitdroogt, in de zomer moet u ruim gieten en af en toe mesten. Het tot een waaier gevouwen blad laat aan de zijkanten draden los, die langs de hele lengte van het blad loskomen en krullen. Een andere soort die wel eens wordt aangeboden, *Washingtonia robusta*, groeit zelfs ook in een serre of kas uit tot boomformaat. Voor het overige lijkt zij sterk op *filifera*. Jonge bladeren hebben ook draden.

Washingtonia robusta

Zamia furfuracea

ZAMIAPALM

De zamiapalm behoort net als de cycas tot de *Cycadaceae* en is dus eigenlijk geen palm. Ongeveer tweehonderd miljoen jaar geleden stonden er vermoedelijk dinosauriërs aan deze antieke planten te knabbelen, want ze waren toen erg algemeen. Nu zijn er tussen de dertig en veertig *Zamia*-soorten bekend, die allemaal in (sub)tropisch Amerika groeien.
Zamia furfuracea komt van oorsprong van de oostkust van Mexico. De jonge bladeren zijn

eerst lichtgroen, later olijfgroen en roestkleurig behaard. In Amerika wordt de plant zachtboardpalm genoemd. Naarmate deze zamia ouder wordt, ontstaan er steeds meer paren deelblaadjes. Uiteindelijk staan er 12 paar, in een hoek van ongeveer 45°, aan iedere bladsteel. Die kan tot een meter lang worden.
In warmere streken kunnen de zamiapalmen buiten worden geplant. Enkele graden vorst deert ze niet, wanneer de stengelknol tenminste in de grond zit (zoals ook in de natuur het geval is). In de huiskamer houden we die boven de grond en kweken we de plant desnoods het hele jaar. Ze is vrij ongevoelig en verdraagt ook droge lucht. Plant haar in een goed waterdoorlatend grondmengsel, waaraan liefst wat klei wordt toegevoegd. Voorkom het beschadigen van de breekbare wortels en houd de potkluit voortdurend mildvochtig. De meeste *Zamia*-soorten groeien goed op een halfbeschaduwde plaats, maar *furfuracea* mag ook in de volle zon.

☼ ◑

Links: *Washingtonia filifera*
Onder: *Zamia furfuracea*

3. Cordyline, Dracaena en Yucca

De in dit hoofdstuk behandelde planten zijn nauw aan elkaar verwant. Ze behoren allemaal tot de Agavaceae, *de agavefamilie. De echte agave wordt niet in dit hoofdstuk behandeld, maar bij de vetplanten, omdat ze wat verzorging en uiterlijk betreft daar thuishoort.*

Cordyline *en* Dracaena *zijn moeilijk uit elkaar te houden. Kenners snijden de wortels door en herkennen de dracaena's aan de gele wortels, terwijl die van cordyline van binnen wit zijn. Desondanks worden de soorten soms wisselend bij een van de twee geslachten ingedeeld.*

Wat de drie hier behandelde geslachten gemeen hebben, is de vorm. De rozetten groeien naar boven toe door, waarbij de oude bladeren afvallen. Zo ontstaat een steeds langere, ronde stam. Het is juist deze krachtige vorm die de planten zo populair heeft gemaakt in het moderne interieur. Daar komt bij, dat ze over het algemeen zeer sterk zijn en zelfs onder ongunstige omstandigheden nog in leven blijven.

Cordyline fruticosa

Officieel heet deze soort tegenwoordig *Cordyline terminalis*, maar in de bloemisterij is de oude naam *fruticosa* nog gangbaar. Zeer waarschijnlijk vindt u zelfs die niet op het etiket, want er zijn eigenlijk alleen maar kweekvormen in de handel met fantasienamen als 'Firebrand', 'Purple Compacta' en 'Hawaïan Bonsai'. De veredelaars hebben het beetje rood in de van oorsprong groene bladeren gebruikt om er deze geheel dieprode tot wijnrode kweekvormen uit te winnen.

Andere kweekvormen zijn gestreept, met rood, roze, geel en wit. 'Red Edge' heeft een rozerood randje aan ieder levendig groen blad, dat vaak ook nog crêmekleurige strepen vertoont. In 'Lord Robinson' zijn de lichte partijen nog sterker geaccentueerd en 'Kiwi' is een kleurenwonder met licht- en donkergroen, gele strepen en een roze zoom aan ieder blad.

Hoe de kleuren zich houden, hangt van de standplaats af. De planten mogen in de volle zon (wanneer u ze goed vochtig houdt), maar verliezen daar hun intense kleur. Zet ze liever op een lichte plek, uit de zon, want daar kleuren ze het best.

Bij een goede verzorging verschijnen telkens nieuwe bladeren in het hart van de plant. Die zijn het felst gekleurd. Bij het ouder worden gaat bij sommige kweekvormen het groen weer overheersen, zoals bij 'Snow', die witgestreepte nieuwgroei heeft en 'Lord Roberts' met rozeachtig wit.

De oude bladeren vallen op den duur af en dan wordt zichtbaar hoe *Cordyline* in de natuur groeit, op een stammetje. Bij beschadi-

Cordyline fruticosa 'Kiwi'

Links: *Dracaena deremensis* 'Surprise'

ging van het groeipunt bovenop vertakt de plant, zodat u een lelijk geworden oude plant kunt verjongen door de top eruit te snijden. Snijd de stam niet te diep af, want daar zijn de slapende ogen moeilijk tot leven te wekken. *Cordyline* staat bekend als een oersterke plant, maar dit geldt niet in alle opzichten voor *Cordyline fruticosa*. Deze echt tropische soort uit Zuidoost-Azië, Noord-Australië en Hawaï verdraagt geen temperaturen beneden ongeveer 12°C. Houd de plant liefst warmer, dus ook 's winters in de huiskamer. Maar daar moet de luchtvochtigheid dan wel zo hoog mogelijk zijn, want in droge lucht worden speciaal de bonte kweekvormen van *fruticosa* gemakkelijk door spint aangetast. Giet liefst met korte tussenpozen elke keer een beetje, zodat de potgrond mildvochtig blijft. In de winter mag die nog iets droger zijn.

☼ – ◑ ◑

Cordyline rubra

Deze soort is nauw aan *fruticosa* verwant en vraagt ongeveer dezelfde verzorging. Van de oorspronkelijke soort is het blad groen met rood aangelopen nerven. Niet benoemde kruisingen groeien in veel tropenlanden in de tuin. Daar wordt de plant op den duur veelstammig, struikachtig, ongeveer drie meter hoog. Uit de bladrozetten ontwikkelen zich bloeiwijzen met rissen lila bloemen van iets minder dan een centimeter doorsnee, gevolgd door roodbruine bessen van hetzelfde formaat.
U kunt een oude cordyline op een heel speciale manier stekken. Snijd de stam in stukken van ongeveer vijf tot tien centimeter lang en leg ze op zanderige aarde. Dek de stekken af, zodat een vochtige atmosfeer ontstaat en zet ze op een warme plek (liefst uit de zon). Na ongeveer zes tot tien weken verschijnen de nieuwe scheuten.

☼ – ◑ ◑

Cordyline terminalis

Zie: *Cordyline fruticosa*

Dracaena deremensis

Wanneer we bedenken dat *Dracaena deremensis* van oorsprong uit tropisch Oost-Afri-

Links: *Cordyline rubra*

Dracaena deremensis 'Green Stripe'

ka komt, is het een verrassing dat zij met heel weinig licht toe kan. Het is een van de gemakkelijkste kamerplanten, die in de zon mag staan, maar desnoods met schaduw genoegen neemt. Het liefst staat de plant in het volle licht, zonder te veel zon. Bij een geregelde, maar niet overvloedige watergift zal de plant snel groeien, waarbij de onderste bladeren op den duur vergelen en afvallen. Ze laten duidelijke littekens op de stam achter. Oudere planten krijgen de typische 'steltvorm', waarbij de bladtoeven op kale stammen staan. Ze passen perfect in een modern interieur.

Dracaena deremensis 'Surprise'

Uit de groenbladige *Dracaena deremensis* zijn ontelbare kweekvormen gewonnen met bont blad. Bij 'Bausei' loopt er een eenvoudige witte band over de lengterichting van het blad. 'Roehrs Gold' heeft een bleekgele band over het blad.

Bij 'Yellow Stripe' zijn de bladeren geel afgezoomd en bij 'Green Stripe' fel geelgroen.

'Warneckei' heeft ongeveer halverwege tussen bladnerf en -rand witte banden, met daarbuiten een limoengroene band.

Bij 'Lemon Lime' en 'Surprise' zijn deze banden breder en bij 'Lime' nog breder ten opzichte van het groen-wit langs de hoofdnerf.

☼ – ◑ ◐

Dracaena draco

DRAKEBLOEDBOOM

Wanneer je in de stam van *Dracaena draco* snijdt, sijpelt er kleverig, rood sap uit, het zogenaamde 'drakebloed' waar *Dracaena* naar is genoemd: het Griekse 'drakaina' betekent draak. De echte drakebloedboom groeit op de Canarische eilanden. Verwacht er geen bossen van aan te treffen, want door het verzamelen van de rode hars is de echte drakebloedboom zeldzaam geworden. Maar hier en daar staat nog een oud exemplaar (het oudste exemplaar, dat in 1868 omwaaide, was naar schatting 6.000 jaar oud).

De boom begint pas op een bepaalde hoogte te vertakken. Eerst groeit *Dracaena draco* enkelstammig, tot de rozet van stevige, puntige bladeren begint te bloeien. Daarna vertakt de boom voortdurend na iedere nieuwe bloei, waarbij op den duur een brede parasolvorm ontstaat.

De echte drakebloedboom wordt zelden als kamerplant aangeboden. Dat is jammer, want de plant groeit gemakkelijk en is heel geschikt voor werkvertrekken en moderne kamers. Op den duur komt de toef met lancetvormige bladeren (elk ongeveer 40 centimeter lang) op een stammetje te staan. Zet de plant 's winters liefst op een koele, maar vorstvrije plek en geef heel weinig water. 's Zomers drinkt *draco* gemiddeld en staat het liefst in getemperd zonlicht of op een andere lichte plaats. Veel frisse lucht en af en toe wat nevel uit de plantenspuit doen goed, maar zijn geen absolute voorwaarde voor goede groei.

☼ – ◑ ◐

Dracaena fragrans

De stam waaruit de bladtrechters van deze soort groeien, heeft al een hele reis achter de

Dracaena draco

rug. Hij is als wortel- en bladloze stok uit Afrika of tropisch Amerika gehaald en hier in een pot gezet. De stokken wortelen gemakkelijk. Aan het boveneinde ziet u vaak een laklaag, die de stam heeft beschermd tegen inrotten tijdens het wortelen.
De tot een halve meter lange bladeren van de soort zijn groen. Vaker worden kweekvormen met gele banden in het blad aangeboden: bij 'Massangeana' lopen groengele banden door het midden van ieder blad, bij 'Victoria' zitten de brede, heldergele banden langs de rand. Van 'Lindenii' is een nog groter deel van het blad geel, waarbij het groen vooral langs de nerf en aan de bladrand zit.
Alle kweekvormen ontwikkelen zich tot probleemloze kamerplanten, al hebben de bonte wel een vrij lichte standplaats nodig, uit de volle zon. Ze kunnen zomer en winter in de huiskamer blijven, want ze verdragen droge lucht en houden niet van kou. Beneden de 12°C krijgen de bonte vormen bruine vlekken op de bladeren, die dan lusteloos gaan hangen. Let daar bij aankoop speciaal op en koop de planten niet van de straat wanneer het kouder is.

○ – ◐ ◑

Dracaena fragrans 'Massangeana'

Dracaena godseffiana

Deze *Dracaena*, die officieel *Dracaena surculosa* heet, lijkt totaal niet op de andere soorten. Het vlezige, roomwit bespikkelde blad van deze Westafrikaanse soort is elliptisch en zit paarsgewijs aan dunne, maar taaie stengels. Zij bloeit gemakkelijk in de huiskamer, met heerlijk geurende bloemen van elk iets meer dan twee centimeter breed. Daarna volgen vaak oranjerode bessen.
Dracaena godseffiana is een sterke plant, die met weinig licht genoegen neemt, maar pas op een lichte plaats echt goed gaat groeien. Daar wordt de plant op den duur meer dan een halve meter hoog en veel breder. De spreidende groei komt goed van pas wanneer u haar met andere planten in een bak wilt laten vervlechten. De watergift is gemiddeld, in de winter minder.

○ – ● ● – ◑

Dracaena godseffiana

Dracaena marginata

De rozerode bladranden zorgen ervoor dat deze dracaena onder de naam *marginata* (de gerande) wordt aangeboden. In werkelijkheid hebt u met een van twee andere gerande soorten van doen: *Dracaena cincta* of *Dracaena concinna*.
Voor de verzorging maakt het niet uit. Al deze soorten zijn heel gemakkelijk te kweken en worden daarom ook veel in kantoorgebouwen gebruikt, waar ze niet altijd dicht bij het raam kunnen staan. Ze blijven zelfs daar lang in leven. Maar wilt u echt optimaal van de plant genieten, zet haar dan op een zo licht mogelijke plek, desnoods in de volle zon. Op een lichte paats uit de zon kleurt het blad het mooist. Het wordt ongeveer een halve meter lang en één tot twee centimeter breed.
Dracaena marginata wordt soms als enkele bladrozet aangeboden, maar vaker hoog op stam. De stammen zijn slank en kunnen zich

decoratief vertakken wanneer de kweker (of u) de top uit de plant heeft gehaald. Zo kan een grillig patroon van stammetjes ontstaan, met enkele rozetten per getopte stam.
De afgesnoeide stengeldelen van ongeveer tien centimeter lang kunnen in voorjaar en zomer heel goed worden gestekt door ze met de onderkant in zanderige turfgrond te zetten. Dek de stekbak af met plastic en zet het geheel op een warme plaats (tussen 20 en 30°C), uit de zon.
Van *Dracaena marginata* zijn mooie kweekvormen in de handel: 'Tricolor' wordt het meest verkocht. Over het blad lopen roomkleurige, gele en groene banen, afgezoomd met rozerood.
De cultivar 'Colorama' maakt een sterk rozerode indruk, verlevendigd met gelige en groenige banden.

☼ – ● ◑

Dracaena reflexa

Deze soort wordt soms *Pleomele reflexa* genoemd en wijkt ook enigszins van de andere dracaena's af. Het blad is breed, taai en toch soepel. Ook de stam is buigzaam, wat op den duur een probleem kan worden, want dan gaan de rozetten hangen. Gelukkig groeit de plant langzaam en het duurt dan ook lang voordat u overhellende stammen hoeft weg te snoeien. *Dracaena reflexa* is een uiterst ge-

Dracaena reflexa 'Song of India'

Links: *Dracaena marginata* 'Bicolor'
Onder: Dracaena marginata

makkelijke en dankbare plant, die zomer en winter in de huiskamer kan blijven en weinig licht goed verdraagt. Zet haar liefst licht, maar uit de zon. Giet met zuinige hand, speciaal in de winter.
De oorspronkelijke soort wordt nauwelijks aangeboden. Bijna altijd zult u de bonte kweekvorm 'Song of India' aantreffen, met brede gele bladranden.

○ – ● ● – ◑

Dracaena surculosa

Zie: *Dracaena godseffiana*

Pleomele

Zie: *Dracaena*

Yucca elephantipes

PALMLELIE

Dit is een van de gemakkelijkste kamerplanten. De spitse, niet stekende bladeren verdragen volle zon, maar blijven ook op een donkerder plek lange tijd goed. Van oorsprong komt de soort uit Midden-Amerika, waar ze meer dan tien meter hoog kan worden. In de huiskamer doet ze het rustiger aan. 's Zomers mag deze *Yucca* als kuipplant naar buiten. In de frisse lucht groeit ze duidelijk sneller. Ook 's winters geven palmlelies de voorkeur aan een koele standplaats, dus is de onverwarmde kamer ideaal. De temperatuur mag gerust tot 5°C dalen. Geef in de zomer matig en in de winter weinig water.

○ – ◑ ●

Yucca elephantipes

Yucca gloriosa

PALMLELIE

Deze soort uit de oostelijke Verenigde Staten verdraagt tot ongeveer 15 graden vorst en wordt daarom ook wel als tuinplant aangeboden. U kunt haar veiliger als kuipplant kweken, in de zomer buiten en hartje winter binnen in een onverwarmde ruimte. Dan ontwikkelt zich mogelijk in de nazomer een enorme tros bolle, hangende, witte bloemen, van elk ongeveer 7 centimeter lang.
Maar ook deze palmlelie is zo sterk, dat u haar het hele jaar rond in de verwarmde huiskamer kunt houden, desnoods op een niet al te lichte plaats. Wanneer u groei wilt, zult u haar op een lichte, zonnige plaats moeten zetten. In de zomer wordt de plant aan de zuinige kant gegoten, in de winter wordt ze nog droger gehouden.

○ – ◑ ●

Yucca gloriosa

4. Maranta's

De Marantaceae *groeien vooral in de tropische wouden van Zuid-Amerika. Daar zijn het gebruiksplanten voor de Indianen. Ze vlechten manden van blad van* Calathea *(dit is een van de twee verklaringen voor de naam, want het Griekse 'kalathos' betekent 'mand'). De zogenaamde 'pijlwortels' van* Maranta arundinacea *bevatten zetmeel, dat door de Indianen wordt geoogst.*
Pas aan het einde van de vorige eeuw werden de maranta's uit de wouden gehaald om bij ons als kas- en kamerplant te dienen, speciaal vanwege hun prachtig getekende blad. Bij veel andere plantengroepen is de bontbladigheid een gevolg van jarenlang selecteren en veredelen. De Marantaceae *zijn al bont van zichzelf. Ze zijn zo mooi, dat er eigenlijk niets meer aan te verbeteren valt.*
Helaas lijken onze huiskamers alleen wat betreft de temperatuur op een tropisch regenwoud. De luchtvochtigheid is in het centraal verwarmde huis zo veel lager, dat de maranta's het er erg moeilijk hebben. Pas wanneer de planten in een vensterbankkasje of op een andere manier in vochtige lucht worden gekweekt, blijkt hoe snel ze kunnen groeien. Dan is ook pas goed te zien dat ze de uitdaging van de moeilijke teelt dubbel en dwars waard zijn.

Calathea crocata

Dit is de enige calatheasoort, die om de bloemen wordt gekweekt. Alle andere zijn typische bladplanten. Het blad van *crocata* wordt ongeveer tien centimeter lang. Het is aan de onderkant wijnrood, van boven donker roodachtig groen en omsluit de bloemsteel. De schutbladen aan de top ervan zorgen voor de sierwaarde van de plant.
Calathea crocata komt uit de wouden van Brazilë, waar de lucht altijd bijna verzadigd is van het vocht. Ons droge huiskamerklimaat is op den duur funest. Wegzetten in een koele kamer is onmogelijk, want calatheasoorten kunnen slecht tegen temperaturen beneden de 15°C.
Wilt u van hun schoonheid blijven genieten, dan zijn speciale maatregelen nodig: houd de plant uit de zon, maar geef haar liefst wel een lichte standplaats. Calathea's houden van een gelijkmatig vochtige potgrond, die aan de zure kant moet zijn, met veel veen of bladaarde erin. Sproei geregeld met regenwater of gekookt leidingwater. Zet de pot bovendien op een omgekeerd bord, of op grind, in een brede schaal. Daarin wordt gegoten, waarbij het waterpeil net onder de onderkant van de pot blijft, zodat de wortels niet direct in het water staan. Ook kweken in een kamerkasje geeft goede resultaten.

◑ ◑–○

Calathea lancifolia

Deze Braziliaanse soort wordt vanwege haar slanke bladeren gekweekt. Ze zijn zwak golvend, smal, maar wel tot 45 centimeter lang en van onderen wijnrood. De bovenkant van ieder blad is lichtgroen met donkergroene vlekken. Die vlekken zijn afwisselend groot en klein, zodat een kenmerkend patroon ontstaat als van een veer.
Vroeger heette de soort *Calathea insignis*. Nu wordt er nog wel eens 'Insignis' achter de juiste naam gezet. Het gaat daarbij niet om een afwijkende cultuurvorm, maar gewoon om de oorspronkelijke soort.
De verzorging van *Calathea lancifolia* is gelijk aan die van *Calathea crocata*. Bij een goede groei kan de plant worden vermeerderd door jonge scheuten met elk minstens drie bladeren van de voet van de plant los te scheuren en apart op te potten in een vochtig mengsel van turf en zand, dat minimaal 20°C warm moet blijven.

◑ ◑–○

Calathea lancifolia

Calathea 'Misto'

De oorsprong van deze cultuurvorm is (nog) niet bekend. Het blad lijkt sterk op dat van *Calathea albertii*, een soort die niet in de handel is. De langwerpige bladeren zijn donkergroen, met een gehakkelde lichtgroene band over de middennerf. In tegenstelling tot bij de meeste calatheasoorten staan de bladeren op den duur gespreid, horizontaal. Uit de voet van de plant groeien soms lage bloeistengels met daarop een bloeiwijze van ongeveer vijf centimeter hoog. Verzorging als bij *Calathea crocata*.

Links: *Calathea crocata*
Onder: *Calathea* 'Misto'

Calathea picturata

Deze soort wordt als ongeveer dertig centimeter hoge plant aangeboden. Thuis zal zij nauwelijk hoger worden, maar bij goede verzorging wel in de breedte uitstoelen. De bladeren zijn toegespitst ovaal, ongeveer twintig bij tien centimeter. De onderkant is roodbruin, de bovenkant altijd voorzien van zilverige patronen in het groen.
Bij de wilde soort loopt het zilverig lichtgroen in drie banden over het blad: één langs de hoofdnerf in het midden, twee even binnen de buitenrand. De kweekvorm 'Vandenheckei' heeft precies dat patroon en wijkt dus eigenlijk niet van de soort af. Dat is duidelijk wel het geval bij de cultivar 'Argentea', waarvan de bladharten egaal en melkachtig lichtgroen

Calathea picturata 'Argentea'

zijn, omzoomd door een brede donkergroene rand.
Voor de verzorging zie *Calathea crocata*. *Calathea picturata* en andere grootbladige soorten hebben baat bij schoon blad. Neem de bladeren met een vochtige doek of spons af, dan krijgen ze hun mooie zijdeglans terug. De plant groeit er bovendien beter door.

Calathea picturata 'Vandenheckei'

Calathea pseudoveitchiana

De bladeren lijken zo op die van *Calathea veitchiana*, dat men er 'pseudo' voor heeft gezet. Beide soorten zijn grootbladig en worden ongeveer zeventig centimeter hoog. De bovenkant van het blad is donkergroen met drie onregelmatige, lichtgroene banden: één langs de hoofdnerf, de twee andere als een aaneenschakeling van boogjes binnen de zijrand van het blad. Het patroon aan de onderkant van het blad is nog verrassender. De roodbruine basiskleur valt langs de hoofdnerf en binnen de buitenrand weg en wordt vervangen door transparant lichtgroen, waarin het nervenpatroon als gaas zichtbaar wordt.
In de kamer kijkt u zowel tegen bovenkanten als tegen onderkanten van bladeren aan, omdat ze zo ongeveer rechtop staan. Dit is een van de eigenschappen waarin de calathea zich van *Maranta*, *Ctenanthe* en *Stromanthe* onderscheidt. Bij de drie laatste zitten de bladeren duidelijk geknikt aan de steel en staan min of meer horizontaal of hangen omlaag.
Verzorging als bij *Calathea crocata*.

Calathea pseudoveitchiana

Calathea zebrina

ZEBRAPLANT

De bladeren van de zebraplant voelen fluweelzacht aan. Ze worden gemakkelijk een halve

Calathea zebrina en andere soorten

meter lang. De maximale hoogte van de plant is één meter. Het blad is fel lichtgroen, met een nog lichtere middennerf. Op regelmatige afstand daarvan wijzen zijdelings donkergroene strepen naar buiten. De onderkant van het blad is minder duidelijk gestreept, meer lichtgroen, met purper aangelopen nerven.
De verzorging is als bij *Calathea crocata*, maar voor de zebraplant geldt nog sterker dan voor andere dat het water waarmee u sproeit, gekookt moet zijn (of uit de regenton komt). Anders worden de bladeren ontsierd door kalkvlekken, die niet meer van het fluwelige blad zijn te poetsen. U kunt de bladeren beter niet afstoffen, noch met een vochtige doek afnemen. Houd deze soort uit Zuidoost-Bazilië op een extra warme plek, van ongeveer 18°C of warmer.

Ctenanthe oppenheimiana

De stengels en onderkanten van de bladeren van de tot één meter hoge *Ctenanthe oppenheimiana* zijn karmijn- tot wijnrood, de bovenkanten groen met brede strepen zilver. Dit schitterende contrast maakt haar tot een van de populairste planten uit de hele marantafamilie. Bovendien is zij relatief gemakkelijk te houden, al heeft ze wel een hoge luchtvochtigheid nodig. Maar ondanks dat ze van oorsprong uit oostelijk Brazilië komt, mag de minimumtemperatuur tot ongeveer 12°C zakken. *Oppenheimiana* hoeft dus 's winters niet per se in de warme huiskamer te staan. In koelere ruimten is de relatieve luchtvochtigheid hoger. Verder is de verzorging gelijk aan die van *Calathea crocata*.
Ctenanthe oppenheimiana 'Tricolor' heeft roomwitte vlekken, 'Variegatus' is wit-groen gestreept.

Ctenanthe pilosa

Van deze soort wordt alleen de bonte kweekvorm *Ctenanthe pilosa* 'Golden Mosaic' aangeboden. De bladeren zijn ongeveer twintig centimeter lang bij zes centimeter breed, en onregelmatig gevlekt: donkergroen, lichtgroen en geel. De scheuten zijn vanaf de basis bebladerd. Hogerop zitten de bladeren aan op bamboe lijkende stengels, die ongeveer een halve meter lang kunnen worden. De evenknie van

Ctenanthe oppenheimiana

deze kweekvorm is *Ctenanthe lubbersiana*. Beide planten uit Brazilië kunnen door de leek niet van elkaar worden onderscheiden.
De verzorging is gelijk aan die van *Calathea crocata*. Afsponzen van het blad komt de ctenanthes zeer ten goede.

◑ ◑–○

Maranta leuconeura

TIENGEBODENPLANT

Het tiengebodenplantje is een ouderwetse, bekende kamerplant. Tussen de zijnerven in het relatief kleine, lichtgroene blad zitten auberginekleurige vlekken: vijf op iedere bladhelft, dus samen tien (de tien geboden).
We hebben dan te maken met de ondersoort *kerchoveana*, die in de handel ten onrechte met de cultivarnaam 'Kerchoveana' wordt aangeduid.
Maranta leuconeura 'Fascinator' is wel een kweekvorm en zelfs nog gewilder dan de echte tiengebodenplant. De lichtgroene bladeren hebben aan weerszijden van de hoofdnerf rissen olijfgroene vlekken, omsloten door rozerode nerven. De onderkant van de bladeren is wijnrood. Deze kweekvorm wordt ook aangeboden onder andere cultivarnamen: 'Tricolor' en 'Massangeana'. Het gaat echter steeds om dezelfde plant.
De maranta's hebben een aardige eigenschap, die u op uw tiengebodenplant kunt testen. Overdag hangen de bladeren schuin omlaag. Wanneer het donker wordt, vouwen ze omhoog in de zogenaamde 'slaapstand'. U kunt ze binnen enkele minuten laten zakken door ze met een felle lamp te beschijnen.
De tiengebodenplant komt uit Brazilië en vraagt een constant hoge temperatuur van 15°C of hoger (al schaden kortdurende temperatuurdalingen tot 10°C niet). De luchtvochtigheid moet zo hoog mogelijk blijven en dat is vooral 's winters in gestookte ruimten een probleem.
Mochten er bruine randen aan de bladeren komen, dan weet u dat de vochtigheid te laag is geweest. In de beschrijving van *Calathea crocata* kunt u lezen hoe dit kan worden voorkomen. Geef 's zomers overvloedig water, 's winters minder, zonder dat de potgrond volledig uitdroogt. Houd de tiengebodenplant altijd uit de zon, maar geef haar wel een zo licht mogelijke standplaats, want ook in de natuur groeit ze op open plekken in het woud.

◑ ◑–○

Ctenanthe pilosa 'Golden Mosaic'

Stromanthe sanguinea

Stromanthe sanguinea groeit in Brazilië als onkruid aan de rand van bosjes en open plekken in het woud. Ze verdraagt daarom meer licht dan de *Marantaceae* uit het midden van de regenwouden, en mag best in de ochtendzon staan. Ook wat temperatuur betreft is ze toleranter. De nachttemperatuur mag 's winters tot ongeveer 10°C zakken, wat u de mogelijkheid geeft haar dan in een koelere kamer te zetten, waar de luchtvochtigheid hoger is, want zelfs bij deze sterke plant is droge lucht op den duur fataal. De eerste tekenen van droogte zijn bruine bladranden. Zie voor verdere kweekaanwijzingen bij *Calathea crocata*.
De bladeren van *Stromanthe sanguinea* worden elk tussen de dertig en vijftig centimeter lang en ongeveer tien cm breed. Ze zitten aan wijnrode stengels en hebben zelf aan de onderkant ook die gedekt rode kleur. De bovenkant van het blad is egaal groen, vaak met een lichte middenstreep over de hoofdnerf. Die is bij de kweekvorm 'Stripe Star' meer uitgesproken, waarbij op latere leeftijd ook de zijnerven een lichte tekening krijgen.

Stromanthe sanguinea 'Stripe Star'

Maranta leuconeura kerchoveana

5. Ficussen

*De vijg, die rond de Middellandse Zee wordt geteeld, is een ficus. De hele familie is ernaar genoemd: de vijgachtigen. Toch groeit het overgrote deel van de ongeveer achthonderd soorten in tropisch Afrika en Azië. Daar bereiken sommige reusachtige afmetingen, andere komen niet meer dan enkele centimeters boven de grond. De banyan (*Ficus benghalensis*) is een van de grootste bomen op aarde. Hij wordt weliswaar 'slechts' ongeveer dertig meter hoog, maar is veelstammig en bedekt met zijn stelten soms een oppervlakte van tweehonderd meter in doorsnee. De soorten die we in de huiskamer kweken, komen uit de tropen. Desondanks kunnen ze met weinig licht toe. Dat komt doordat ze als jonge plant vaak liaanachtig groeien. Ze moeten in het halfduister van de bosbodem kiemen, als jonge plant aan de voet van woudreuzen groeien en er langzaamaan in omhoog groeien, tot ze de gastheer kunnen overvleugelen. Wat je van planten uit het tropisch regenwoud niet zou verwachten, is dat ze ook in ons droge kamerklimaat gedijen. Die wonderlijke combinatie van een geringe licht- en vochtbehoefte heeft de ficussen tot de allerpopulairste kamerplanten gemaakt. Zelfs in hydrocultuurbakken in de airconditioning van kantoren, vaak ver van het raam, houden ze het vol. Maar er is een verschil tussen 'het volhouden' en 'lekker groeien'.*
Met wat goede zorg kunnen ze zich ontwikkelen tot ware pronkstukken in huis of op kantoor.

Links: *Ficus benjamina* 'Foliole'

Onder: *Ficus benjamina* 'Reginald'

Ficus benjamina 'Bushy King'

Ficus benjamina 'Rianne'

Ficus benjamina

WARINGIN, TREURVIJG

In Indonesië en andere landen in zuidelijk Azië werkt een jonge treurvijg zich als klimplant tegen een boom omhoog. De verstrengelende twijgen wurgen de gastheer op den duur, waarna de ficus zelf zich tot boom ontwikkelt: dertig meter hoog en breed. Dit verklaart hoe de plant bij ons zelfs op enige afstand van het raam nog kan groeien. In haar jeugd heeft ze weinig licht nodig, al doet ze het op een lichte plaats (uit de felle zon) beter.

Als plant van het tropische regenwoud houdt de waringin van een hoge luchtvochtigheid, maar heeft die niet absoluut nodig. Ook in de droge lucht van centrale verwarming en airconditioning houdt ze het verbluffend lang

Ficus benjamina 'Starlight'

Ficus benjamina 'Golden King'

vol. Nevelen met gekookt water of regenwater doet de kleine blaadjes wel veel goed.
Giet ook liefst met gekookt water of regenwater, want deze ficus houdt van lichtzure grond, die snel verkalkt wanneer u met kraanwater giet. Zorg dat het gietwater minstens op kamertemperatuur aan de plant wordt geserveerd, want *Ficus benjamina* is eigenlijk alleen gevoelig voor kou: koud water, speciaal wanneer het niet goed weg kan, beschadigt het wortelgestel, waarna bladval optreedt.
Het blad kan ook vallen als gevolg van een te koude standplaats, tocht of als gevolg van watergebrek. Giet desondanks pas wanneer de potgrond bijna is uitgedroogd en voorkom dat er water in de pot blijft staan.

Uit *Ficus benjamina* zijn veel kweekvormen gewonnen. De meest geteelde worden hieronder beschreven. Ze hebben dezelfde verzorging nodig als de soort, met de aantekening dat de bontbladige cultivars meer licht en warmte vragen.

'Bushy King': een van de populairste bontbladigen door de compacte, bossige groeiwijze.

'Exotica': de echte treurvijg of waringin, met hangende groeiwijze. Groen blad met welvende bladrand.

'Foliole': spits piramidaal groeiend met losse twijgen en lancetvormig, groen blad. Maakt een transparante indruk.

'Golden King': bonte vorm met veel groen in het blad, waarbij het wit voornamelijk langs de bladranden zit. Losse groei.

'Golden Princess': kleiner blijvende cultivar dan 'Golden King'. Nog groener, met slechts hier en daar een bont vlekje geelwit. Losse groei.

'Hawaii': compacte, bontbladige vorm met korte, schuin omhoog groeiende takken.

'Major': grootbladige, groene vorm.

'Natasja': groene kweekvorm, compact, in de breedte spreidende twijgen met daaraan sierlijk, spits blad. Bladranden staan in V-vorm omhoog.

'Reginald': goudgele en goudgroene bladeren met kleine, rafelige, donkerder vlekken langs de hoofdnerf. Compacte groei.

'Rianne': compacte vorm met spreidende twijgen en spits groen blad. Maakt bonsai-indruk.

'Rijsenhout': groenbladige cultivar met schuin omhoog groeiende takken, die de plant een kenmerkende losse vorm geven.

'Starlight': de bekendste bonte vorm, die u ook kunt aantreffen onder de namen *Ficus retusa* 'Starlight', *Ficus microcarpa* 'Starlight', of gewoon als 'Starlight'. Er zit veel wit in het blad, dat verder groen en melkgroen gevlekt is. Losse groei.

◐ – ● ◑

Ficus carica

VIJG

In landen met een zeeklimaat kan de vijg op een beschutte plek buiten blijven. Ze overleeft

Ficus benjamina 'Natasja'

ongeveer 15 graden vorst. Het blad is er dan af en soms vriezen ook de takken in, maar in het voorjaar loopt de vijg weer uit. Het is veiliger om *Ficus carica* als kuipplant te kweken, waarbij de struik pas wordt binnengehaald wanneer het echt gaat vriezen. Zet de bladloze struik dan op een koele, maar luchtige plek. Die mag gerust donker zijn. Geef nauwelijks water. Wilt u de vruchten oogsten, dan is een lichtere overwintering aan te bevelen. De bloemen worden in het zuiden door een galwespje bestoven, dat door een heel kleine opening de verder gesloten bloeiwijze binnen kruipt. Dat gebeurt in het noorden niet, zodat u voor de vruchten een zelfbestuivende kweekvorm moet kopen, zoals 'Brown Turkey'. De bronskleurige vruchten komen er al in de nazomer aan. Ze moeten in de oksels van het afgevallen blad de winter door. In de loop van de volgende zomer rijpen ze, maar alleen wanneer de plant het hele seizoen goed aan de groei blijft, anders vallen ze af.
Ook zonder vruchten is de vijg, met de diepgelobde bladeren, een prachtige plant voor kamer, serre, balkon of terras. Het ontluikende blad is gevoelig voor te veel zon. 's Zomers wil ze graag een warm, zonnig plekje en veel water.

Ficus carica

Ficus cyathistipula

Deze onvoorstelbaar sterke plant uit tropisch Afrika heeft langwerpige groene bladeren met bruine steunbladen, die het blad kennelijk bekervormig omsluiten, want het Latijnse 'cyathus' betekent 'beker' en 'stipula' betekent steunblad. De lange, donkergroene bladeren zijn tamelijk dik, leerachtig en taai. Ze verdragen de droge lucht nog beter dan andere ficussoorten en blijven zelfs op tamelijk donkere plaatsen nog gezond. Maar ook hier geldt: licht, vochtig en warm is beter. Houd de aarde aan de droge kant, zeker wanneer de plant op

Ficus deltoidea

Ficus cyathistipula

een beschaduwde plaats staat. Giet pas met handwarm water wanneer de aarde weer droog aanvoelt. Soms vormen zich groene vruchten ter grootte van een olijf aan de uiteinden van de takken.

Ficus deltoidea

KAMERVIJG, MISTELVIJG

In Zuidoost-Azië kan de kamervijg ongeveer vijf meter hoog worden. De ondersoort *deltoidea* blijft struikachtig, tot maximaal twee meter hoog. In de huiskamer is het een van de kleinere ficussoorten, die vaak in een volwassen stadium wordt aangeboden. Tussen het omgekeerd eivormige blad zitten dan al vruchten. Ze verkleuren van groen naar geel en zijn ongeveer één centimeter dik.
De kamervijg heeft meer licht nodig dan de meeste ficussen, maar verdraagt geen hete zon. Bij te hoge temperaturen in combinatie met droge lucht zal het blad vallen. Geef de plant, die op den duur ongeveer een meter hoog wordt, pas (handwarm) water zodra de grond droog aanvoelt.

Ficus diversifolia

Zie: *Ficus deltoidea*

Ficus elastica

RUBBERBOOM

Voordat een andere rubberboom, *Hevea brasiliensis*, algemeen in cultuur kwam, werd natuurrubber gewonnen uit *Ficus elastica*. Bij beschadiging of wanneer u stekt, vloeit de witte latex rijkelijk uit de wond. De rubberboom is traag met het vertakken, vooral op een donkere plek. Dit komt omdat zij in de natuur van India en Indonesië eerst liaanvormig langs een boom naar het licht groeit. Pas wanneer de stengel bovenin is, spreidt de ficus haar kroon en overvleugelt de gastheer. Nadat de gastheer is gestorven, komt de rubberboom op eigen benen te staan. De plant groeit uit tot een woudreus van dertig tot zestig meter hoog.
Ficus elastica groeit zelfs op een tamelijk donkere plek, maar dan meestal onvertakt. Om een bossiger plant te krijgen, kunt u tijdig de top uit de plant nemen. Doe dit liefst vroeg in het voorjaar. De top kan worden gestekt nadat u de latex van de snede hebt gespoeld. Zet de stek in zanderige, mildvochtige grond en dek hem af met plastic, zodat het eronder lekker warm en vochtig blijft.
Neem de bladeren af en toe af met wat karnemelk op een doek. Zo verwijdert u het stof en krijgt het blad tegelijkertijd een prachtige glans.
Vroeger was de rubberboom de meest verkochte ficus, waaruit in de loop der jaren heel wat kweekvormen zijn gewonnen, zoals:
'Abidjan': purperbruin aangelopen blad.

Ficus elastica

Ficus elastica 'Tineke'

'Belgaplant': ouderwetse bonte kweekvorm met groen, grijs en lichtgeel.
'Decora': het rondachtige blad staat omhoog, zodat de lichte middennerf aan de bovenkant en de rode onderkant van andere bladeren gelijktijdig zijn te zien.
'Decora Sofia': glanzend groen, breed blad staat in V-vorm.
'Doescheri': bonte vorm, grotendeels groengeel gemarmerd met groene en grijsgroene vlekjes.
'Robusta': het brede groene blad staat dicht opeen.
'Schrijveriana': gemarmerd blad, geelgroen met donkergroene vlekjes.
'Tineke': bont, overwegend groen, met grijsgroen en geel aan de bladranden.
'Tricolor': bonte vorm met naast groen, grijs en roomwit ook wat roze.

◐ – ● ◑

Ficus lyrata

VIOOLBLADPLANT

De bladeren van de vioolbladplant worden tot ongeveer veertig centimeter lang, met de grootste breedte bijna bij de top. Het is niet moeilijk om er de onderkant van een viool in te zien.
In de kamer groeit deze ficus uit tot een ongeveer twee meter hoge plant, die op oudere leeftijd vertakt (of daar door toppen toe kan worden aangezet). Ook de lichtbehoefte van deze

Ficus lyrata

ficus is niet hoog, al groeit ze het beste op een zo licht mogelijke plek uit de zon. Ze houdt van een hogere luchtvochtigheid dan de meeste ficussen. Is die te laag, dan krijgt het blad bruine randen. Nevelen en afsponzen helpen en met een beetje karnemelk op de spons gaat het weer glanzen. Geef pas (handwarm) water wanneer de potkluit droog aanvoelt. Vermijd lage temperaturen en tocht.

Ficus microcarpa 'Starlight'

Zie: *Ficus benjamina* 'Starlight'

Ficus nitida

Zie: *Ficus benjamina*

Ficus pumila

Deze ficus heeft een totaal ander uiterlijk dan de hiervoor genoemde soorten. *Ficus pumila* is een kruipplant, die zich aan een ondergrond hecht. Zo overwoekert ze stobben in de tropische wouden van Vietnam en andere delen van Zuidoost-Azië. Daar vormen zich op den duur ook tot tien centimeter grote, volwassen bladeren aan de plant. In de huiskamer houden we de jeugdvorm als hangplant of kruipplant. De blaadjes zijn slechts twee à drie centimeter breed, maar overlappen elkaar tot een dichte mat.
Wanneer u het ficusje in heel vochtige lucht kweekt, in een kamerkasje of paludarium, merkt u hoe razendsnel ze hele oppervlakken kan bedekken. Sproei *Ficus pumila* daarom zo vaak mogelijk. De 'diepe-bord-methode' helpt ook: zet de pot op een omgekeerd schoteltje in een bord water (zodat de onderkant van de pot net droog blijft) of zet de pot op vochtig grind. De potgrond moet voortdurend vochtig, maar niet te nat blijven. *Ficus pumila* groeit het beste op een lichte plaats, desnoods in de zon, wanneer ze daartegen op het heetst van de dag wordt geschermd. Maar ze verdraagt ook halfschaduw. Kweek *pumila*'s zomers bij kamertemperatuur, 's winters liever koeler. Behalve de soort worden diverse kweekvormen aangeboden:

'Lis': lichtgroen, gelobd blad met donkergroen randje.
'Minima': kleine soort, met blad van maximaal één centimeter breed.
'Rikke': in tweeën gedeeld blad, lichtgroen en donkergroen.
'Sunny': een witte zoom langs ieder blad.
'White Sunny': een bredere witte zoom dan 'Sunny'
'Variegata': sterk groeiende cultivar met roomwitte vlekken.

Ficus repens

Zie: *Ficus pumila*

Ficus retusa 'Starlight'

Zie: *Ficus benjamina* 'Starlight'

Ficus stipulata

Zie: *Ficus pumila*

Ficus pumila 'White Sunny'

Ficus pumila

6. Aronskelken

*De ongeveer 3000 soorten aronskelkachtigen (*Araceae*) op aarde zijn te herkennen aan hun bijzondere bloeiwijze. De bloempjes zitten samengepakt op een kolf, die wordt omgeven door een zogenaamde bloeischede, een beschermend blad. Bij sommige soorten is die schede opvallend groot en gekleurd, zoals bij enkele anthuriumsoorten en de zantedeschia's. Zij worden bij respectievelijk de bloemplanten en de kuipplanten behandeld. Maar het merendeel van de soorten die in cultuur zijn, wordt om het mooi gevormde en schitterend getekende blad gehouden.*
Dat ze hier in een apart hoofdstuk worden behandeld, zal u helpen om de overeenkomsten tussen de aronskelkachtigen te ontdekken. De soorten die om hun decoratieve blad worden gekweekt, groeien in de natuur onder vergelijkbare omstandigheden: in tropische wouden als lianen of klimplanten, die in hun jeugd met weinig licht genoegen nemen. Ze vragen allemaal ongeveer dezelfde behandeling. De tolerantie ten opzichte van schaduw en droge lucht maakt ze tot ideale kamerplanten.

Aglaonema commutatum

Aglaonema's groeien in de tropische wouden van Zuidoost-Azië, de soort *commutatum* op de Philippijnen en het noordoosten van Sulawesi. Het ongeveer twintig centimeter lange blad is van nature langs de nerven gevlekt. Veredelaars hebben daar dankbaar gebruik van gemaakt om er afwijkende patronen in te kweken. In de kassen groeien de planten gemakkelijk. In de kamer is het een kunst om ze in leven te houden. Ze moeten altijd warm staan en houden desondanks niet van droge lucht. Dit maakt veelvuldig nevelen of 'de diepe-bord-methode' noodzakelijk (zet de plant op een omgekeerd schoteltje in een breder bord, dat zo ver met water wordt volgegoten, dat de pot net droog blijft).
Giet de plant 's zomers met gulle hand en voeg geregeld vloeibare plantenmest aan het gekookte water (of regenwater) toe. Houd haar 's winters matig vochtig.
Aglaonema heeft weinig licht nodig om in leven te blijven, al groeit ze op een lichte standplaats beter. Ze mag nooit in de zon.
De bekendste en meest geteelde kweekvorm is *Aglaonema commutatum* 'Silver Queen' met zilveren blad, waarin groene vlekjes lijken uitgespaard. Enkele andere kweekvormen zijn:

'Maria':	zilvergroene vlekken in vegen langs de zijnerven.
'Albovariegatum':	witberijpt.
'Tricolor':	bont met wit en wat roze.

Links: *Alocasia* x *amazonica*

Aglaonema commutatum 'Silver Queen'

Alocasia x *amazonica*

Aan de bloem van deze alocasia is goed te zien dat we met een aronskelk van doen hebben. De roomkleurige knots vol bloempjes wordt door een groene bloeischede (van binnen nagenoeg wit) omsloten. Toch wordt de plant niet om de bloemen, maar om het blad verkocht. Dat van de kruising *Alocasia* x *amazonica* is enkele tientallen centimeters lang. In een jong stadium is het glanzend lichtgroen, later wordt het mat grijsgroen, doorsneden door zeer opvallende, verdikte, bijna witte nerven.
De naam van de kruising is misleidend. Ze komt beslist niet uit het Amazonegebied. De ouderplanten zijn *Alocasia lowii* (afkomstig van Borneo) en *Alocasia sanderiana* (van het Philippijnse eiland Mindañao). Daar groeien ze onder tropische, vochtige omstandigheden. Ook bij ons hebben ze voorkeur voor een warme, vochtige standplaats, maar het dikke blad verdraagt ook een lagere luchtvochtigheid. Sproei geregeld met regen- of gekookt water. Neem de bladeren met een natte doek af om stof te verwijderen. Houd de plant in de zomer uit de zon en geef dan veel water en mest, maar voorkom dat de pot in het water blijft staan. In de winter moet ze matig vochtig gehouden worden.

◑–● ○

Anthurium crystallinum

De opvallend bloeiende anthuriums (flamingoplanten) worden bij de bloeiende planten behandeld. Hier schenken we aandacht aan een typische bladplant. Het jonge blad van *Anthurium crystallinum* is eerst roodbruin aangelopen. Op oudere leeftijd wordt het enkele tientallen centimeters lang, donkergroen met een duidelijke tekening van lichte nerven. Zowel in de nerven als in het bladgroen zijn kleine kristalachtige glitteringen te zien.
Anthurium crystallinum groeit in de oksels van bomen in de tropische wouden van Panama, Venezuela, Colombia en Peru en is in de huiskamer moeilijk te houden. Het grondmengsel moet licht en humusrijk zijn, terwijl de plant toch veel vocht nodig heeft. Kweek haar het liefst in een kamerkasje of op een andere lichte plaats waar de luchtvochtigheid hoog genoeg is. Laat de temperatuur, ook 's winters, niet beneden ongeveer 16°C zakken en laat de potgrond nooit helemaal uitdrogen.

Links: *Alocasia* x *amazonica*

Anthurium crystallinum

Zorg wel dat het water vrijelijk weg kan.

◑ ◑

Caladium bicolor

Schrik niet wanneer het schitterende blad van de caladium in de herfst plotseling verwelkt. De plant gaat niet dood, maar is slechts in rust. Geef geen water meer en klop de kluit uit de pot, zodra al het blad verdord is. In de kluit vindt u een wortelknol, die u droog kunt bewaren. Zet hem niet kouder dan ongeveer 15°C, want de caladium komt uit de tropische wouden van Zuid-Amerika. Voorkom het volledig uitdrogen van de knol door deze in nauwelijks vochtige turfmolm te leggen.
Ongeveer in maart lopen de ogen uit. Plant de knol dan enkele centimeters diep in een pot met voedselrijke potgrond, met veel turf erin. Laat er wat water in trekken en stop de pot dan in een afgesloten plastic zak. In deze 'gespannen' lucht zal de knol op een warme plek (uit de zon) nieuw blad vormen. Giet in de zomer gul en geef geregeld kamerplantenmest. Zorg vooral voor zo vochtig mogelijke lucht. Het blad is te kwetsbaar om het met een doek af te nemen.
Door kruisingen van caladiumsoorten zijn veel prachtige kweekvormen gewonnen, waarbij *Caladium bicolor* vaak een van de ouders was. Ze worden meestal zonder naam verhandeld, met uitzondering van een witbladige cul-

Caladium bicolor 'Candidum'

Caladium bicolor-cultivar

tivar met groene bladnerven, die als 'Candidum' wordt aangeboden.

Dieffenbachia 'Exotica'

Zie: *Dieffenbachia maculata* 'Compacta'

Dieffenbachia maculata

Dieffenbachia's zijn vanwege hun decoratieve blad al heel lang in cultuur. Er ontstonden spontane kruisingen en veel doelbewust gekweekte cultivars, zodat de naamgeving nu een complete chaos is. *Dieffenbachia maculata* is vaak een van de voorouders van de vele kweekvormen. Maar volgens sommige plantkundigen is de verwantschap met *Dieffenbachia seguine* zo groot, dat ze eigenlijk tot één soort zouden moeten worden gerekend. Toch is er een in het oog springend verschil: het blad van *maculata* is langwerpiger dan dat van *seguine*. Het oogt fragieler en is spitser gepunt. In de plantenhandel worden de kweekvormen tegenwoordig ingedeeld naar groot- of kleinbladig. Tot *maculata* worden kleinbladige cultivars gerekend zoals:

'Candida': geel tot roomkleurig blad met groene vlekjes en groene bladrand.

Dieffenbachia maculata 'Camilla'

'Camilla': bladkleur varieert van geel via room tot wit, ongevlekt, maar met groene bladrand.

'Compacta' (ook wel 'Exotica' genoemd): zit aan de voet dik in het blad, dat onregelmatig groengevlekt is op gele tot roomkleurige ondergrond.

'Mars': onregelmatig gevlekte bladeren met donkergroen, lichtgroen en geel.

De dieffenbachia is een wispelturige plant. Bij de een groeit ze jaar in jaar uit voorspoedig, bij de ander houdt ze het nog geen paar maanden vol. Neem in het laatste geval onderstaande lijst eens door en kijk of u een van de rampen voor een dieffenbachia herkent:

* Bij aankoop hingen de bladpunten slap. De planten zijn door de kweker niet goed afgehard en kunnen de eerste tijd slecht tegen droge lucht.
* De plant werd in het koude seizoen (buitentemperatuur beneden 15°C) op straat gekocht. Binnen enkele dagen zakt de hele plant in elkaar en verwelkt. Ga ermee terug naar de leverancier.
* Verwelkte of misvormde bladeren of bruine vlekken bij aankoop duiden op ziekte: bacteriën, virussen of schimmels.
* Vermijd te allen tijde tocht en kou. De temperatuur mag nooit beneden 15°C dalen.
* Laat de plant nooit helemaal uitdrogen.
* Giet ruim met lauw water (minstens kamertemperatuur), maar laat de pot nooit in het water staan.
* Oliedamp, uit kachels of lampen, is zeer schadelijk.
* Zet dieffenbachia nooit in de zon, maar liefst wel op een lichte plek. Op een donkerder plek vervaagt de bladtekening.
* Bij te droge lucht worden de bladranden bruin.

Dieffenbachia seguine

Tot deze soort worden de grootbladige kweekvormen meestal gerekend. Er vormt zich een stevige schijnstam, als van een bananeplant, met grote bladeren die de plantvoet meestal niet verhullen. Enkele cultivars zijn:

'Alix': compacte vorm met lichte veren langs groene nerf. Bladrand groen.

'Amoena': groen- tot blauwgroenbladig met gele tot witte vlekjes langs de zijnerven.

'Tropic Snow': de populairste grootbladige kweekvorm. Als 'Amouna', maar met meer lichtgroene tot witte vlekken.

'Tropic Sun': nog lichter van kleur dan 'Tropic Snow', compact.

'Wilson Delight': spitse, eivormige, groene bladeren met duidelijk witte nerven.

Dieffenbachia's zijn giftig. Blad en stengels bevatten calciumoxalaat in de vorm van naaldachtige kristallen, die zich in de slijmvliezen nestelen. Ze veroorzaken een sterk branderig gevoel, zwelling en ontsteking en kunnen bij inslikken ernstige ontsteking van maag en darmen veroorzaken. De zeer bittere smaak van de plant weerhoudt kinderen en huisdieren er meestal van om ervan te eten. Mocht dit toch gebeuren, laat dan (als eerste hulp) veel water drinken en raadpleeg zo snel mogelijk een arts.

Te grote dieffenbachia's kunnen ongeveer twintig centimeter boven de grond worden afgesneden, waarna ze zich zullen verjongen. Voorkom daarbij dat het giftige sap op de huid of in de ogen komt.

Dieffenbachia seguine 'Tropic Snow'

Monstera deliciosa

GATENPLANT

De gatenplant is een liaan uit Panama en zuidelijk Mexico, waar de plant tot twintig meter de bomen in kruipt. De bladeren van een jonge plant zijn hartvormig. Wanneer de liaan op een lichte, niet al te droge plek wordt gekweekt, krijgen de nieuwe bladeren diep ingesneden bladranden. Onder ideale omstandigheden wordt het blad nog groter, met ovale gaten erin.

Monstera is een gemakkelijke kamerplant, die ook in de halfschaduw groeit en tamelijk goed tegen droge lucht kan. Dof geworden blad gaat weer glimmen nadat u het met een doek met wat karnemelk hebt afgenomen.

Een lichte, vochtige groeiplaats uit de zon is ideaal. Giet in de zomer ruim, met handwarm water en meng geregeld wat vloeibare mest bij. 's Winters minder water geven.

De naam 'deliciosa' verwijst naar de heerlijke vruchten, die vroeger in Midden-Amerika en in Engeland werden geteeld. De smaak heeft zowel iets weg van banaan als van ananas. In de huiskamer bloeit de plant echter zelden. Bovendien is het niet verstandig om ermee te experimenteren, want alle delen van *Monstera deliciosa* (behalve de rijpe vrucht) zijn giftig. Voor de verschijnselen zie bij *Dieffenbachia seguine*.

Monstera deliciosa

Philodendron erubescens

Philodendron erubescens heeft dunne, rood aangelopen stengels, die niet zonder steun overeind blijven en daarom vaak tegen een mosstok worden opgebonden. In Colombia klimt ze van nature tegen bomen omhoog.

In de huiskamer is het een sterke plant, die met weinig licht toe kan (vooral de groenbladige vormen). Een lichte plaats uit de zon is beter. Giet 's zomers matig (met handwarm water), in de winter nog minder. De temperatuur mag nooit beneden 15°C zakken.

Rechts: *Philodendron erubescens* 'Golden Erubescens'

Philodendrons zijn giftig. In geval van vergiftiging, zie de aanwijzingen bij *Dieffenbachia seguine*.
Enkele populaire kweekvormen uit *Philodendron erubescens* zijn:

'Emerald Queen':	groene stengel en groen blad.
'Emerald King':	als 'Emerald Queen', maar in alle delen groter.
'Red Emerald':	wijnrode stengels, met lange, rozerode steunbladen en donkerrode nerven aan de onderkant van het verder glanzend groene blad.
'Golden Erubescens':	rode stengel en schutbladen. Het toegespitste blad is geelgroen tot opvallend goudgeel.

Philodendron 'Imperial Red'

De herkomst van veel kweekvormen van de philodendron is onbekend, zo ook van deze compacte plant. Ze vertoont geen klimneigingen, maar groeit op den duur in de breedte uit tot een stevige potplant met groenrode bladeren van ongeveer dertig centimeter lang. Die van een verwante cultivar, 'Imperial Green', zijn nog forser, glanzend groen, met roodachtige steunbladen.
Haal geregeld met een vochtige doek het stof van het blad. Een beetje karnemelk op de doek werkt als bladglansmiddel. Sproeien en nevelen is goed voor de gezondheid van de plant, wanneer het gebruikte water onthard is (gekookt of regenwater) en minimaal op kamertemperatuur. Philodendrons zijn zeer gevoelig voor koud gietwater en blijvend natte wortels. Gebruik een losse, voedzame grond, giet matig en mest 's zomers geregeld.

Philodendron 'Imperial Red'

Philodendron pertusum

Zie: *Monstera deliciosa*

Spathiphyllum

De 36 bekende soorten spathiphyllum groeien in de vochtige bodem van tropische wouden in Midden- en Zuid-Amerika, maar ook in Zuidoost-Azië. De luchtvochtigheid is er altijd hoog. Desondanks zijn het sterke kamerplanten, die een groen accent kunnen geven aan donkere plaatsen in de kamer, waar andere planten door lichtgebrek wegkwijnen. Daar zult u het overigens met het donkergroene, lancetvormige blad moeten doen, want de bloeiwijze ontwikkelt zich alleen op een lichte plaats.
Houd de spathiphyllum wel uit de zon, anders verbrandt het blad. U ziet dat gauw genoeg: het begint naar achteren te krullen en wordt geleidelijk geel. Onder dergelijke omstandigheden is deze aronskelkachtige gevoelig voor spint. Minder zon en een hogere luchtvochtigheid zullen de spintmijten op den duur verdrijven. U kunt haar daarbij een handje helpen door de plant onder de douche te zetten en met lauw water af te spoelen.
Net zoals veel andere aronskelken heeft de spathiphyllum een hekel aan 'koude voeten'. Geef altijd water op minimaal kamertemperatuur (liefst gekookt water of regenwater). Vermijd tocht en temperaturen beneden 15°C. Alleen de soort *Spathiphyllum wallisii*, inheems in Panama en Costa Rica, mag koeler staan, maar niet beneden 10°C.
De meeste cultivars die in de handel zijn, hebben *walissii* als ouder of kunnen als zodanig worden behandeld. De onderlinge verschillen zijn voor de leek nauwelijks te zien: een streepje groen op de bloeischede, een afwijkende bladstand of een ander bladformaat is voor de veredelaars al reden om er een nieuwe naam aan te verbinden. Bekende cultivars zijn: 'Adagio', 'Ardito', 'Castor', 'Cupido', 'Euro-Gigant', 'Fiorinda', 'Mauna Loa', 'Mozart', 'Pallas', 'Petite', 'Prelude', 'Sensation' en 'White Success'.
Daarnaast zijn er nog de echte soorten. Ze zijn wat kwetsbaarder dan de *wallisii*-hybriden en

Rechts: *Spathiphyllum* 'Mozart'

Spathiphyllum patinii

worden zelden aangeboden. Dat is jammer, want er zitten ware juweeltjes tussen, zoals *Spathiphyllum patinii*, die heel klein blijft. Tussen het lancetvormige, groene blad rijzen ongeveer dertig centimeter lange bloeistengels op met daaraan een netvormig getekende kolf, omsloten door een witte bloeischede, die langs de nerf groen is aangelopen. De minimumtemperatuur bedraagt 15°C en de soort heeft graag iets meer licht, maar laat zich verder als alle andere spathiphyllums behandelen.

Syngonium podophyllum

De syngonium is nauw verwant aan de philodendron. De meer dan dertig soorten groeien in de warme wouden van Zuid- en Midden-Amerika. *Syngonium podophyllum*, de meest gekweekte soort, komt uit Panama en Costa Rica.

De behandeling is gelijk aan die van de philodendron: desnoods een schemerige, maar liever een lichte standplaats uit de zon. 's Zomers normaal tot zuinig gieten met water op minimaal kamertemperatuur. De voet nooit in het water laten staan. 's Winters weinig gieten. De temperatuur moet zomer en winter minimaal 15°C zijn.

Syngonium podophyllum wordt meestal als jonge plant verkocht. Ze groeit in de breedte, hangend, behalve wanneer u de stengels steunt en leidt (bijvoorbeeld tegen een mosstok). Geef de plant losse, humusrijke grond en in de zomer geregeld kamerplantenmest.

Syngonium podophyllum leverde veel kweekvormen, waarvan 'White Butterfly' de bekendste is. Andere cultivars zijn:

'Emerald Gem':	pijlvormige, vlezige groene bladeren.
'Emerald Gem Variegated':	Pijlvormig, dun blad met wit en lichtgrijs vlekkenpatroon. Compacte plant.

Onder: *Spathiphyllum wallisii*

Rechts: *Syngonium podophyllum*

7. Bladplanten

Liefhebbers van bloemplanten kopen meestal in een opwelling. Ze komen een plant met prachtige bloemen tegen, kopen die en nemen haar mee naar huis. Daar wordt een plaats gezocht waar de bloemen mooi uitkomen.
Liefhebbers van bladplanten hebben over het algemeen een totaal andere instelling. Zij zijn de architecten en planners van hun interieur. De plant staat niet op zich, maar is een belangrijke aanvulling op de inrichting. En inderdaad worden in dergelijke huizen, met goede smaak, gevoel voor vorm, kleur en lichtval, schitterende stillevens met planten geschapen. Planten maken de sfeer in huis. Wanneer u ze weghaalt, ziet u het verschil.
Bovendien passen bepaalde plantesoorten beter in het ene interieur dan in het andere. Statige planten, zoals de banaan, Pittosporum *en kamerden lijken bestemd voor het strak-moderne interieur. Bladbegonia, croton,* Aspidistra *en siernetels verhogen de intieme sfeer in klassieker ingerichte huizen.*
Zo kan zelfs het bezoek aan een tuincentrum uitgroeien tot een architectonisch avontuur, waarvan het resultaat uiteindelijk de puntjes op de i zet in interieuren die variëren van klassiek tot modern.

Araucaria excelsa

Zie: *Araucaria heterophylla*

Links: *Codiaeum variegatum* 'Rina'

Araucaria heterophylla

KAMERDEN

De kamerden houdt van een koel klimaat. Van nature komt de soort van Norfolkeiland, dat ten noorden van Nieuw-Zeeland in de Grote Oceaan ligt. Daar groeien de kamerdennen uit tot exemplaren van meer dan vijftig meter hoog. De jonge planten die we in huis houden, groeien traag. Bij goede verzorging komt er ieder jaar gemiddeld één nieuwe etage van zijtakken bij, compleet met frisgroene, nauwelijks stekende naalden.
Zet de kamerden liefst op een zo licht mogelijke plaats, uit de zon. Ook op een tamelijk donkere plaats houdt de plant het verbluffend lang vol, maar groeit dan nog trager. Houd de plant aan de droge kant en wacht zo lang mogelijk met verpotten, want *Araucaria* heeft daar een hekel aan. Geef na het verpotten, in humusrijke grond (bij voorkeur bladgrond met zand), minimaal twee maanden geen mest. Wees ook daarna zuinig met mest.
Nevel of sproei de plant geregeld, of zet haar buiten in de regen, tenminste wanneer het warmer is dan ongeveer 7°C. Bij die temperatuur of hoger komt de kamerden beter de winter door dan in de gestookte kamer. Daar is de lucht zo droog, dat de onderste takken de neiging hebben om te vergelen en af te vallen. Dit

Araucaria heterophylla

is een natuurlijk proces, maar eenmaal afgevallen takken groeien nooit meer aan, zodat de plant op den duur van onderen kaal wordt. In warme, droge lucht gaat dit sneller.
Voor een opknapbeurt kan de plant 's zomers ook op een beschaduwde plaats, met pot en al, worden ingegraven.

◐ – ● ♦

Aspidistra elatior

Aspidistra is nauwelijks stuk te krijgen. De ijzersterke plant uit China verdraagt ieder klimaat en iedere standplaats: lichte vorst doet haar niets, net zo min als een drooggestookte kamer, rook en andere bedompte lucht (in Engeland wordt ze 'caféplant' genoemd). Vergeten water te geven? Geen probleem. De dikke wortelstokken, waaruit de lange bladeren direct ontspringen, zijn alleen dood te krijgen door ze in het water te laten staan. Dan rotten ze weg. Het blad kan slecht tegen volle zon.
Op den duur vullen de wortelstokken de pot, waarna u kunt verpotten. Dit is ook het goede moment om de pol te scheuren. U kunt met de extra plant iemand een plezier doen die geen enkele kamerplant in leven weet te houden.
De soort heeft stevige, groene bladeren. Er zijn nogal wat kweekvormen met gele of witte spikkels of strepen op het blad. 'Milky Way' is de bekendste met roomkleurige vlekjes. 'Va-

Aspidistra elatior 'Milky Way'

Een begonia in het wild in Costa Rica

riegata Ashei' heeft witte streepjes. Bij 'Variegata Exotica' is het streeppatroon wilder.

Aspidistra elatior 'Minor'

Zie: *Aspidistra elatior* 'Milky Way'

Begonia

De ongeveer duizend soorten begonia's komen verspreid in de tropen voor, speciaal in Midden- en Zuid-Amerika en in Azië. Er zijn typische bewoners van vochtige bossen bij, vaak met spreidende wortels of wortelstokken. Andere groeien hogerop in gebergten. Ze overleven ongunstige tijden door zich als wortelknol onder de grond terug te trekken. In dit hoofdstuk vindt u alleen de zogenaamde bladbegonia's, die vanwege de sierwaarde van het blad worden gekweekt. Andere soorten worden in het hoofdstuk over bloeiende planten besproken.

Begonia boweri

BLADBEGONIA

Deze Mexicaanse begonia heet eigenlijk *Begonia bowerae*, maar wordt algemeen onder de verkeerde naam *'boweri'* aangeboden. De roze aangelopen, witte bloemschelpjes sieren de plant, maar daarvoor wordt die niet gekocht. Het gaat voornamelijk om het gewimperde, lichtgroene blad, dat zwarte of bruine spikkels draagt. Uit de soort, die zelf zelden wordt aangeboden, zijn enkele kweekvormen ontstaan.

Begonia boweri 'Tiger'

Meestal zult u 'Tiger' kopen. Deze heeft olijfgroen blad met lichtgroene vlekken. De bladonderkanten en de knapperige, sappige stengels zijn wijnrood.
Zorg voor een lichte, niet al te zonnige standplaats in de verwarmde kamer. Giet geregeld met handwarm water, zodat de potgrond altijd vochtig, maar nooit kletsnat blijft. Niet sproeien, want dit werkt meeldauw in de hand. Zorg voor zoveel mogelijk frisse lucht, maar geen tocht of kou en liefst geen lagere temperaturen dan 15°C. Verpot ieder halfjaar en geef geregeld vloeibare plantenmest. Laat de plant altijd in dezelfde stand ten opzichte van het licht staan.

Begonia Rex-hybriden

BLADBEGONIA

Van *Begonia rex* uit Assam koopt u altijd kruisingen met een van de talloze andere Aziatische begonia's. Ze worden verhandeld onder de verzamelnaam *Begonia* Rex-hybriden. Die hebben tot dertig centimeter lange bladeren en kunnen door hun grote gewicht gemakkelijk omvallen. Verpot ze daarom direct in een grote of stenen pot. Zet de plant nooit dieper dan ze al stond, om rotting te voorkomen.

Begonia Rex-hybride

Over het schitterend getekende blad ligt vaak een prachtige glans. De patronen zijn voornamelijk opgebouwd uit de kleuren roze, karmijn, zilver, groen en roodbruin. De aangevoerde partijen zijn gemengd, zodat u een kleurenpalet naar uw keuze uit kunt zoeken.
Mocht de plant breken, dan kunt u de bladeren stekken. Snijd de steel direct onder het blad af. Leg het blad op vochtige grond en snijd met een scherp mes de nerven op een

aantal plaatsen door. Dek het geheel af met plastic en zet het op een warme plaats, uit de directe zon. Na enkele weken kunt u de plantjes, die langs de sneden ontstonden, apart oppotten. (Zie verder bij *Begonia boweri.*)

☼ – ◑ ◐

Brachychiton rupestris

GELUKSBOOM

In de droge gebieden van het Australische Queensland groeien enorme bomen, met gezwollen stam. Ze slaan er vocht in op voor de droge tijd. De jeugdvorm van deze kolossen verkoopt men als kamerplant. Ze zien er grappig uit met hun verdikte stam, die vaak grillig van vorm is en ze kunnen heel goed tegen droge lucht. Aan jonge planten zitten vaak tegelijkertijd eenvoudige, lintvormige bladeren van bijna twintig centimeter lang en samengestelde bladeren met 3 tot 9 langwerpige lobben.
Daarmee hebben we al het positieve over deze plant gezegd. Want de afstand tussen de bladeren is groot, de stengels groeien slungelig uit, zodat *Brachychiton* al snel te groot wordt voor de huiskamer.
U kunt deze plant beter als kuipplant kweken; in de zomer buiten op een zonnige plaats, in de winter binnen bij een minimumtemperatuur van 12°C. Geef dan nauwelijks water. 's Zomers matig gieten.

☼ ●

Brachychiton rupestris

Codiaeum variegatum 'Excellent'

Codiaeum variegatum

CROTON, WONDERSTRUIK

Eigenlijk hoort de croton in het hoofdstuk van de wolfsmelkachtigen thuis, want ze behoort tot de *Euphorbiaceae*. Maar de meeste kamerplantenliefhebbers kennen haar als een van de populairste bladsierplanten, die, vooral enige jaren geleden, zeer veel werd verkocht.

Helaas is het niet eenvoudig de plant lange tijd goed te houden. De temperatuur mag nooit onder 15°C zakken, de standplaats moet gelijkmatig warm zijn en het mag er nooit tochten. Combineer dit met een grote behoefte aan hoge luchtvochtigheid en het probleem is duidelijk: hoe houd ik mijn *Codiaeum* in de winter bij de cv goed? Dat kan door veel te sproeien, het blad met een vochtige doek af te nemen, of via de 'diepe-bord-methode', waarbij de pot op een omgekeerd schoteltje in een diep bord met water wordt gezet. Het waterniveau moet beneden de potvoet blijven. Het schoteltje kan desgewenst worden vervangen door grind.

Houd de potgrond altijd mildvochtig en geef in de zomer geregeld plantenvoeding. Zet de wonderstruik op een zeer lichte plek, uit de felle zon. Ochtend- of avondzon mag wel. Op een donkere plaats verliest de croton haar kleur.

Uit de ondersoort *Codiaeum variegatum pictum* zijn zeer veel cultivars gekweekt, die meestal als verschillende soorten worden gezien. De meest verkochte is de grootbladige cultivar 'Excellent' met blad dat aan de top een 'etage' smaller is. De eerstgevormde bladeren zijn roodachtig met diepgroen, de latere bladeren geel met groen. Andere grootbladige cultivars zijn:

'Rina':	rode en gele nerven in groot, elliptisch, groen blad.
'Norma':	groot groen met geel blad.
'Petra':	onregelmatig gevlekt blad met groen, geel, oranje, rood en purper.
'Nervia':	puntig, lange bladeren met zeer brede middennerf en graatvormige zijnerven, die met hun rode of gele kleur sterk contrasteren met het respectievelijk lichtgroen en purper van de rest van het blad.
'Mrs. Iceton':	een bijzonder sierlijke kweekvorm met iets achterwaarts gebogen blad, dat vanaf de bladsteel lichtrood, oranje of geel begint en naar de top donker kleurt, naar groen of purper.

Codiaeum variegatum

De kleinbladige kweekvormen zijn duidelijk in opmars:

'Goldfinger':	heeft lintvormig, geel met groen blad.
'Pictum':	ook geel en groen, maar in spikkelpatroon.
'Punctatum':	bossig, met zeer smal groen en geel gespikkeld blad.
'Aucubifolia':	gele en oranje stippels op groen blad.

Coffea arabica

KOFFIEPLANT

In de bergen van Yemen liggen nu nog de smalle terrassen waarop ooit vermoedelijk de eerste koffie werd geteeld. *Coffea arabica* kwam van oorsprong uit Ethiopië, maar werd in het Arabische Yemen voor het eerst geteeld. Later smokkelden de Hollanders ongebrande vruchten naar Nederlands Indië en later naar Zuid-Amerika, waar nu de meeste koffie wordt verbouwd.

Wij kunnen het in de vensterbank ook proberen. Daar zijn verse, ongebrande koffiebonen voor nodig, die soms in kant-en-klaar verpakking worden aangeboden. De zaden hebben bodemwarmte (20-25°C) nodig om te kiemen en groeien graag in vochtige lucht. Er komen groenglimmende bladeren aan de zaailingen. Ze gedijen het best in een warme, maar luchtige atmosfeer, op een lichte plek, uit de felle zon en in goed vochtige en vruchtbare grond. Na enkele jaren gaan de koffiestruiken op de plantages bloeien. In kassen is bloei en vruchtzetting goed mogelijk. In de huiskamer komt koffie gewoon uit een pak.

◐ ○

Coleus Blumei-hybriden

SIERNETELS

In voorjaar en zomer pronken de siernetels in de plantenwinkels met hun rijk getekende blad. De variatie aan kleuren is enorm: lichtgroen met chocoladebruin, groen met vuurrode nerven, oranjebruin met groen randje, groen met geel hart, purperrood tot bijna zwart. De hybriden zijn meestal niet benoemd. U kiest de kleuren die u aanstaan.

Zet de siernetel op een zonnige plek, maar bescherm haar in de zomer tegen felle middagzon. Geef veel water en probeer de luchtvochtigheid rond deze planten uit Zuidoost-Azië hoog te houden. Op den duur verschijnen lange bloeistengels, maar die verhogen de sierwaarde niet. U kunt de plant dan het beste flink terugsnoeien, zodat ze zich vertakt en weer bossig wordt.

De warme droogte van centraal verwarmde kamers leidt tot bladval en ziekte. Gooi de plant dus in de herfst weg, of houd haar in een koele kamer (tussen 10 en 16°C). In het voorjaar snijdt u kopstekken van de bovenste, sappige stengeldelen en laat die op water wortelen, waarna ze worden opgepot.

☼ ○

Corynocarpus laevigata

Deze boom uit Nieuw-Zeeland is als jonge plant zeer geschikt voor lichte, koele ruimten. In de centraal verwarmde huiskamer is het *Corynocarpus* al gauw te heet en te droog. Daar krijgt spint een kans. Nevelen en het vochtig afnemen van de bladeren helpen dit te voorkomen.

Wanneer u geen koel, licht vertrek hebt, kunt u het boompje als kuipplant behandelen. In de winter staat het vrij droog in een koel vertrek (minimaal 5°C), in de zomer buiten in een pot

Rechts: De bessen van *Coffea*, gefotografeerd in het oorspronkelijke koffieteeltgebied in Yemen
Onder: *Coleus* Blumei-hybride

of kuip. De aarde wordt dan mildvochtig gehouden.
Behalve de soort, met ovaal groen blad, wordt de bontbladige kweekvorm 'Variegata' soms aangeboden. Het blad ervan is lichter groen, met roomkleurige vlekken, speciaal aan de bladuiteinden.

☼ ◐

Corynocarpus laevigata

Cupressus macrocarpa

KAMERCONIFEER

Van deze tot 25 meter hoge boom uit Californië wordt de cultivar 'Goldcrest' als kamerplant aangeboden. In warmgestookte ruimten zal ze spichtig uitgroeien. Zet haar liever in een koel vertrek op een zo licht en luchtig mogelijke plaats. Geef 's zomers ruim water, 's winters minder. U kunt de kamerconifeer ook als kuipplant kweken. Pas bij meer dan 10 graden vorst hoeft de kuip naar binnen. In de volle grond is ze nog vorstbestendiger. In gebieden met een mild klimaat wordt deze conifeer als tuinplant verkocht.

☼ ◯

Cupressus macrocarpa

Cyperus albostriatus

Zie: *Cyperus diffusus*

Cyperus alternifolius

PARAPLUPLANT, CYPERGRAS

Bovenaan de lange, groene, ronde stengels van dit cypergras van Madagascar spreiden zich lintvormige bladeren. Wanneer de plant goed groeit, worden de stengels stevig en manshoog. Die goede groei wordt bereikt door de plant in een ruime, waterdichte bak te kweken. Zet de plant in vruchtbare aarde en giet de bak vervolgens vol met water. De aarde mag er helemaal onder verdwijnen. Plaats het geheel op een lichte, eventueel zonnige plaats, met wat extra luchtvochtigheid, bijvoorbeeld in de kookdamp boven het fornuis of in de badkamer. In te droge lucht is de kans op spint groot. Zet *Cyperus* in dat geval in het bad of buiten (wanneer de temperatuur boven 10°C is) en sproei het blad af.
Op den duur wordt de modder volledig door de wortels opgesoupeerd. Scheur de kruipende wortelstokken. Zijn die te viltig in elkaar vervlecht, dan zijn ze niet meer te scheuren en moeten er stukken uit worden gesneden. Plant die in verse modder.
Vermeerderen is ook mogelijk door stengeleinden van ongeveer tien centimeter af te knippen, met de paraplu eraan. Kort het parapublad tot enkele centimeters in en zet de gekortwiekte parapluutjes op hun kop in water

Cyperus alternifolius 'Zumula'

of op modderige grond. Ze zullen spoedig wortelen.
Behalve de oorspronkelijke soort is de kweekvorm 'Zumula' tegenwoordig erg populair. De stengels blijven korter, de lintvormige paraplubladeren zijn langer en daarboven ontwikkelen zich al op jonge leeftijd de compacte, ovale bloeiwijzen.

☼ 💧

Cyperus argenteostriatus

Zie: *Cyperus diffusus*

Cyperus diffusus

PARAPLUPLANT, CYPERGRAS

Op de dunne stengels van deze soort uit Zuid-Afrika staan korte, maar relatief brede lintbladen. De plant wordt niet hoger dan ongeveer een halve meter en is dus voor kleinbehuisden zeer geschikt. De verzorging is gelijk aan die van *Cyperus alternifolius*.

☼ 💧

Cyperus diffusus

Cyperus papyrus

PAPYRUS

Van deze plant maakten de Egyptenaren al ver voor onze jaartelling papier. Zij groeit in de hete moerassen van Afrika en moet daarom ook in de huiskamer altijd op een warme plaats staan, minimaal 16°C, liefst warmer. Het draadvormige paraplublad bovenop de driekantige stengels kan slecht tegen droogte, dus is de vochtigste plaats in keuken of badkamer voor deze soort het best. De echte papyrus kan bij ons alleen door scheuren worden vermeerderd. Verder is de behandeling gelijk aan die van *Cyperus alternifolius*.

☼ 💧

Cyperus papyrus

Fittonia argyroneura

Zie: *Fittonia verschaffeltii argyroneura*

Fittonia verschaffeltii

De groene blaadjes van deze kruipende soort zijn doorsneden door een rood netwerk. Dit wordt gevormd door de rode nerven. Bij de ondersoort *argyroneura* zijn de nerven zilverwit. U zult deze plant meestal kopen met de naam *Fittonia verschaffeltii* 'Argyroneura'. Bij andere, echte kweekvormen varieert de witte tekening of de grootte van het blad.
De soort groeit in tropische wouden van Colombia en Peru en bedekt er de bosbodem. Ook in de huiskamer hebben ze een hoge luchtvochtigheid nodig, zodat u de planten het beste in een kamerkasje of in een fles kunt houden. Daarin groeien ze snel alle kanten uit en bloeien dan met zeer kleine gele bloempjes uit een hoofdje. Laat de temperatuur zomer en winter nooit onder 15°C zakken. Giet in de

winter matig, in de zomer gul en zet de plant op een lichte –maar tegen de felle zon beschermde– plaats, liefst vlakbij het oost- of noordraam.

○ ◊

Fittonia verschaffeltii-cultivar

Hemigraphis alternata

Het zilvergroene blad van dit kruid heeft een metaalglans en purperrode uiteinden, tenminste, wanneer *Hemigraphis* op een lichte plaats wordt gezet. Anders vervagen deze decoratieve eigenschappen en blijft saai groen blad (met wijnrode onderkanten) over. De soort groeit van oorsprong op de bodem van tropische wouden in India en Java. Volle zomerzon wordt dus niet verdragen. Zie voor de verzorging bij *Fittonia verschaffeltii*.

○ ◊

Hemigraphis alternata

Hemigraphis colorata

Zie: *Hemigraphis alternata*

Fittonia verschaffeltii argyroneura

Hypoestes phyllostachia

Het olijfgroene blad van de soort is roze gespikkeld. Veredelaars hebben daar geen genoegen mee genomen en alle mogelijke kleurnuances ingekruist: bij de cultivar 'Splash' zijn de spikkels beduidend groter, alsof er met roze verf gespetterd is. Het blad van 'Pink' is overwegend roze, met alleen nog groene nerven en vlekjes. Bij de kweekvorm 'Wit' is het blad op de nerven na helemaal wit.
Geen wonder dat deze decoratieve planten vaak in een opwelling worden gekocht. Ze thuis goed houden is een andere zaak. Zie voor de verzorging bij *Fittonia verschaffeltii*.

☼ ◯

Hypoestes sanguinolenta

Zie: *Hypoestes phyllostachia*

Ledebouria socialis

De ongeveer 16 soorten van dit Zuidafrikaanse bolgewas zijn nauw verwant aan de hyacint. De bloempjes zijn sierlijk, groen en purperkleurig, maar de soorten worden vanwege de gevlekte bladeren gekweekt. Die van *Ledebouria socialis* zijn ongeveer tien centimeter lang, zilverkleurig met groene vlekken.
Om de tekening te houden, moet de plant in de volle zon staan. 's Zomers matig gieten, in de winter nauwelijks. Dan staat de plant het

Ledebouria socialis

Hypoestes phyllostachia

best in een kas of serre bij een minimumtemperatuur van 5°C, maar ook voor het raam in een koel vertrek komt *Ledebouria* de winter goed door.

Leea guineensis

Deze soort uit tropisch Afrika wordt om het decoratieve blad gekweekt. De soort heeft groen blad, dat bij het ontluiken dieprood is. Meestal wordt de cultivar 'Burgundy', (ook wel 'Bourgondia' genoemd) aangeboden, met dieprode bladonderkanten en stengels en zeer donkergroen blad.
In de woonkamer levert de winter problemen op. Leea's houden hun blad alleen wanneer de temperatuur boven 15°C blijft. In de centraal verwarmde woonkamer is de luchtvochtigheid veel te laag. U zult dus speciale maatregelen moeten nemen. Zet de pot bijvoorbeeld op een bed van grind in een brede schaal. Giet zoveel water in de schaal dat de onderkant van de pot net droog blijft. Ook nevelen en luchtbevochtigers helpen. Geef in de zomer rijkelijk handwarm water, los er geregeld wat plantenvoeding in op, maar houd de plant in de winter droger. Zet haar op een lichte plaats, maar uit de felle zomerzon.

Murraya paniculata

Murraya paniculata is een populaire heester in tropische tuinen. De plant bloeit meermalen per jaar met heerlijk geurende witte bloemen, gevolgd door oranjerode bessen. Ook in ons klimaat kan de wintergroene struik bloeien, maar dan wel in een kas of serre, want in de huiskamer zijn de omstandigheden minder gunstig. Probeer daar de luchtvochtigheid zo hoog mogelijk op te voeren en zet de struik in het volle licht. Bescherm hem alleen tegen de hete zomerzon. Geef 's zomers gul water en voeding. In de winter is er in huis te weinig licht voor *Murraya*. Zet de plant in die periode op een lichte plaats in een koele kamer (minimaal op 10°C) en wees zuinig met water.

Murraya paniculata

Musa acuminata

DWERGBANAAN

De dwergbanaan, die enkele tientallen centimeters groot in het tuincentrum staat, groeit snel uit tot een grote plant van minimaal twee meter hoog en bijna zo breed. De naam 'dwergbanaan' wordt over het algemeen aan *Musa nana* gekoppeld, maar die wordt als synoniem beschouwd van *acuminata*.
Het ontrollend blad van de huiskamerbanaan is heel mooi, groen met een blauwig waas en purperrode vlekken. Speciaal voor binnens-

Rechts: *Leea guineensis*
Onder: *Musa acuminata*

huis zijn cultuurvormen gewonnen die net iets kleiner blijven, zoals 'Dwarf Chyla', 'Puerto Rican Dwarf' en 'Dwarf Orinoco', maar op den duur worden ook zij heel groot.
Mocht de plant niet meer passen, dan kunt u haar als een bananeboer verjongen. Snijd de schijnstam aan de voet van de plant af en wacht tot zich zijscheuten ontwikkelen. Laat alleen de sterkste doorgroeien.
Bananen hebben zomer en winter veel licht nodig, dus moet u 's zomers veel gieten en voeden. Hoe warmer het is hoe beter, maar vermijd binnen de felle middagzon in de zomer. Laat de plant overwinteren bij temperaturen boven 10°C. Andere bananesoorten moeten veel warmer de winter door. Hoogzomer mag *Musa acuminata* buiten, op een warme, desnoods zonnige plaats, maar beslist uit de wind, want die blaast het blad aan rafelige reepjes.

☼ ◊

Musa nana

Zie: *Musa acuminata*

Pachira aquatica

Pachira aquatica groeit bij riviermondingen en op andere natte oevers van Midden- en noordelijk Zuid-Amerika. Ondanks de verdikte stam heeft dé plant in het groeiseizoen overvloedig water nodig. Zij zal dan snel groeien, maar kan desgewenst worden getopt om een bossiger groei te krijgen. Zet de pachira in de volle zon (behalve op het heetst van de zomer), of anders op een zo licht mogelijke standplaats. Houd haar in de winter matig vochtig, bij een minimumtemperatuur van 15°C.

☼ ◊

Pachira aquatica

Peperomia caperata

RATTESTAARTJE

De bladeren van *Peperomia caperata* zijn zilvergroen, donkergroen, tweekleurig of roodachtig, afhankelijk van de kweekvorm die bijna altijd zonder naam wordt aangeboden. Maar alle vormen hebben één eigenschap gemeen: het blad is zeer bobbelig door de sterk verdiepte nerven. Boven het blad steken vaak stengeltjes met minieme bloempjes, die samen op 'rattestaartjes' lijken.
Het rattestaartje heeft sappig blad, dat goed tegen droge lucht kan. Houd de plant zomer en winter in de huiskamer, op een lichte plaats, maar uit de felle zon. Giet matig, of dompel de

Rechts: *Peperomia*
Onder: *Peperomia caperata*

pot met losse, humeuze grond onder en laat hem daarna goed uitlekken. Herhaal deze behandeling pas wanneer de potgrond bijna is uitgedroogd. In de winter nog droger houden.

Peperomia clusiifolia

De vlezige bladeren van deze peperomia zijn volledig glad, sappig en vetglanzend. De groenbladige soort groeit zelfs nog voor een raam op het noorden, de bonte vorm 'Variegata' heeft meer licht nodig. In de zon komen de groen met crème bladeren goed op kleur en wordt de rand meer uitgesproken rozerood. Bescherm de planten tegen de felle middagzon in voorjaar en zomer. Verder is de behandeling gelijk aan die van *Peperomia caperata*.

Peperomia clusiifolia 'Variegata'

Pittosporum tobira

KLEEFZAAD

De zachtgele bloemen van kleefzaad geuren heerlijk, maar toch wordt de plant vanwege het blad gekocht. Dat van de kweekvorm 'Variegatum' is grijsgroen met roomkleurige vlekken aan de randen. Kleefzaad kan als kuipplant worden gekweekt, in de zomer buiten, 's winters in een koel, licht vertrek. Maar de bladplant kan ook in de huiskamer blijven. Zorg daar wel voor een optimale belichting, anders zal de struik veel blad verliezen.
Een andere soort die veel wordt aangeboden, is *Pittosporum tenuifolium*, uit Nieuw-Zeeland. Ook van deze soort worden bontbladige vormen aangeboden. Ze zijn gemakkelijk van *Pittosporum tobira* te onderscheiden door de zeer donkere bladstelen en jonge loten.
Geef 's zomers matig water, in de winter nog minder. Kleefzaadsoorten verdragen droge lucht en de twee hier behandelde soorten overleven zelfs tien graden vorst. In sommige kustgebieden worden ze als windscherm gebruikt, omdat ze goed tegen zoute wind kunnen.

Pittosporum tobira 'Variegata'

Pogonatherum paniceum

KAMERBAMBOE

De kamerbamboe is in korte tijd zeer populair geworden. De dunne, soepele sprieten dragen lichtgroen blad, dat sierlijk over de potrand hangt. Van oorsprong komt deze laagblijvende (ongeveer dertig centimeter) grasachtige uit

Pogonatherum paniceum

Zuidoost-Azië en Australië. Het is er vochtig en warm. Zet kamerbamboe daarom niet boven een radiator van de centrale verwarming, maar op een vochtiger plaats in het licht. Voorkom droogte en felle zon, anders worden de bladpunten bruin. Giet geregeld en geef af en toe vloeibare plantenmest, zodat de plant zomer en winter aan de groei blijft. Op den duur raakt de potgrond uitgeput. Dan kunt u de plant scheuren en de stukken apart in gewone, verse potgrond oppotten.

Rademachera sinica

Voor deze struik uit China (vandaar de naam *sinica*) en andere delen van Zuidoost-Azië hebt u een flinke gieter nodig. Het sappige blad verdampt veel vocht. De plant mag beslist nooit uitdrogen en moet bij kamertemperatuur worden gekweekt, zodat u geregeld met handwarm gietwater klaar moet staan. Zet de tientallen centimeters hoge en brede plant liefst op een lichte plek, uit de zon, zodat het blad niet kan verbranden. Onder heel gunstige omstandigheden kan deze bladplant met grote zwavelgele bloemen bloeien, maar dat is in de huiskamer een zeldzaamheid.

Behalve de groenbladige soort is er een goudgroenbladige kweekvorm, 'Kaprima', die op dezelfde manier kan worden verzorgd.

Rademachera sinica

Sansevieria trifasciata

VROUWENTONGEN

Sansevieria wordt als een ouderwetse plant beschouwd, terwijl zij juist uitstekend in ons

Sansevieria trifasciata 'Golden Hahnii'

moderne, droge huiskamerklimaat groeit. Er zijn nauwelijks taaiere kamerplanten te bedenken dan *Sansevieria trifasciata* uit Nigeria. Of het nu om de gewone, groene soort gaat, om de geelgerande kweekvorm 'Laurentii' of om de laagblijvende cultivars 'Hahnii' en 'Golden Hahnii' (de laatste met bleekgele rand), ze zijn 'niet kapot te krijgen'.
Zet ze gerust in de volle zon, geef matig water en verpot pas wanneer de vlezige wortelstokken de oude pot doen barsten. Dit zijn de simpele regels voor de verzorging van vrouwentongen. Deze akelige Nederlandse naam is overigens ook gelukkig zo ouderwets, dat de tijd rijp is voor een nieuwe: 'tongelaar' lijkt me aardiger (afgeleid van 'tongelen', de manier waarop slangen geuren 'proeven' door de spitse tong snel in en uit de bek te laten schieten).
Vermeerderen van de tongelaar gaat het beste door de wortelstokken te delen. U kunt ook bladstekken nemen. Snijd stukken van ongeveer vijf centimeter lengte af en laat die in zanderige grond wortelen. In dat geval verdwijnt bij bonte vormen de gele rand.

☼ ●

Scilla violacea

Zie: *Ledebouria socialis*

Selaginella

MOSJE

Van de ongeveer 700 soorten worden vooral kweekvormen van *Selaginella martensii* en *Selaginella kraussiana* aangeboden. De eerste komt van oorsprong uit Mexico, de tweede uit Zuid-Afrika. Ze verdragen lagere temperaturen dan die uit de tropische wouden. Dit maakt het mogelijk om ze in de winter in een koele kamer te zetten (5°C of warmer), zodat ze niet bij de centrale verwarming verdrogen. Want dat gebeurt beslist wanneer u ze in een warmgestookte ruimte houdt.
De potgrond mag nooit uitdrogen, maar het water moet wel vrijelijk weg kunnen vloeien. Houd deze op mos lijkende bladplanten uit de zon, maar zet ze liefst wel op een lichte plek.
Selaginella lepidophylla lijkt sterk op de roos van Jericho *(Anastatica)*, waarvan het blad bij droogte oprolt. *Selaginella lepidophylla* komt uit de woestijnen van Arizona tot in Peru en krult ook bij droogte op. Zij kan op dezelfde manier worden verzorgd als de bovengenoemde soorten.
Selaginella apoda is een buitenbeentje. De fijne blaadjes groeien bodembedekkend in de oostelijke Verenigde Staten waar het tientallen graden kan vriezen. Zet het kruipertje desondanks niet buiten, want het loopt grote

Selaginella kraussiana

kans om te verdrogen. In de staten van herkomst overwintert het onder een dik pak sneeuw.

◐ ○

Soleirolia soleirolii

SLAAPKAMERGELUK

Slaapkamergeluk vormt een mat van minieme blaadjes, die aan dunne stengels over de grond kruipen en over de potrand omlaag hangen. De plant komt oorspronkelijk van Corsica. In huis groeit slaapkamergeluk het beste in koele ruimten, de slaapkamer bijvoorbeeld. Hoge luchtvochtigheid is bevorderlijk voor de groei, maar niet per se noodzakelijk.

Ook in andere opzichten stelt *Soleirolia* weinig eisen. Hoe lichter de standplaats, des te meer zult u moeten gieten. Laat de plant nooit uitdrogen en houd haar 's zomers uit de hete middagzon.

Van slaapkamergeluk worden drie vormen aangeboden: de soort zelf is groenbladig. De cultivar 'Variegata' (ook bekend als 'Argentea' en 'Silver Queen') grijsgroen, 'Aurea' (ook bekend als 'Golden Queen') goudgroen.

◐ ○

Solenostemon scutellarioides

Zie: *Coleus* Blumei-hybriden

Sparmannia africana

KAMERLINDE

De grote, lichtgroene en donzig behaarde bladeren van de kamerlinde zijn een lust voor het oog.

Wanneer u een nieuwe plant koopt, is deze meestal nogal slap, als gevolg van de snelle kweek. Thuis groeit de kamerlinde (die inderdaad familie van de linde is) steviger, maar wel erg snel.

Binnen één zomer wordt de plant gemakkelijk twee meter hoog en dijt ook in de breedte flink uit. In de winter kunt u de plant het beste in een onverwarmde kamer zetten. Zelfs enkele graden vorst verdraagt ze, maar dan zal de plant wel haar blad verliezen.

De kamerlinde is een van mijn favoriete planten. Het grote, lichtgroene, donzige blad is een lust voor het oog.

Het wordt overigens alleen zo groot en mooi bij een raam op het noorden. Zet de plant nooit in de zon, want dan krijgt ze brandvlekken in het blad.

Soleirolia soleirolii

’s Zomers groeit *Sparmannia* enorm, zowel binnenshuis als ingegraven op een beschaduwde en luwe plaats in de tuin. In één seizoen wordt zij gemakkelijk twee meter hoog. In de herfst verdraagt zij buiten enkele graden vorst, maar moet toch op den duur naar binnen. Zet haar dan in een koele kamer. Dat geldt ook voor de kamerlinde in de huiskamer. Zij kan er wel blijven, zal wat blad verliezen, maar kan beter op een koele plek de winter door. Bladval kan geen kwaad. In het voorjaar lopen de slapende ogen op de takken gewoon weer uit, zelfs wanneer ze al verhout zijn. Mocht u de plant willen verjongen, knip dan niet tegelijk alle takken af, maar snoei telkens enkele takken tot dicht bij de grond af. De stompen krijgen dan via andere takken de kracht om opnieuw uit te lopen.
Giet in het groeiseizoen ruim, verpot geregeld en geef vloeibare plantenvoeding. Giet in de winter nauwelijks.

● ○

Sparmannia africana

Strobilanthes dyerianus

Deze plant uit Birma heeft van nature schitterend gekleurd blad. Tussen de antracietgroene rand en nerven schitteren zeer fraaie violetroze strepen.
De bladeren zijn ruim tien centimeter lang. Wanneer de plant te groot wordt, kunt u er de toppen uit knippen.
Voor een intense bladkleur is een lichte standplaats noodzakelijk. Vermijd felle zon. Geef in het groeiseizoen ruim water en af en toe kamerplantenmest. In de winter matig vochtig houden bij een minimumtemperatuur van 10°C.

◐ ○

Strobilanthes dyerianus

8. Klimopachtigen

De familie van de klimopachtigen, de Areliaceae, *is naar onze inheemse klimop genoemd. Deze dankbare klimmer zuigt zich met hechtworteltjes aan muren en bomen en verpakt ze in een deken van groen. Toch is onze klimop een uitzondering. De meeste van de ongeveer 800 klimopachtigen groeien in de tropen en hebben geen hechtwortels. De meeste slingeren zich als lianen rond boomstammen. Bekende kamerplanten, zoals scheffle-ra's, horen tot de familie, maar lijken niet op een klimplant. Ze worden als struise bladplanten in pot verkocht. Maar wanneer u de steunstokjes eruit trekt, blijkt hun ware aard. Vooral jonge planten gaan gevaarlijk overhellen.*
Wat betreft de verzorging hebben de klimopachtigen twee dingen gemeen: ze hebben aan weinig licht genoeg en groeien alleen goed bij een hoge luchtvochtigheid.

Aralia elegantissima

Zie: *Dizygotheca elegantissima*

Aralia japonica

Zie: *Fatsia japonica*

Dizygotheca elegantissima

FIJNBLADIGE VINGERPLANT

De fragiele bladeren van de fijnbladige vingerplant zijn jong bronskleurig en worden op den duur diepgroen. Op de natuurlijke groeiplaatsen in Nieuw Caledonië groeit *Dizygotheca*, die door plantkundigen tegenwoordig *Schefflera elegantissima* wordt genoemd, uit tot een vijftien meter hoge boom. Op latere leeftijd wordt het blad veel breder. In de huiskamer hoeft u de groeikracht van de plant niet te vrezen. Ze heeft al moeite om in leven te blijven, want de luchtvochtigheid is er vaak veel te laag. De plant kan slecht tegen temperaturen lager dan 15°C. Nevel en sproei dus zo vaak mogelijk of zet de plant op een omgekeerd schoteltje in een bord met water, dat de potbodem net niet mag raken, want de fijnbladige vingerplant heeft een hekel aan natte voeten. In droge lucht is de plant zeer gevoelig voor spint. Geef haar een lichte standplaats, maar zet haar 's zomers niet in de felle zon.

☼ – ◑ ◐

Dizygotheca elegantissima

x Fatshedera lizei

KLIMMENDE VINGERPLANT

In 1912 ontstond x *Fatshedera* op kwekerij Lizé Frère in het Franse Nantes. Men kruiste er *Fatsia japonica* 'Moseri' (de vingerplant) en *Hedera hibernica* (een klimopsoort). Het resultaat van deze wonderlijke kruising noemt men nu de klimmende vingerplant. De stengels groeien onvertakt, recht omhoog. Ze hechten zich nauwelijks, dus moeten ze tegen stokken worden aangebonden. Verder hebt u er geen omkijken meer naar, want x *Fatshede-*

ra is een probleemloze kamerplant die goed warmte verdraagt, redelijk tegen droge lucht kan, weinig licht nodig heeft en, als ze buiten gekweekt wordt, zelfs meer dan tien graden vorst overleeft.
De klimmende vingerplant heeft nauwelijks neiging om zich te vertakken. Door geregeld te toppen, ontstaat een struikachtige vorm. Stekken gaat vooral goed in de nazomer, met groene stengeldelen, een eindje onder de top, die zelf overigens ook kan worden gestekt. Snijd dwars door een plaats waar een blad ontspringt (een knoop) en knip twee bladeren erboven eraf. Laat het derde zitten en snijd de stengel daar ongeveer één centimeter boven af. Zet de stek in vochtige, zanderige grond, eventueel onder plastic.
Er zijn enkele kweekvormen in de handel: 'Pia' heeft gegolfde bladranden, 'Variegata' is groen met crème gevlekt. De laatste cultivar groeit beter op een lichtere standplaats.

◑ ◑

x *Fashedera* 'Pia'

Fatsia japonica

VINGERPLANT

Waar het nooit harder dan enkele graden vriest, blijft de vingerplant buiten, in de volle grond of in een pot. Bij ons is *Fatsia* een goede kuipplant, maar toch vooral een heel dankbare kamerplant. De ongeveer dertig centimeter brede, handvormige bladeren spreiden zich breed uit en passen bijzonder goed in een licht, modern interieur. Zet de plant nooit in de zon, maar wel liefst op een lichte plaats, al

Fatsia japonica

wordt ook minder licht nog verdragen. Zorg vooral voor veel frisse lucht en een zo hoog mogelijke luchtvochtigheid. Zet de plant in de winter liefst koel. Het afstoffen van het blad met een vochtige doek komt *Fatsia* zeer ten goede. Geef flink water, maar de pot mag er beslist niet met de voet in staan.
De vingerplant kan op precies dezelfde manier worden gestekt als x *Fatshedera*. En mocht de moerplant lelijk worden, dan kunt u die in het voorjaar in de tuin planten en kijken hoeveel winters ze overleeft.

◑ ◑

Hedera helix

KLIMOP

Klimop was vroeger een van de populairste planten, zowel buiten als in huis. Na een inzinking in jaren dat alles 'netjes' moest, is de klimop als gevelplant weer helemaal terug. Ze beschermt de muren, biedt vogels broed- en schuilgelegenheid en bespaart veel energie. De isolatiewaarde van een gemiddelde muur stijgt met ongeveer 30% wanneer er klimop tegen groeit.
Binnenshuis heeft klimop nooit meer de grote populariteit van vroeger teruggewonnen. Aan het begin van deze eeuw werd ze op alle mogelijke manieren binnenshuis gebruikt: als hangplant, klimmer en als compleet levend kamerscherm. Dat de plant zo goed tegen schaduw

Hedera helix 'Pin Oak'

Hedera helix

kan, vergrootte nog de gebruiksmogelijkheden. Nog steeds kunt u klimop binnenshuis op een tamelijk donkere plek zetten: dat is beter dan voor het raam boven de centrale verwarming, want daar is het veel te droog. Die droogte is de reden dat klimop tegenwoordig veel minder binnenshuis wordt gehouden. In droge warmte is de kans op spint en schildluis groot. Zet *Hedera* daarom in het stookseizoen in een onverwarmd vertrek en in andere seizoenen nooit in de volle zon.
Klimop wortelt oppervlakkig en kan dus in een ondiepe pot worden gehouden. Dit heeft als voordeel dat de aarde na het gieten snel droogt, want klimop heeft een hekel aan natte voeten. Geef pas weer water wanneer de grond droog aanvoelt. Het is het beste om de plant dan volledig onder te dompelen en erna goed uit te laten lekken. Zo geeft u genoeg water en verkleint u tegelijkertijd de kans op ongedierte. Giet gerust met leidingwater, want *Hedera* houdt van basische grond. In voorjaar en zomer kunt u mesten met beendermeel of een andere meststof waar kalk in zit.
De honderden kweekvormen van *Hedera helix* verschillen van elkaar in bladgrootte en bladvorm. De bladeren zijn groen of getekend met gele, witte, lichtgroene of zelfs rozerode vlekken en nervenpatronen. Ook zijn er kweekvormen als 'Congesta' en 'Erecta', met stram omhoog groeiende stengels en daaraan het blad in regelmatige rijen. Op den duur gaan ook deze kweekvormen hangen.

Hedera helix 'Erecta'

Hedera canariensis

Het verschil met de gewone klimop is het duidelijkst te zien aan de roodachtige stengels en bladstelen. Ze heel fijn behaard. De verzorging is gelijk aan die van *Hedera helix*, met de aantekening dat *canariensis* meer licht vraagt en hogere temperaturen verdraagt. Vooral de bontbladige vorm *Hedera canariensis* 'Variegata' groeit graag op een lichte plek, uit de zon.

Polyscias balfouriana

Onder deze naam is deze sierplant in de handel, die officieel *Polyscias scutellaria* 'Balfourii' heet. Het is een populaire kamerplant, die meestal als geworteld stengeldeel wordt verkocht. Van oorsprong komt de soort uit het Verre Oosten, maar tegenwoordig is de ze algemeen in de tropen. Daar wordt *Polyscias* als heg gebruikt.
In droge lucht worden de randen van de bladeren lelijk bruin, waarbij de sierwaarde van het witte randje verloren gaat. Sproei dus zo vaak u kunt en geef de plant, die met weinig licht toe kan, een zo vochtig mogelijke plek in de keuken, badkamer of in een matig verwarmd vertrek. Nooit koeler zetten dan 12°C. Giet 's zomers ruim, in de winter spaarzaam.
Behalve de kweekvorm 'Balfourii' met het ronde, wit afgezoomde blad, zijn er andere rondbladige cultivars: 'Fabian' mist het wit, maar heeft daarvoor in de plaats bronskleur in het blad, 'Pennockii' heeft bleekgele bladnerven.

Polyscias fruticosa

Deze *Polyscias* heeft diep ingesneden blad aan een geworteld stengeldeel, waardoor de plant voor een bonsai gehouden kan worden. Bij goede verzorging wordt ze bossig, vol nieuw, sappig blad. Maar ook deze soort vraagt een hoge relatieve luchtvochtigheid. Te lage temperaturen en droogte worden afge-

Rechts: *Polyscias balfouriana*

straft met rui. De deelblaadjes vallen van de bladstelen. Zorg dus voor een warme, vochtige atmosfeer of zie anders van deze plant af. Veel sproeien kan het leven verlengen. Giet in de zomer overvloedig, liefst met regenwater.

◑ ◯

Polyscias fruticosa

Polyscias guilfoylei

Kwekers maken gebruik van een eigenaardigheid van *Polyscias guilfoylei*. Deze vormt soms hele bossen, dunne scheuten. Ze worden tot hoepels gebogen en vastgezet met elastiek. Op den duur gaat de veerkracht uit het hout en blijven de 'olympische ringen' staan, ook nadat het elastiek is doorgeknipt. U kunt er zelf mee doorgaan, want de scheuten groeien snel en zijn dan gemakkelijk in vormen te binden. Voor verzorging zie *Polyscias fruticosa*.

Polyscias guilfoylei

◑ ◯

Polyscias scutellaria 'Balfourii'

Zie: *Polyscias balfouriana*

Schefflera arboricola

Deze liaan uit Taiwan is nu een van de populairste kamerplanten. De twijgen steunen niet meer tegen een boom, maar tegen stokken in een pot. Op latere leeftijd worden ze steviger, maar blijven baat houden bij steun.
Van nature groeit de soort in bergbossen, waar de temperatuur nooit extreem hoog oploopt. Zet *arboricola* daarom op een niet al te hete plek en zeker niet in de zon (maar wel op een lichte plaats). Een temperatuur van 16 tot 18°C is ideaal. 's Winters mag het niet kouder zijn dan 12°C, anders valt het handvormig gedeelde blad (de plant kan na bladval overigens wel weer volledig uitlopen) af.
Schefflera heeft behoefte aan hoge luchtvochtigheid, dus nevel zo veel u kunt, spons het stof geregeld van de bladeren en zet de plant

Schefflera arboricola 'Trinette'

op een vochtige plek, bijvoorbeeld op een bed van natte kiezels. De potgrond mag juist niet te nat worden, anders rotten de wortels weg. Zorg dat de potgrond bijna droog is, voordat u weer giet. Het water moet op minimaal kamertemperatuur worden geserveerd.
Het aantal kweekvormen uit *Schefflera arboricola* is zeer groot. U hebt de meeste kans om de volgende tegen te komen: 'Compacta' (groene vorm, mogelijk jeugdvorm van de echte soort), 'Nora' (rijzige groenbladige kweekvorm met fijne deelbladen), 'Renate' (groene deelblaadjes zijn sterk ingesneden, soms tweemaal, tot aan de hoofdnerf), 'Gold Capella' (goudgele vlekken, alleen op de onderste deelbladen), 'Trinette' (meer geel dan 'Gold Capella' op smallere deelbladen) en 'Henriette' (gele en witte vlekken langs de bladrand).

◑ ●

Schefflera elegantissima

Zie: *Dizygotheca elegantissima*

Tupidanthus calyptratus

Onder plantkundigen is deze soort bekend als *Schefflera pueckleri*, maar daar wil men in de plantenhandel nog niet aan. Om de verwarring compleet te maken, lijkt ze op de bekende *Schefflera actinophylla*. Het gaat om een boom uit Zuidoost-Azië, die bij ons uitgroeit tot een grote, struikachtige kamerplant met handvormige, donkergroene bladeren aan lange bladstelen. Net zoals bij andere schefflera's kan ook deze stevige groeier desgewenst worden getopt, waarna ze bossiger wordt. Het stekken van de toppen gaat heel moeilijk. Verpot de plant ieder jaar en geef geregeld vloeibare mest. Voor de verdere verzorging zie *Schefflera arboricola*.

◑ ●

Tupidanthus calyptratus

Schefflera arboricola 'Gold Capella'

9. Hang- en klimplanten

Verrassend veel kamerplanten groeien van oorsprong als klimplant (philodendrons bijvoorbeeld, zie het hoofdstuk over de aronskelken) of hangend tegen bomen. Andere, die wij als hangplant kweken, bedekken de bosbodem. Ze hebben allemaal één eigenschap gemeen: ze groeien ook goed in de schaduw onder een bladerdek.
Onze huiskamers zou je met het bos kunnen vergelijken. Zelfs op de vensterbank krijgen de planten veel minder licht dan buiten. Verder van het raam loopt de hoeveelheid licht zeer snel terug, zodat daar alleen soorten kunnen groeien die met een sprankje licht al tevreden zijn.
Het is relatief zo donker in de gemiddelde huiskamer, dat zelfs hang- en klimplanten uit de bossen er het beste op een zo licht mogelijke plaats, maar niet in de hete zomerzon.

Aeschynanthus lobbianus

Aeschynanthus betekent: met bloemen die zich schamen, voor hun hoogrode kleur. Er zijn ruim 100 soorten. Ze groeien in de bomen van Zuidoost-Azië. Geef ze dus een luchtige, humusrijke potgrond in een hangmand. Hang deze op een zeer lichte plaats, maar uit de felle zomerzon. Giet 's zomers overvloedig met handwarm en ontkalkt water en sproei zo vaak mogelijk. In de winter spaarzaam gieten. De temperatuur mag dan tot ongeveer 15°C zakken. Wanneer de knoppen zichtbaar worden, kunt u de plant weer warmer hangen. Geef tijdens de bloei geregeld mest.
De Javaanse soort *Aeschynanthus lobbianus* is de bekendste, met felrode bloemen uit dieppurperen hulsjes. *Aeschynanthus radicans* uit Maleisië lijkt er sprekend op, net zoals de talloze kweekvormen die worden aangeboden: 'Ara' heeft duidelijker rode bladranden, 'Mira' vrij spits blad, dat van 'Altair' is juist breed, net zoals dat van 'Mona Lisa'.
Aeschynathus speciosus uit Maleisië mist de bekervormige kelk, maar heeft grote, opvallend lichtende bloemen, verlopend van oranje naar geel.

☼ ◯

Links: *Passiflora mollissima*

Aeschynanthus 'Mira'

Alsobia dianthiflora

Zie: *Episcia dianthiflora*

Antigonon leptopus

RODE BRUIDSTRANEN

Waar deze klimplant uit Mexico geen steun vindt, kruipt ze over de grond. In veel tropenlanden groeit dit lid van de duizendknoopfamilie verwilderd. In onze streken is het een uiterst zeldzame plant voor kas of serre. Teel haar daar in de volle zon en geef 's zomers veel water.
In de winter mag de temperatuur tot ongeveer 10°C dalen en worden de rode bruidstranen relatief droog gehouden.

☼ ◯

Antigonon leptopus

Apios tuberosa

Apios americana

Zie: *Apios tuberosa*

Apios tuberosa

AARDAPPELBOOM

Deze vlinderbloemige klimmer groeit uit wortelknollen, die een belangrijke voedselbron vormden voor de Noordamerikaanse Indianen. De plant slingert zich in één seizoen ongeveer drie meter omhoog en bloeit 's zomers rijk. De bloemen hebben echter een tamelijk ingetogen kleur, zodat ze niet erg opvallen. Misschien wordt de aardappelboom daarom nauwelijks aangeboden. Het blad sterft in de winter af, maar de knollen zijn volkomen winterhard, wanneer ze tenminste niet te nat staan. Onze winters zijn te nat. Kweek de plant daarom in een kas, serre of in een grote kuip, die 's zomers op een zonnige plek buiten wordt neergezet. Geef daar rijkelijk water (dat wel vrij weg moet kunnen vloeien).

☼ ◊

Aporocactus flagelliformis

SLANGECACTUS, STAARTCACTUS, ZWEEPCACTUS

De goudbedoornde stengels van de slangecactus buigen onder hun eigen gewicht om en gaan hangen. Ze zijn hooguit één centimeter dik, maar kunnen tientallen centimeters lang worden. Bij goede verzorging zullen ze ieder voorjaar bloeien met zuurstokroze bloemen van ongeveer tien centimter lang.
's Winters hebben ze, net als de meeste andere cactussen, een strikte rustperiode nodig. Geef alleen water wanneer de 'staarten' beginnen te schrompelen en hang de plant op een lichte, koele plek (tussen 5 en 15°C). Pas wanneer in het voorjaar kleine rozerode puntjes zichtbaar worden (de knoppen!) begint u geleidelijk meer te gieten. Hang de plant nu warm, zeer licht, maar scherm haar in het vroege voorjaar af tegen brandende zon. Later mag de cactus in de volle zon en is dankbaar voor veel frisse lucht en de nevel uit de plantenspuit. Droge lucht leidt onherroepelijk tot spintaantasting. Hang de plant in zo'n geval 's zomers buiten in de halfschaduw, dan verdwijnen de spintmijten vanzelf (foto op pag. 104).

☼ ●

Asparagus densiflorus

SIERASPERGE

Deze ijzersterke kamerplant verdraagt zon en halfschaduw, warmte en lage temperaturen tot een minimum van ongeveer 5°C. Veel water is prima, een keertje verdrogen kan geen kwaad. Zelfs droge kamerlucht is niet funest. Bij een te lage luchtvochtigheid of watergebrek zullen de lintvormige blaadjes vergelen en ruien. Dat gebeurt ook in de droge tijd in Zuid-Afrika, waar de plant vandaan komt. Giet bij rui wat meer, dan zal ze zich moeiteloos herstellen. In de aarde zitten bleke wortelknollen, die als vochtbuffer dienen. Op den duur groeien ze boven de opervlakte uit, als signaal dat het tijd wordt om te verpotten. Daarbij kunt u de plant scheuren en haar flink inkorten.
De hangende stengels zijn dun, de lange blaadjes vallen vroeger of later af. Bovendien zitten er kleine haakjes aan de plant. Wie van een schoon huis houdt of ongeduldig is, kan er dus beter niet aan beginnen.
De bekendste kweekvorm is *Asparagus densiflorus* 'Sprengeri' met losse, hangende twijgen vol lintvormig groen blad. Tegenwoordig wordt een andere cultivar steeds vaker aangeboden: 'Meyeri' maakt lange, sigaarvormige pluimen, die eerst omhoog groeien en pas later onder hun eigen gewicht gaan hangen. Deze cultivar verdraagt meer schaduw dan de soort.

☼ ◊

Asparagus densiflorus 'Meyeri'

Asparagus myriocladus

Zie: *Asparagus umbellatus*

Asparagus umbellatus

SIERASPERGE

Het blad van deze sierasperge van de Canarische eilanden lijkt donzig zacht. In werkelijkheid zijn de echte bladeren doorntjes en voelen de lange schijnbladeren tamelijk stijf aan. Gun de plant een wat hogere luchtvochtigheid, bijvoorbeeld door haar in de winter koel te zetten. Ze verdraagt zelfs lichte vorst. Verder is de verzorging gelijk aan die van *Asparagus densiflorus*.

☼ ◯

Asparagus umbellatus

Bacopa 'Snowflake'

Het is geen schande wanneer u nog nooit van deze plant hebt gehoord: ze is splinternieuw. Het lijkt me een plantje dat de harten van de echte plantenliefhebbers snel zal veroveren, zodat we het in de toekomst vaker zullen zien. Bacopa's zijn van oorsprong moerasplanten uit (sub)tropische gebieden. Toch doet de cultivar 'Snowflake' het uitstekend in een hangmand. Zorg voor een lichte plek, in de zomer liefst buiten. Daar mag ze in de volle zon hangen, tenminste wanneer u de aarde nooit uit laat drogen.
Hang de plant in de winter binnen op een koele, luchtige plek, anders is de kans op smeul groot. De temperatuur is niet zo belangrijk. Op een lichte plaats in de verwarmde kamer zult u flink moeten blijven gieten. Een koel vertrek is beter (bij minimaal 10°C). Daar hoeft u 's winters nauwelijks water te geven.
U kunt in augustus of september stekken nemen. Laat de afgesneden stengeltjes in een luchtig mengsel van matig vochtige grond wortelen. In het voorjaar zullen de stekken pot of mand zeer snel compleet bedekken met groen en lieflijke witte bloempjes.

☼ ◯

Links: *Aporocactus flagelliformis*

Bacopa 'Snowflake'

Basella rubra

RODE BASELLA

In Zuidoost-Azië wordt basella als bladgroente gegeten, de bladeren worden als spinazie bereid. Voor deze teelt is warmte noodzakelijk. Het zaad kiemt alleen boven 18°C en de planten zelf groeien ook graag bij dergelijk hoge temperaturen. Hartje zomer kan de klimplant in een ruime pot naar buiten, maar binnen of in een kas blijft ze langer goed.
Uit de kleine, blaasvormige bloemen ontwikkelen zich karmozijnrode bessen. Daarin zit het zaad. U kunt het verzamelen zodra de bessen verschrompelen. Pas op met het smettende sap. Het wordt in Azië als kleurstof gebruikt. Zaai in het voorjaar in losse, zanderige grond. De plant kan 's winters overblijven, maar opnieuw zaaien geeft een mooier resulaat.
Behalve de soort met roodachtig blad is er de variëteit *Basella rubra alba*, met groen blad.

◐ ◯

Chlorophytum capanse

Zie: *Chlorophytum comosum*

Chlorophytum comosum

GRASLELIE

Dit is een van de gemakkelijkst te kweken kamerplanten. De grasgroene sprieten groeien in zon en schaduw, in warme en koele ruimten (bij minimaal 5°C), al dan niet vochtig, en wanneer u een keer vergeet te gieten, is dit nog geen probleem. In de dikke wortels van deze Zuidafrikaanse plant zit wat reserve.
De graslelie, die ook wel 'chloro' wordt genoemd, ontwikkelt zich het mooist op een zeer lichte, eventueel zonnige plek. Daar zal ze geregeld bloeien met witte bloempjes. Later worden aan de bloeistengels talloze nieuwe bladtoeven gevormd, die kunnen worden afgesneden en opgepot.
Vroeger werd onderscheid gemaakt tussen de soorten *comosum* en *capense*, maar ze lijken zo veel op elkaar dat alleen de naam *comosum* nog van toepassing is. Die heeft zelf groen blad. Vaker worden bontbladige kweekvormen aangeboden. De meest verkochte is 'Mandaianum' met witte strepen in het midden van het blad. De kweekvorm 'Variegatum' heeft groen langs de middennerf en witte randen.

○ ◑

Links: *Basella rubra* 'Rosebud'
Onder: *Chlorophytum comosum* 'Mandaianum'

Chlorophytum sternbergianum

Zie: *Chlorophytum comosum*

Cissus

KAMERWINGERD

De echte kamerwingerd, *Cissus antarctica*, is de bekende ijzersterke klim- of hangplant uit Australië. Ze kan goed tegen droge lucht, al verkleint geregeld sproeien de kans op spint. Op een lichte plaats uit de zon groeit ze razendsnel en kan een klimrek in één seizoen tot meer dan een meter hoog bedekken.
Cissus striata groeit wat trager. Het is een zeer decoratieve hangplant met rood aangelopen stengels en vijftallig blad. De soort komt uit Chili en gedijt prima op een lichte, niet te zonnige plek in huis.
Cissus rhombifolia kan met veel minder licht toe en mag beslist niet in de zon worden gezet. Aan de zelfhechtende ranken zit het donkergroene blad, dat baat heeft bij geregeld sproeien. Uit deze soort uit tropisch Amerika is een zeer populaire kweekvorm gewonnen, 'Ellen Danica', waarvan de deelbladen groter zijn en diep ingesneden.
Geef de cissussoorten zomer en winter matig water. Ze mogen 's winters in de huiskamer

Cissus striata

Cissus rhombifolia 'Ellen Danica'

Cissus rhombifolia

blijven, maar blijven mooier wanneer u ze in een koel vertrek zet (minimaal bij 5°C) en heel weinig water geeft.

◐ ●

Clitoria ternata

De respectabele plantkundige Linnaeus zag een clitoris in de bloem, die toen bekend was van het Molukse eiland Ternate (waar de foto ook is gemaakt). De soort groeit verspreid door Zuidoost-Azië. De plant slingert zich door het struikgewas.
Bij ons is *Clitoria* een gemakkelijke plant in warme, zonnige ruimten. Ze wordt uit zaad gekweekt, dat minimaal 20°C nodig heeft om te kiemen. De kiemplanten kunnen hoogzo-

Clitoria ternata 'Butterfly Pea'

mer naar buiten, in een ruime pot met voedzame, luchtige grond. In kas, serre of op een zonnige plaats voor het raam groeien ze sneller. Helaas wordt deze prachtige klimplant weinig aangeboden.

☼ ◑

Columnea hirta

Blad en stengels van deze hangplant uit Costa Rica zijn volledig bedekt met korte haartjes. Jonge scheuten groeien omhoog, maar gaan al gauw onder hun eigen gewicht hangen. In de herfst of winter verschijnen de oranjerode bloemen. Wie de plant goed verzorgt, ziet er mogelijk later witte bessen aan. Dan zijn de bloemen niet voortijdig afgevallen.
Bloemrui treedt op wanneer u de plant tijdens de bloei te veel water geeft. Bij te weinig water wordt het blad geel. Mildvochtig is wat *Columnea* in deze periode nodig heeft. Zorg ook liefst voor een hoge relatieve luchtvochtigheid (onder andere door nevelen) en hang haar op een lichte plaats, maar beslist uit de volle zon. Geef de plant na de bloei enige maanden rust. Houd haar droger, laat de temperatuur wat zakken (nooit lager dan 12°C) en snoei de lange slierten terug. Ze zullen in het voorjaar vertakken en na enkele maanden aan de nieuwgevormde stengels bloeien.
Columnea hirta is de oermoeder van enkele kweekvormen, zoals 'Sanne'. *Columnea hirta* 'Variegata' heeft lichtgroen met roomwit gevlekt blad.

Columnea hirta 'Sanne'

◑ ◑

Columnea 'Hostag'

De herkomst van veel *Columnea*-hybriden is niet bekend. Ze zijn er niet minder mooi om. 'Hostag' bloeit rijk met oranjerode bloemen

De vrucht van *Columnea hirta*

aan dichtbebladerde, hangende stengels. Het blad is voornamelijk geel, met een groen randje. Deze kweekvorm heeft meer licht nodig dan de groenbladige soorten, maar mag evenmin in de zon. Zie voor verdere behandeling *Columnea hirta*.

○ ◑

Columnea microphylla

'Microphylla' betekent kleinbladig en dat klopt bij deze soort uit Costa Rica. De ronde blaadjes zitten dun verspreid langs de rode stengels, die soms twee meter lang worden. Het geeft de plant een transparant uiterlijk. Tijdens de bloei valt dit niet meer op, want dan zijn de nieuwgevormde stengels bezet met oranjerode bloemen. Bij *Columnea microphylla* is snoeien na de bloei nog belangrijker dan bij andere soorten. Verder is de verzorging gelijk aan die van *Columnea hirta*.

◐ ◑

Convolvulus mauritanicus

Zie: *Convolvulus sabatius*

Onder: *Convolvulus tricolor* 'Blue Titt'

Convolvulus sabatius

In Italië en Noord-Afrika kruipen de houtige stengels van *Convolvulus sabatius* over de

Links: *Columnea* 'Hostag'

Onder: *Convolvulus sabatius*

grond. Bij ons is het een dankbare hangplant, die wel wat vorst verdraagt, maar 's winters toch naar binnen moet. In de zomer wenst ze een zonnige plaats buiten en matig water. Dan bloeien te stengels des te rijker, als een waterval van paarsblauwe bloempjes van elk enkele centimeters groot.
Zet haar in de winter bij voorkeur in een koele kamer op een heel lichte plek. Kort de uitlopers gerust stevig in. Doet u dit in het voorjaar, dan kunt u de stengeldelen in matig vochtige grond stekken. Zaaien kan ook.

☼ ●

Convolvulus tricolor

DAGSCHONE, DRIEKLEURIGE WINDE

Vanaf eind juni bloeit de dagschone met driekleurige bloemen. Ze hebben een geel hart, erbuiten wit en daar weer paars omheen. U kunt ze als eenjarige tuinplant kweken, maar omdat de takken op den duur gaan hangen, is de teelt in een ruime hangmand beter.
Zaai in maart of april en hang de planten pas buiten wanneer het gevaar voor vorst geweken is. U mag de plant ook op een zeer zonnige plaats achter het raam zetten. De dagschone heeft gemiddeld water nodig en zal bij goede verzorging tot in september bloeien. Verzamel de zaden voor het volgend jaar.
Uit de soort zijn talloze kweekvormen gewonnen met afwijkende buitenste bloemkleur: 'Blue Ensign': felblauw, 'Blue Tilt': paarsblauw, 'Cambridge Blue': lichtblauw, 'Crimson Monarch': karmijn, 'Lavender Rosette': lavendelroze, 'Royal Ensign': donkerblauw.

☼ ◐

Dipladenia

Zie: *Mandevilla*

Epipremnum aureum

Zie: *Epipremnum pinnatum*

Epipremnum pinnatum

In de bossen van Zuidoost-Azië bekleedt *Epipremnum pinnatum* de bomen met omhoog slingerende twijgen met daaraan enorme bladeren. Ze worden elk bijna één meter lang. Onze kamerplant is de jeugdvorm van deze liaan, met ongeveer tien centimeter grote blade-

Links: *Columnea microphylla*

Onder: *Epipremnum pinnatum* 'Marble Queen'

ren aan slappe twijgen. Ze kunnen met steun klimmen, maar worden meestal hangend gekweekt.
Ondanks het tropische karakter van de plant kan ze goed tegen droge kamerlucht, al worden nevelen en sproeien zeer op prijs gesteld. Houd de plant uit de zon, maar geef liefst een zo licht mogelijke plek. Hoe minder bladgroen in het bonte blad, des te meer licht heeft ze nodig om optimaal te groeien. Maar ook op een duistere plek blijft de soort in leven. 's Zomers ruim gieten. 's Winters kan de plant eventueel in een koele kamer worden gezet (niet kouder dan 10°C) en heeft dan weinig water nodig. In de huiskamer moet u ook 's winters normaal gieten.
Meestal zult u een van de volgende kweekvormen kopen:

'Aureum':	groen blad met gele vlekjes.
'Golden Pothos':	goudkleurig blad met vleugje groen.
'Marble Queen':	wit tot roomwit blad met groene vlekken.

Episcia dianthiflora

Dit hangplantje uit Costa Rica zou beslist heel populair worden wanneer het niet zo moeilijk was het te kweken. Tussen de fluwelig behaarde blaadjes ontluiken feeërieke bloemen van enkele centimeters groot. De kroonbladen zijn sterk gewimperd, zoals die van anjers (*Dianthus*), vandaar de naam.
Geef *Episcia* matig water en houd het blad droog, anders krijgt meeldauw een kans. Zorg voor verse lucht, maar voorkom tocht en sterke temperatuurwisselingen. De overwintering vormt het echte probleem. Dan hebben de planten meer uren licht nodig dan de natuur ons geeft. Hang de plant onder een sterke lamp.
Vermeerder door in het voorjaar stengeldelen in mildvochtige grond te stekken.

Episcia dianthiflora

Gloriosa 'Rothschildiana'

PRACHTLELIE

Wie geen kas of serre heeft, kan *Gloriosa virescens* 'Rothschildiana' het beste in de vroege zomer in bloei kopen. Aan het uiteinde van ieder blad zit een hechtrank, waarmee de plant zichzelf aan de stok in de pot vastgrijpt. U kunt *Gloriosa* ook tegen gaas of touwwerk in de vensterbank omhoog leiden. De exotische bloemen komen dan extra mooi uit.
'Rothschildiana' komt van oorsprong uit Uganda, hartje tropisch Afrika. Geef *Gloriosa* daarom een warme plek, maar houd haar uit de felle zon.
Kweek de klimplant in voedzame, losse grond. Geef ruim water, zonder dat er ooit water onderin de pot blijft staan. Wie een serre of kas heeft, kan *Gloriosa* uit knollen kweken. Koop ze in het voorjaar. Wacht tot de groeipunten tekenen van leven geven en pot ze dan (meestal rond eind april) in grote potten of kuipen, of in een diep kweekbed. Zorg voor een broeiende, warme bodem. Daarin loopt de plant snel uit. De stengel is eerst bladloos. Hij klimt pas nadat de bladpunten zich vastgrijpen. Voordien kunt u hem eventueel aanbinden.
Haal *Gloriosa* in september in huis. Na het afsterven van het blad worden de nieuwgevormde knollen droog en bij kamertemperatuur bewaard. Zorg ervoor dat het groeipunt onbeschadigd blijft. Zodra het opnieuw uitloopt, gaan de knollen weer in de grond.
Alle delen van *Gloriosa* zijn overigens uiterst giftig.

Rechts: *Gloriosa* 'Rothschildiana'

Ipomoea purpurea

DAGBLOEM

Vanaf mei kunt u bloeiende dagbloemen in pot kopen. Ze slingeren hun scheuten rond steunhout.

De grote, trechtervormige bloemen bloeien maar één dag (vandaar de Nederlandse naam), maar omdat er iedere dag nieuwe bloemen aan een goed groeiende plant komen, geniet u er maanden achtereen van. Binnen kunt u de planten in principe overhouden, maar in het voorjaar opnieuw zaaien is beslist gemakkelijker.

Dagbloemen kunnen als eenjarige in de tuin worden gekweekt, waar ze gemakkelijk twee meter hoog klimmen. U kunt ze ook in potten houden, maar daarin groeien ze minder uitbundig. Als er geen vorst meer komt, mogen de potten naar buiten.

Ook op een zonnige vensterbank doen dagbloemen het best, zo lang ze maar ruim water krijgen, in voedzame grond staan en kunnen klimmen. Oogst in het najaar de grote, driekantige zaden en zaai ze in maart/april binnen, of vanaf half mei buiten, voor een nieuw jaar van bloei.

Ipomoea purpurea

Ipomoea tricolor 'Heavenly Blue'

Ipomoea quamoclit

Dit buitenbeentje onder de *Ipomoea*-soorten wordt af en toe als kuipplant aangeboden. Aan de slingertwijgen zit diep ingesneden blad en er komen vuurrode bloemen aan. Groei en bloei zijn minder overweldigend dan van de andere soorten, zodat dit een echte liefhebbersplant blijft. De verzorging is gelijk aan die van *Ipomoea purpurea*.

☼ ◯

Ipomoea quamoclit

Ipomoea tricolor

Vaak zult u deze soort onder de naam *violacea* kopen, een andere soort, die niet in cultuur is. *Ipomoea tricolor* groeit nog krachtiger (tot vier meter hoog) dan *Ipomoea purpurea* en de bloemen zijn ook groter. De plant heeft veel vocht en voeding nodig, zodat ze zelden als potplant wordt aangeboden. In een grote pot of kuip met voedzame, zwarte grond en veel water, bestormt ook deze dagbloem de hemel.
De meest aangeboden kweekvorm is *Ipomoea tricolor* 'Heavenly Blue', met opvallend grote, blauwe bloemen met licht hart.
Voor de verzorging zie *Ipomoea purpurea*.

☼ ◯

Ipomoea violacea

Zie: *Ipomoea tricolor*

Isolepis cernua

Zie: *Scirpus cernuus*

Lobelia erinus

HANGLOBELIA

In het voorjaar kunt u een van de vele kweekvormen van *Lobelia erinus* kopen, meestal onder de naam hanglobelia. De stengels gaan als een gordijn over de potrand hangen en bloeien maanden aan één stuk, ten minste wanneer u niet vergeet water te geven en de plant geregeld voedt. Schiet dat erbij in, dan worden de stengels houtig en kaal. De Zuidafrikaanse plant gaat in rust. Snoei de stengels in zo'n geval drastisch terug en geef voldoende water en voedsel. De snelheid van het herstel zal u verbazen.
Lobelia erinus past in potten op het terras, is zeer geschikt als ondergroei in bloembakken, maar bloeit ook uitbundig op een zonnige, luchtige plaats op de vensterbank of in de serre. U kunt de plant in principe overhouden, maar in het voorjaar zaaien is gemakkelijker.

☼ ◯

Lobelia erinus

Mandevilla 'Aphrodite'

De bekendste van de meer dan 100 soorten *Mandevilla* worden vaak onder de naam *Dipladenia* te koop aangeboden. Het gaat meestal om kruisingen met roze bloemen. *Mandevilla splendens* is dan zeer waarschijnlijk een van de voorouders. Oppervlakkig gezien lijken de grote bloemen op die van de oleander, maar bij de mandevilla's ziten ze tussen rankende twijgen, die zich alleen mooi ontwikkelen wanneer ze minimaal een meter hoog kunnen klimmen. De bloemen ontwikkelen zich aan het nieuwe hout.
Geef deze klimmers uit tropisch Amerika een zonnige, luchtige plek (dus buiten of in een serre). Giet ruim en voed de plant geregeld. Dan zal ze blijven bloeien tot de eerste nachtvorsten u dwingen om haar binnen te halen. Laat haar op een lichte, koele plaats bij een minimale temperatuur van 10°C overwinteren en snoei de slappe loten in het vroege voorjaar af. Verplant zo min mogelijk. Vermeerderen gaat het beste door een stek te nemen van stevige stengeldelen die nog groen zijn. Doe dit bij voorkeur in het voorjaar.

Mandevilla boliviensis

Mandevilla boliviensis

De grote, witte bloemen van *Mandevilla boliviensis* zien eruit als een sprookje. Toch kom je deze klimplant uit Bolivia en Ecuador weinig tegen. Daar klimmen de stengels vier meter hoog. Hier haalt de plant in pot gemakkelijk twee meter, maar kan ook korter worden ge-

Mandevilla 'Aphrodite'

Rechts: *Mandevilla laxa*

houden. Tussen het glimmende, groene blad ziet u vanaf de lente tot in de herfst telkens weer nieuwe clusters bloemen verschijnen. Voor de verzorging zie bij *Mandevilla* 'Aphrodite'.

Mandevilla laxa

Mandevilla laxa uit Argentinië is een buitenbeentje. De witte bloemen geuren nog zoeter dan die van de andere soorten en lijken op een vergrote uitgave van jasmijnbloemen. Ze ontwikkelen zich in de zomer in toeven aan de klimmende stengels. Die verdragen gemakkelijk enkele graden vorst, maar laten dan wel het blad vallen. Bij strengere vorst blijven de wortels vaak nog in leven. Maar behalve in streken met extreem zacht weer, zult u de potplant 's winters binnen moeten halen. Zie voor verdere verzorging *Mandevilla* 'Aphrodite'.

Mandevilla suaveolens

Zie: *Mandevilla laxa*

Mikania apiifolia

Zie: *Mikania ternata*

Mikania dentata

Zie: *Mikania ternata*

Mikania ternata

Stengels en bladeren van deze hangplant zijn volledig behaard. Er ligt een wijnrode gloed over het fluweel van deze Braziliaanse. Ze houdt van een warme, vochtige plaats. Probeer de vochtigheid hoog te houden zonder te sproeien, want daar wordt de beharing lelijk, grijs en plakkerig van. Kies gerust een zonnige plaats, want dan kleurt de hangplant het mooist, maar ook op een minder lichte plaats blijft ze in leven. Geef gelijkmatig water, behalve wanneer u de plant 's winters koeler hangt (minimaal op 10°C). Dan is matig vochtig genoeg.

Passiflora

PASSIEBLOEM

Passiebloemen zijn heel ingewikkeld opgebouwd, met meestal vijf kelkbladen en vijf kroonbladen, die nauwelijks van elkaar zijn te onderscheiden, vijf meeldraden, drie stempels en daar omheen een kring van draadachtige bloemdelen, als een 'doornenkroon'. Men zag er allerlei tekenen in uit het lijdensverhaal van Christus en noemde de plant daarom passiebloem.

Passiebloemen komen voornamelijk uit warme delen van Amerika. Enkele soorten overleven onze winters buiten, de meeste moeten in een kas of koele kamer overwinteren. Alle soorten kunnen in ruime potten worden gekweekt, op een zonnige tot halfbeschaduwde plek buiten, in kas of serre of op een zeer lichte plaats binnenshuis. De planten klimmen woekerend met hechtranken en hebben dus ruimte nodig. U kunt de scheuten leiden en naar believen snoeien. Giet in het groeiseizoen ruim, in de rustperiode nauwelijks. Te veel mesten stimuleert de bladgroei ten koste van de bloei.

De vereiste wintertemperatuur voor optimale groei en bloei wordt bij iedere soort afzonderlijk aangegeven.

Passiflora x *alato-caerulea*

Dit is een kruising van *P. alato* met *P. caerulea*.

De kelkbladen van de maximaal tien centimeter brede bloemen zijn wit, de kroonbladen mauve. De minimale wintertemperatuur is 5°C.

Mikania ternata

Passiflora antioquiensis

De bloem van deze Colombiaanse soort staat niet overeind, zoals bij de meeste andere passiebloemen, maar hangt en heeft een opvallend lange bloembuis. De rozerode bloem is meer dan tien centimeter breed. De wintertemperatuur is minimaal 5°C.

Passiflora antioquiensis

Passiflora caerulea

Deze bekendste passiebloem kan ook als tuinplant tegen de muur worden gekweekt. Jong is ze gevoelig voor vorst, op oudere leeftijd overleeft ze strenge winters, maar laat dan wel het

Passiflora caerulea

meeste blad vallen. *Caerulea* wordt als kamerplant tegen een ring van ijzerdraad gebonden. Ze mag 's winters op een niet te warme plaats in de huiskamer blijven, maar zet haar liever op een koele, lichte plaats en geef weinig wa-

Passiflora x *alato-caerulea*

ter. Potplanten verlangen een minimumtemperatuur van 5°C. Uit de echte passiebloem zijn prachtige kweekvormen gewonnen, die op dezelfde manier kunnen worden verzorgd: 'Constance Elliot' heeft witte bloemen, 'Star of Mikan' bloeit roze met purperen kroon.

Passiflora edulis

De soort wordt in alle warme streken op aarde geteeld vanwege de eetbare vruchten. Oppervlakkig gezien lijkt ze op *P. caerulea*, maar bij *edulis* zijn de 'draden' van de kroon overwegend wit (met een purperen tot blauwe ring rond het bloemhart), veel langer en aan de uiteinden duidelijk gekruld. De minimale temperatuur is 12°C.

Passiflora foetida

De wetenschappelijke naam betekent 'stinkende passiebloem' en verwijst naar de vieze geur die van de stengels afkomt wanneer ze worden beschadigd. De vijf centimeter brede bloemen zijn wit met een oudroze hart en worden gevolgd door eetbare vruchten met gewei-achtige uitsteeksels. De temperatuur is minimaal 12°C.

Passiflora foetida

Passiflora mollissima

De schitterende, hangende lichtroze bloemen van deze soort uit noordelijk Zuid-Amerika, komen in ons klimaat ook buiten tot volle ontwikkeling. In grote kuipen groeit de plant geweldig, zodat ze in een kuip buiten op terras of balkon een fraai schouwspel kan vormen. De minimumtemperatuur is 5°C.

Passiflora edulis

Passiflora subpeltata

De relatief kleine bloemen (vijf centimeter) van deze passiflora uit tropisch Amerika zijn zo sierlijk, dat je ze vaker zou willen zien. Helaas wordt de soort (met terugneigende witte bloembladen en warrige kroon) weinig aangeboden. Ze moet op een koele, lichte plaats staan, maar bij minimaal 10°C.

Peperomia rotundifolia

Peperomia rotundifolia

De kleine bladeren van *Peperomia rotundifolia* hangen aan stengels van enkele tientallen centimeters over de potrand. Ze mogen in de zon (op hete zomermiddagen liefst afgeschermd) en groeien alleen goed in helder licht. Stagnerend water is voor deze soort funest. Giet dus liever te weinig dan te veel, met handwarm water. In humusrijke grond zullen de stengels gemakkelijk wortelen.

☼ ●

Philodendron scandens

Zelfs op meters afstand van het raam tasten de slingertwijgen van de klimmende philodendron naar het licht. Aan de top ontrollen zich telkens nieuwe, hartvormige bladeren. U kunt de stengels laten hangen of ze ergens tegenaan

Passiflora subpeltata

leiden en vastzetten, want ze hechten zich nauwelijks.
Philodendron scandens verdraagt diepe schaduw, warmte, bedompte lucht, rook en droogte. Zorg er alleen voor dat de pot nooit in het water blijft staan en giet liefst met water op kamertemperatuur. Dan kunt u genieten van het 'eeuwige groen' van deze dankbare plant.

Philodendron scandens

Plectranthus

REUMATIEKPLANT, MOTTENKRUID

Plectranthus wordt meestal zonder verdere aanduiding verkocht. Er zijn veel kruisingen in omloop. Kies de planten op hun groeiwijze. Er zijn typische hangplanten bij, zoals *Plectranthus madagascariensis*, *P. oertendahlii* en *P. verticillatus*, maar ook hoog opgroeiende klimmers tegen gaas of stokken, zoals *P. forsteri* en *P. fruticosus*. Bontbladige kruisingen zijn het populairst.
De hangende soorten kunnen zomer en winter in de huiskamer blijven. Ze hebben gemiddeld licht nodig en liefst een vrij hoge relatieve luchtvochtigheid. Houd de aarde altijd matig vochtig.
De klimmende soorten kunnen het beste als kuipplant worden behandeld. Zet ze in de zomer buiten in de frisse lucht, in zon of halfschaduw. Giet dan flink. In de winter koel zetten en weinig water geven.

Plectranthus

Pyrostegia ignea

Zie: *Pyrostegia venusta*

Pyrostegia venusta

Eigenlijk is dit een klimmer voor de warme kas, waar ze hoog op kan groeien en in de nazomer en herfst prachtig bloeit. Hebt u geen serre en kunt u aan een stek of zaailing van deze zelden aangeboden plant komen, probeer het dan voor een zonnig raam. Zet de plant in een grote pot met luchtige, voedzame grond en giet in lente en zomer ruim. Probeer een zo hoog mogelijke luchtvochtigheid aan te houden, zoals in de landen van herkomst in Zuid-Amerika.
Laat de plant bij minimaal 12°C overwinteren en houd haar dan zo vochtig dat het meeste blad blijft zitten. In het voorjaar kan de plant stevig worden teruggesnoeid. Ze is zeer geschikt om geleid te worden.

Rechts: *Pyrostegia venusta*

Rhipsalidopsis gaertneri

PAASCACTUS

Kerstcactus en paascactus zijn lidcactussen, die vaak met elkaar worden verward. *Rhipsalidopsis gaertneri* is een typische voorjaarsbloeier, die rond Pasen vol zit met oranjerode bloemen, ten minste wanneer u haar niet verwent. Mijn groene vingers erfde ik van mijn moeder en zij was 'specialist in de kerstcactus'. Dus volgt hier haar recept: zet *Rhipsalidopsis* in de winter in een koele kamer en houd haar volledig droog tot de knoppen zichtbaar worden. Dan pas mag ze de verwarmde huiskamer in en begint u geleidelijk meer te gieten. Zodra de knoppen halfwas zijn, mag u de plant niet meer verzetten. Ze groeien naar het licht en breken zichzelf van de plant wanneer ze ineens de andere kant op moeten draaien. Giet ook na de bloei matig en geef vooral niet te veel mest. Want 'vetgemeste' planten bloeien slecht of niet. Verpot daarom alleen in uiterste noodzaak. Planten in hopeloos uitziende grond bloeien het best.
De leden kunnen worden afgebroken. Laat de wond enkele uren drogen en steek ze ondiep in de grond, waarin ze snel wortelen.

○ ●

Rhipsalis baccifera

Zie: *Rhipsalis cassutha*

Rhipsalis cassutha

Het kost moeite om in *Rhipsalis cassutha* een cactus te zien. Toch is dat zo, al is het een primitieve soort, die niet (zoals bijna alle cactussen) in Amerika groeit, maar ook in Afrika en op Sri Lanka. Er zitten geen doorns aan de lange leden, alleen wat borstelharen. Kleine witte bloemen bloeien in de winter, gevolgd door witte bessen in het voorjaar.
Geef in de late zomer en herfst een rustperiode. Giet nauwelijks totdat de knoppen zichtbaar worden. Daarna meer water geven. Hang haar dan op een warme, lichte plaats. Laat de temperatuur nooit beneden 10°C zakken en scherm in de zomer tegen felle zon.

○ ●

Rhodochiton atrosanguineum

In enkele jaren tijd is deze Mexicaanse klimplant snel populair geworden bij een kleine

Rhipsalidopsis gaertneri

Rhipsalis cassutha

groep van echte plantenliefhebbers. Zij zaaien de vaste plant ieder jaar opnieuw om haar een zomer lang in een pot te zien bloeien. Overhouden kan, maar heeft weinig zin, omdat *Rhodochiton* gemakkelijk kan worden ge-

Rhodochiton atrosanguineum

zaaid. Doe dit binnen, in maart of april. Dan kan de klimmer na half mei met pot en al naar buiten. Binnen houden kan, maar wel op een zonnige en toch frisse plaats.
Giet ruim en voed geregeld. Tijdens het klimmen bungelen er telkens weer nieuwe aubergine klokjes van ongeveer drie centimeter lang onder de omgekeerde, bordeauxrode kelkjes.

Saxifraga stolonifera

MOEDERPLANT

Tussen de ongeveer vijf centimeter brede, ronde bladeren van de moederplant hangen jonge plantjes aan ragfijne, rode draden omlaag. Ze kunnen van de moederplant worden afgehaald en opgepot.
De decoratieve hangplant kan ook bloeien. Aan dunne stengels van dertig tot veertig centimeter lang zitten piepkleine bloempjes, met twee lange onderste blaadjes en drie roodgespikkelde miniatuurblaadjes, die omhoog wijzen.
Hang de plant op een lichte, luchtige plaats, uit de felle zon. Geef gemiddeld water en liefst een tamelijk hoge luchtvochtigheid. *Saxifraga stolonifera* komt van oorsprong uit Japan en China. Ze kan koel de winter door. Sterker nog: ze is in de tuin volkomen winterhard en kan daar als kruipende plant in de halfschaduw groeien.

Saxifraga stolonifera 'Cuscutiformis'

Schlumbergera truncata

Zie: *Zygocactus truncata*

Scindapsus aureus

Zie: *Epipremnum pinnatum* 'Aureum'

Scindapsus pictus

In de natuur hechten de ranken van *Scindapsus* aan stammen en takken van bomen. De hartvormige bladeren van ongeveer tien centimeter lang welven rond de stam alsof ze er tegenaan zitten geplakt. Voor de huiskamer wordt bijna altijd de kweekvorm 'Argyraeus' aangeboden, een nauwelijks klimmende jeugdvorm. Bind haar op of kweek haar als hangplant.
Zorg vooral voor een zo hoog mogelijke luchtvochtigheid door *Scindapsus* tegen een vochtige mosstok te kweken of op een bed van nat grind. Sproeien en nevelen helpen, maar zorg wel dat dit met gekookt water gebeurt of met regenwater, want anders komen er lelijke plekken op het prachtig getekende blad. Het voelt aan als zeemleer en is niet geschikt om met een natte doek af te nemen. De plant verdraagt vrij veel schaduw, geen directe zon en gemiddeld water. Giet met handwarm water en houd de plant altijd in de huiskamer.

Scindapsus pictus 'Argyraeus'

Scirpus cernuus

VROUWENHAAR

Kwekers proberen vrouwenhaar weleens overeind te houden. Ze laten een toef door een kokertje groeien. Maar daarboven gaat het kapsel direct weer futloos hangen; overigens een prachtig gezicht.
Behandel vrouwenhaar als een moerasplant. Op een zonnige plaats mag ze beslist nooit uitdrogen, meer in de schaduw volstaat een gemiddelde watergift. Water op de schotel of in de ompot kan absuluut geen kwaad. Op den duur kunt u het plantje verjongen door de pol te delen. Zorg voor zo vochtig mogelijke lucht.

Scirpus cernuus

Selenicereus grandiflorus

KONINGIN VAN DE NACHT

De koningin van de nacht bloeit in tropische landen, zoals op de Galapagos-eilanden, gewoon in de tuin. Wij moeten voor een vorstvrije overwintering zorgen om de enorme bloemen te kunnen bewonderen. Ze kunnen tot dertig centimeter lang worden en steken al hun energie in één nacht van bloei. Dan moeten ze, onder andere door vleermuizen, zijn bestoven.
Zet de grote plant in de winter in een koele ruimte (minimaal 10°C) en geef nauwelijks water. In voorjaar en zomer kunt u (voor een cactus) rijkelijk gieten en voeden. Bescherm haar tegen hete middagzon. Alleen de oudere scheuten zullen bloeien, maar de bloemen zijn het meer dan waard om er een nacht voor op te blijven.

Sedum morganianum

In lange slierten hangen de rolronde blaadjes van *morganianum* omlaag. Ze zijn blauwbe-

Rechts: *Selenicereus grandiflorus*

rijpt en voorzien van een waslaag om zich tegen de zon te beschermen. Hang de Mexicaanse plant gerust in de zon. U mag zelfs af en toe vergeten te gieten. Wanneer de jongere blaadjes rimpelen, geeft u echt te weinig water. Op den duur vallen de oudere bladeren af. Maar omdat ook telkens nieuwe scheuten worden gevormd, kunt u de plant verjongen door oudere 'staarten' af te knippen. De blaadjes eraan kunnen voorzichtig worden losgebroken en gestekt.

Sedum morganianum 'Burrito'

Streptocarpus saxorum

Een van de mooiste streptocarpussen heeft kruipende stengels, die gaan hangen wanneer ze de steun van de aarde missen. De fluwelig behaarde bladeren welven over de potrand. En of dat nog niet genoeg is, komen er af en toe dunne stengels tussenuit die één of twee lila tot karmijnrode bloemen (met een wit oog) ongeveer twintig centimeter boven het hangplantje laten zweven. Een schitterend gezicht. Om dit voor elkaar te krijgen, hoeft u niet eens zoveel te doen. Hang de plant op een lichte plaats uit de felle zon en geef geregeld water, liefst op kamertemperatuur. De potgrond mag nooit kletsnat blijven, want dit leidt bij alle streptocarpussen tot rot. Ze hebben toch al zo weinig wortels.

Streptocarpus saxorum

Surfinea

Onder deze fantasienaam worden petunia's verkocht die uit stek vermeerderd zijn. Ze hebben wel een bijzondere eigenschap: ze gaan echt hangen. De gemiddelde petunia groeit vooral in de breedte en welft sierlijk over de potrand. *Surfinea* heeft echt hangende stengels vol bloemen. Dat maakt surfinea's bijzonder geschikt voor hangmanden op terrassen, in de zomer buiten, maar ook binnenshuis. De verzorging is uiterst eenvoudig: veel water en licht in het groeiseizoen en af en toe vloeibare plantenmest.

Thunbergia alata

SUZANNA-MET-DE-MOOIE-OGEN

Het zaaien van *Thunbergia alata* is kinderlijk eenvoudig. Druk de grote, bruine zaden begin maart in een forse pot. Ongeveer zes weken later kunt u van de eerste bloemen genieten. Ze

Rechts: *Surfinea*

zijn oranje, met een diepviolette keel, die sprekend op de pupil van een oog lijkt. Zo komt de plant aan de naam 'Suzanna-met-de-mooie-ogen'.
Van oorsprong groeit Suzanna (of Suzanne, zoals ze ook vaak wordt genoemd) als woekerende klimplant in Zuid-Afrika. Bij ons doet ze het ook buiten, tenminste wanneer de temperatuur 's nachts niet meer beneden 10°C zakt. In de volle grond slingeren de ranken zich tot twee meter hoog in staken, touw of klimgaas, dat met bloemen wordt overdekt. In potten groeit ze minder snel, maar ook daarin bloeit Suzanna maanden aan één stuk.
Voor wie niet zaaien wil, is *Thunbergia alata* vanaf april bloeiend te koop. Zet de plant licht, maar niet in de volle middagzon. Het blad verdampt veel vocht. Flink gieten is dus noodzakelijk, speciaal wanneer u de plant 's zomers in de pot buiten zet.
Controleer *Thunbergia alata* geregeld op spint en nevel veel om de aantasting te voorkomen. Ziet u toch spintmijten of hun spinsel, zet de plant dan buiten. Daar zullen bijen de bloemen bestuiven. Er groeien bolle vruchten uit. Bij rijpheid knallen ze open en slingeren de zaden in het rond. Dit maakt Suzanna een prima kinderplant. Laat ze de grote zaden verzamelen, enkele maanden bewaren en in het voorjaar zaaien. Zo maken kinderen van heel dichtbij mee hoe zaadplanten zich vermeerderen.
Soms kiemen er planten met een afwijkende bloemkleur. Deze worden aangeboden met namen als *Thunbergia alata* 'Alba' (witte bloemen met een donkere keel). Er zijn ook egaal gekleurde vormen, dus zonder donkere pupil.

☼ – ◐ ○

Thunbergia erecta

De onwaarschijnlijk mooie bloemen van *Thunbergia erecta* ontluiken in westelijk Afrika, waar de klimmer van oorsprong groeit. Bij ons zijn ze helaas zelden te zien. U zult op zoek moeten naar dit juweel. Vraag of uw leverancier er een kan bestellen.
Het gaat om een vaste plant, die pas in het jaar na zaaien bloeit. Behandel haar daarom als kuipplant en help haar op een lichte, koele (minimaal 12°C) de winter door. Geef dan weinig water. Snoei in het voorjaar, maar ga daarin niet te ver, want dan boeit *erecta* minder. Leid de takken liever tegen gaas of stokken, zodat u een tot anderhalve meter hoog frisgroen scherm in de pot krijgt. Op zich is dat al een schitterend gezicht.

Links: *Thunbergia alata*

Onder: *Thunbergia alata* 'Alba'

Thunbergia erecta

Giet tijdens de groei overvloedig en mest af en toe. Laat *erecta* aan het eind van het seizoen afharden: geef geen mest meer en geleidelijk minder water.

Planten die buiten staan, moeten worden binnengehaald wanneer de nachttemperaturen beneden ongeveer 10°C zakken.

☼ ◯

Thunbergia grandiflora

De blauwe tot paarse bloemen van *Thunbergia grandiflora* worden tot acht centimeter breed en hoog. Ze bloeiden tot voor kort alleen in bijzondere verzamelingen van tropische planten. Tegenwoordig wordt de klimplant uit India mondjesmaat als kamerplant aangeboden. Om de bloei erin te houden, moet *grandiflora* flink blijven groeien en dit kan alleen wanneer zij in een grote pot, in een kuip of in de volle grond in een serre of kas wordt gekweekt.

Zorg voor een hoge luchtvochtigheid en zoveel mogelijk warmte, maar houd haar uit de heetste middagzon.

's Winters kan de wintergroene klimplant op een lichte plaats bij een temperatuur van mini-

Thunbergia gregorii

maal 12°C worden overgehouden. Neem in het voorjaar topstekken en laat ze op een warme plek (rond 25°C) in vochtige aarde wortelen.

☼ – ◐ ◊

Thunbergia grandiflora

Thunbergia gregorii

Thunbergia gregorii wordt meestal als eenjarige gekweekt (zie voor de zaaimethode bij *T. alata*). Maar in heel milde klimaten overleeft de wilde slingeraar uit Afrika de winters zelfs buiten, blad- en stengelloos.
Wilt u proberen om *gregorii* als potplant over te houden, wat enige moeite kost maar zeker de moeite waard is, zorg dan dat de twijgen zo veel mogelijk in leven blijven, en bij een temperatuur van ongeveer 12 tot 16°C gaat dat het best. In dat geval heeft zo'n plant wel wat water en voldoende licht nodig.
In de zomer bloeit de slingeraar buiten met feloranje bloemen. U kunt haar voor een zonnig venster, waar u er de ruimte voor hebt, ook binnen houden. Giet tijdens de bloei overvloedig, maar verminder het gieten wanneer u ziet dat de bloei afneemt.

☼ ◊

Tolmiea menziesii

KINDJE-OP-MOEDERS-SCHOOT

Uit het hart van ieder blad van *Tolmiea* groeit een jong plantje. Knip het moederblad er zoveel mogelijk omheen weg en zet het 'kindje' in vochtige, zanderige grond. Het zal er snel in wortelen. Verpot de stek in vruchtbare grond, geef ruim water, veel licht (liefst gefilterd zonlicht) en voeding. Dan groeit het razendsnel in de breedte en gaat op den duur over de potrand hangen. Bij minder gunstige omstandigheden groeit *Tolmiea* trager, maar gaat niet gauw dood. In feite is het een ijzersterke plant, die in de volle grond buiten ongeveer 15 graden vorst doorstaat en dus ook als tuinplant kan worden gekweekt.
Meestal koopt u niet de soort, maar een van de kweekvormen 'Maculata', 'Variegata' of 'Taff's Gold'. In alle gevallen gaat het om bontbladige planten met lichtgroen blad, dat roomkleurig tot lichtgeel is bespikkeld.

☼ ◊

Tolmiea menziesii

Tradescantia

VADERPLANT

De vaderplant is een van de gemakkelijkste hangplanten. Lange uitlopers hangen warrig over de potrand omlaag. Raken ze grond, dan wortelen ze snel en zijn zo zeer eenvoudig te stekken.
De plant kan zomer en winter in de huiskamer blijven. In de zon krijgt het blad, speciaal dat van de bontbladige vormen, een duidelijker tekening. Geef in dat geval wel voldoende water om uitdroging te voorkomen. U kunt de plant

ook uit de zon, op een lichte tot halfbeschaduwde plek hangen. Giet daar terughoudend.
Van de naamgeving kunt u zich beter niets aantrekken. Meestal zijn de echte soorten niet in cultuur of worden onder een verkeerde naam aangeboden. De talloze bontbladige vormen hebben mooie streeppatronen over het blad. Kies de mooiste, maar bedenk wel, dat hoe bonter de kweekvorm is, des te meer licht ze nodig heeft.

○ – ◐ ◑

Tradescantia fulminensis

Tradescantia zebrina

Zie: *Zebrina pendula*

Tropaeolum majus

OOSTINDISCHE KERS

De Oostindische kers is een eenjarige tuinplant, maar ook geschikt voor potcultuur. De echte soort zoekt steun om tot anderhalve meter hoog te klimmen. Zonder steun kruipt of hangt ze met lange slierten. Kleinblijvende rassen, zoals 'Tom Thumb', groeien bossig, maar hangen ook sierlijk langs een potrand omlaag.
Zaai in maart binnen, of in april-mei buiten, direct in de pot, kuip of balkonbak. Geef tijdens de groei voldoende water, maar nooit plantenvoeding. In arme grond bloeien de planten stukken beter. Binnen blijft *Tropaeolum majus* alleen op de luchtigste plekken goed. Zet haar liever buiten op een niet al te winderige plek in zon of gedeeltelijke schaduw.
In plaats van *Tropaeolum majus* kunt u ook de kanariekers (*Tropaeolum peregrinum*) kiezen, een echt klimmende plant met oranjegele, gefranjerde bloemen. Het blad lijkt op een miniatuur van vijgeblad.

○ ◯

Tropaeolum majus

Zebrina pendula

Deze soort is zo sterk aan de vaderplant verwant, dat ze tegenwoordig *Tradescantia zebrina* wordt genoemd.
De verzorging is gelijk aan die van de gewone *Tradescantia*. 'Pendula' betekent hangend en verwijst naar de bebladerde scheuten, die tientallen centimeters uit de pot omlaag hangen. Geeft u ze voldoende steun, dan kruipen ze omhoog.
Het blad is bijzonder mooi getekend met olijfgroene en purperen banen. Maar bij deze soort bestaat het grootste deel van het blad uit brede zilveren strepen, die metaalachtig glanzen. Hang *Zebrina* (de gestreepte) in het licht, dan kunt u van de glans genieten en blijven de kleuren op hun mooist.

○ – ◐ ◑

Zygocactus truncatus

KERSTCACTUS

Een cactus die 's winters in de huiskamer bloeit, moet wel populair worden. En inderdaad wordt *Zygocactus* (ook wel *Schlumbergera* genoemd) veel verkocht.
Van nature komt ze uit de omgeving van het Braziliaanse Rio, waar ze in bomen groeit. Wij kweken de kerstcactus in potten op de vensterbank, of in hangmandjes, die voor het raam (uit de felle zomerzon) kunnen hangen. Doe daarin losse, turfachtige grond, die in voorjaar en zomer geregeld moet worden begoten, zonder dat het water mag stagneren. In de nazomer geleidelijk minderen.
Hang de plant in de herfst liefst in een koele, lichte kamer (bij minimaal 12°C) en haal haar pas binnen als de knoppen verschijnen. Blijf weinig water geven, ook tijdens de bloei.
In de winter mag de kerstcactus in de zon, in de zomer moet u 's middags enigszins schermen.

○ ◑

Zebrina pendula

Zygocactus truncatus

10. Bloeiende planten

Wanneer we het over bloeiende planten hebben, bedoelen we planten die om de bloemen worden gekweekt. Want ook de meeste zogenaamde 'bladplanten' bloeien, maar zij worden vanwege het effect van de bladeren gekocht.
In een huis vol bloeiende planten is de sfeer heel anders dan bij een liefhebber van bladplanten thuis. Met bladplanten schept u een koele sfeer, met de nadruk op vormen. In een huiskamer vol bloeiende planten is het al gauw gezellig. Zelfs een tamelijk koele en donkere kamer leeft op met bloeiende potazalea's, pantoffelplantjes, clivia's of hortensia's, die het in dat klimaat uitstekend doen.
In warme, lichte kamers zijn de mogelijkheden veel groter. De meeste hier behandelde bloemplanten houden van warmte en veel licht, maar meestal niet van de volle zon. Wilt u een bloeiende vensterbank op het zuiden, zoek dan de geschikte soorten in dit hoofdstuk en in de hoofdstukken over cactussen, vetplanten en wolfsmelkgewassen.

Abutilon x *hybridus*

Onder deze verzamelnaam worden talloze kruisingen van abutilonsoorten aangeboden, met witte, gele, oranje of rode bloemen of in een van de schakeringen daartussen. Wanneer u deze planten in de zomer goed aan de groei houdt door ze bij warm weer veel water en voeding te geven, worden ze op den duur ongeveer twee meter hoog.
Zet ze buiten gerust op een zonnige plaats. Zon is alleen schadelijk wanneer ze onvoldoende water krijgen. Dan krult het blad van-

Links: *Abutilon striatum* 'Thompsonii'

Onder: *Abutilon* x *hybridus*

af de rand en valt af. Binnenshuis moet u iedere abutilon wel tegen de heetste zon beschermen. 's Winters staat de plant graag op een lichte, koele plek, in een vorstvrije kas of onverwarmde kamer. Hoewel sommige hybriden buiten zelfs enkele graden vorst verdragen, helpt u ze bij temperaturen tussen 10 en 16°C optimaal de winter door. Geef heel weinig water. Bladrui is normaal. Snoei in het vroege voorjaar zo, dat er aan iedere tak nog genoeg levensvatbare groeipunten overblijven. In het voorjaar lopen gesnoeide planten steviger uit. Abutilons zijn gevoelig voor spint, witte vlieg, blad-, schild- en dopluis. Een luchtige, maar tochtvrije standplaats helpt om deze aantastingen te voorkomen.

☼ 💧

Abutilon megapotamicum

BELGISCHE VLAG

De roodgele bloemen met soms purperen meeldraden bezorgden deze abutilon de naam 'Belgische vlag' (omdat daar rood, geel en zwart in zit). De bolle bloemen bungelen tussen het fluwelige groen omlaag als lampions. De spitse bladeren zitten aan lange twijgen, die zich heel goed laten leiden en een scherm van bloemen kunnen produceren. Van oorsprong komt *Abutilon megapotamicum* uit Brazilië, maar buitenshuis, in de volle grond, verdraagt ze ongeveer tien graden vorst. Laat het er bij potplanten niet op aankomen en haal ze voor de eerste nachtvorst binnen. Voor verdere verzorging zie *Abutilon* x *hybridus*.

☼ 💧

Abutilon pictum

Zie: *Abutilon striatum*

Abutilon striatum

Op de geeloranje bloemen van deze soort, die officieel *Abutilon pictum* heet, vallen de verdikte nerven op. Ze zijn ook donkerder van kleur. Ze groeien aan een stevige struik, die heel goed als kuipplant kan worden gekweekt (in de zomer buiten in een ruime pot, 's winters vorstvrij, licht en droog). Voor de echte kamercultuur wordt deze soort te groot.
Meestal zult u een kweekvorm kopen. Vooral de cultivar 'Thompsonii' is populair vanwege het geel-groen geblokte blad. Die tekening is het gevolg van een zogenaamd 'mozaïekvirus'.

Links: *Abutilon megapotamicum*

Onder: *Abutilon striatum* 'Thompsonii'

Deze mooie ziekte geneest helaas wanneer u de plant uit zaad voortkweekt. Stek deze en andere mooie kweekvormen van abutilon dus, in aarde van rond 20°C of in lauw water.

☼ ◯

Acalypha hispida

KATTESTAART

Acalypha valt vooral op vanwege de lange slierten vol bloempjes die zo dicht op elkaar zitten, dat ze samen op een roodachtige, harige staart lijken. Eerst groeien ze schuin uit de bladoksels omhoog. Later gaan ze hangen. Ze kunnen een halve meter lang worden.
Zet de kattestaart op een warme, lichte plaats, desnoods in de volle zon en geef altijd ruim water. De plant, die van oorsprong uit Indonesië komt, mag nooit helemaal droog komen te staan, maar evenmin met de voet in het water.

☼ ◯

Acalypha hispida

Achimenes

SCHEEFBLOEM

In het voorjaar staan de plantentafels in de verkoopcentra vol met kleurige *Achimenes*-hybriden. Ze bloeien overweldigend met gezellige rode, roze op paarse bloemen. Kies gerust de mooiste kleur, want de verzorging van al deze planten is gelijk: zet ze op een lichte plaats, maar beslist uit de felle zon. Wel warm, want *Achimenes* komt uit tropisch Amerika.

Achimenes

Giet in het groeiseizoen gelijkmatig met handwarm water. De kluit mag nooit uitdrogen. Besproei de scheefbloem niet, maar zorg wel voor een zo vochtig mogelijke atmosfeer.
In de herfst sterft het blad af. Dan wordt scheefbloem meestal weggegooid, omdat men denkt dat ze dood is. Maar ze gaat alleen in winterrust.
Geef geen water meer en zet de pot koel (minimaal 10°C) en desnoods donker weg. In het voorjaar, wanneer de groeipunten tekenen van leven vertonen, kunt u de wortelknol uit de pot halen en in verse grond zetten. Scheuren is nu goed mogelijk. Geef geleidelijk meer vocht en zet de plant weer licht, in vochtige lucht en ze zal opnieuw bloeien.

☼ ◑

Allamanda cathartica

Diep in de binnenlanden van Brazilië versieren de mensen hun huisjes met een plant uit het bos: *Allamanda cathartica*. Liefhebbers van serres en kuipplanten hebben de schoonheid inmiddels ook ontdekt. In een zeer grote pot gekweekt, klimmen de altijd bebladerde scheuten betrekkelijk snel. Binnen doet *Allamanda* het rustiger aan en blijft daar vaak bossig groeien. Voor rijke bloei is veel, liefst direct zonlicht, noodzakelijk met gemiddeld water en af en toe wat kamerplantenmest.

☼ ◑

Amaryllis

De 'amaryllis' uit de winkel heet officieel *Hippeastrum*, maar lijkt wel sprekend op *Amaryllis belladonna*. Dit bolgewas uit Zuid-Afrika groeit verwilderd op de Azoren en Kanaaleilanden, waar het zelden vriest. De echte *Amaryllis* wordt alleen door gespecialiseerde bedrijven aangeboden. Plant de bol in het voorjaar in een grote pot met de neus boven de grond. Zo lang de lintvormige, groene bladeren eraan zitten gemiddeld gieten en mesten. In de bladloze periode, halverwege de zomer, matig gieten en niet mesten. Zorg altijd voor de warmst mogelijke plaats op terras of in serre of kas. In de nazomer kan er een stevige bloemstengel uit de bladloze bol verschijnen, maar meestal gebeurt dit pas een jaar later. In de herfst komt er in ieder geval blad aan, zodat de plant 's winters een lichte, vorstvrije plaats nodig heeft en heel weinig water. Verpot haar zo weinig mogelijk.
De bekende amaryllissen in de huiskamer, *Hippeastrum*-soorten, komen bijna allemaal

Allamanda cathartica

Amaryllis belladonna

uit bergachtige gebieden in Zuid-Amerika. De meeste worden als winterbloeiend bolgewas aangeboden. De bollen worden dan in de nazomer geplant, voor eenderde in de grond, tweederde erboven. Houd de pot op een lichte, koele plaats (ongeveer 15°C). Een hogere temperatuur vervroegt de bloei, die dan korter duurt. Geef tijdens groei en bloei ruim water en geregeld plantenvoeding. Knip de bloemstengel na de bloei af en blijf gieten en voeden, zo lang het blad groen blijft. Hoge temperaturen zijn in deze periode zeer belangrijk. Stop met water geven en voeden zodra het blad begint af te sterven. De plant wordt koel weggezet en geeft zelf aan wanneer weer gegoten moet worden: zodra knop en blad verschijnen.

Hippeastrum (amaryllis)

De vele kweekvormen uit de wilde *Hippeastrum*-soorten worden meestal naamloos aangeboden. De bloemen van de cultivars zijn groter, vuurrood, roze, zalmkleurig, oranje of wit, soms meerkleurig, dooraderd of 'picotee' (met een dunne, gekleurde band langs de rand van ieder bloemblad).

☼–◐ ◐–◊

Anigozanthos

KANGEROEPOOTJE

De elf soorten kangeroepootjes komen allemaal uit westelijk Australië, uit droge gebieden. Ze zijn als curiositeit voor onze huiskamers ontdekt en werden zo massaal van hun natuurlijke groeiplaatsen gehaald, dat men voor hun voortbestaan vreesde. Tegenwoordig worden ze veel gekweekt. Mooie soorten en kruisingen zijn mondjesmaat beschikbaar. Het ziet ernaar uit dat het kangeroepootje een zeldzame plant zal blijven, want de kweek is niet eenvoudig en in de huiskamer gaat ze meestal al het eerste jaar dood, ook wanneer u de teeltaanwijzingen nauwgezet volgt: zorg voor veel licht, liefst de volle zon. Geef tijdens groei en bloei veel water, maar houd de plant in de winter tamelijk droog, bij een minimale temperatuur van 5°C. Gebruik een humeuze

Anigozanthos

grond, zoals bladaarde, en giet met regenwater of onthard (gekookt) water.

Anthurium

FLAMINGOPLANT

In de tropen groeien honderden soorten flamingoplanten, hangend tegen bomen of in natte bosgrond. Ze houden van een hoge luchtvochtigheid en warmte en zijn meestal alleen in tropische kassen goed te houden. Twee soorten blijken ook voor het klimaat in onze huiskamers geschikt: *Anthurium andreanum* (oorsprong Colombia) en vooral *Anthurium scherzerianum* (oorsprong Costa Rica). Ze werden al halverwege de vorige eeuw geteeld en in de loop van de jaren zijn er veel kweekvormen uit gewonnen, die meestal niet op naam worden aangeboden.
Het gaat om aronskelkachtigen. Het schutblad valt het meeste op. In de loop van de jaren hebben plantenveredelaars heel wat mooi gekleurde cultivars gekweekt. Meestal is het schutblad rood, oranje, roze of wit, maar er zijn tegenwoordig ook gespikkelde vormen.
Anthurium Scherzerianum-hybriden zijn te herkennen aan het bolle, bijna ronde schutblad en de relatief dunne, vaak iets gekrulde kolf.
Anthurium Andreanum-hybriden hebben een wat dikkere, kortere en rechtere kolf en een

Anthurium Scherzerianum-hybride

Anthurium andreanum 'Lady Jane'

meer hartvormig, duidelijk puntig schutblad, dat bijna altijd opvallend lakachtig glanst (ze worden om die reden ook wel lakanthurium genoemd). De bloeiwijzen worden veel als snijbloem gebruikt. Als kamerplant heeft andreanum een hogere luchtvochtigheid en meer warmte nodig.
Anthurium Scherzerianum-hybriden doen het uitstekend in de huiskamer. Zet ze licht, maar niet te zonnig. Ze verdragen 'mishandeling'. Maar wilt u ze optimaal kweken, zorg dan voor losse, humeuze grond, giet geregeld maar niet te veel. Gebruik daarvoor regenwater of onthard (gekookt) water, dat op kamertemperatuur wordt geserveerd. Zet de flamingoplant licht, maar liefst niet in de felle zomerzon.

☼ ◑

Aphelandra squarrosa

Aphelandra heeft dubbele sierwaarde. In de zomer bloeien de gele bloemen tussen de even warmgele schutbladen. In de andere maanden steelt het bonte blad de show. Het is overigens een hele opgave om de plant mooi te houden, want ze stelt hoge eisen aan de verzorging: laat haar nooit uitdrogen, anders wordt het blad lelijk bruin of valt af en plaagdieren krijgen dan ook een kans. Giet met onthard (gekookt) water of regenwater op minimaal kamertemperatuur. Zet deze Braziliaanse plant op een warme, lichte plaats, maar beslist uit de zon. Zorg voor een zo hoog mogelijke luchtvochtigheid, dus sproei zo veel u kunt. Wanneer dit allemaal lukt, ziet u ook in het volgend jaar de knoppen weer verschijnen.

◑ 💧

Begonia Elatior-hybriden

Negen van de tien aangeboden begonia's behoren tot de Elatior-hybriden. Het gaat om kruisingen van knolbegonia's met de winterbloeiende *Begonia socotrana*. Ze vormen volle, ronde planten, die lang bloeien. Zelfs 's winters ontvouwen de bloemen zich, wanneer u de plant tenminste op een lichte plaats zet. Anders vallen de knoppen af.
De knoppen vallen ook wanneer u de plant te koel of te warm zet (beneden 10°C en boven 20°C), te weinig water geeft, of de plant tijdens de bloei verplaatst. Markeer de pot of steek een lucifer in de aarde, zodat u de plant altijd in precies dezelfde stand kunt terugzetten.
Houd de grond voortdurend mildvochtig met water op kamertemperatuur en geef geregeld mest, want de enorme bloei put de plant anders uit. Zet haar op een lichte plaats, liefst in de ochtend- of avondzon, maar nooit in de volle middagzon. Uw Elatior kan zomer en winter in de verwarmde kamer blijven, op een plaats waar de temperatuur niet schommelt en het evenmin tocht.
Ziet u een wit, poederig waas op het blad, gooi de plant dan direct weg. Ze lijdt aan meeldauw en zal daar niet meer van herstellen.

☼ 💧

Begonia Elatior-hybride

Begonia

Begonia Lorraine-hybriden

Begonia socotrana (afkomstig van het Yemenitische eiland Socotra) en de Zuidafrikaanse soort *Begonia dregei* zijn de ouders waaruit talloze Lorraine-hybriden zijn gekweekt. De bolle planten bloeien in herfst en winter met natuurlijk aandoende bloemen. Op een te warme standplaats komen de bloemen nauwelijks tot ontwikkeling.
Zet Lorraine koel (in ieder geval koeler dan 20°C) en zorg voor voldoende verse lucht en voor veel licht (zonder directe middagzon).
Om de kans op meeldauw en stengelrot te verkleinen, kunt u het beste op de schotel of in de ompot gieten (met water op kamertemperatuur). Controleer na een uur of de pot niet meer in het water staat, want daar kan Lorraine beslist niet tegen. Geef liever krap dan te veel water.

○ ◑

Begonia minor

Begonia minor is een van de ongeveer duizend natuurlijke begoniasoorten die in de warmere gebieden van Amerika, Afrika en Azië groeien. *Begonia minor* (ook wel *Begonia nitida* genoemd) is als een van de weinige botanische soorten in cultuur. Van oorsprong komt ze van Jamaica. Bij ons kan ze een raam op het noorden of oosten volledig bedekken. De tot twee meter lange stengels groeien naar het licht. Houd haar uit de felle zon. Een relatief koele, maar niet kille, lichte plaats is het best.

○ ◑

Begonia Lorraine-hybride

Begonia nitida

Zie: *Begonia minor*

Blz. 147: *Aphelandra squarrosa*

Onder: *Begonia minor*

Begonia sutherlandii

De oranje bloemen steken prachtig af tegen het olijfgroene blad van deze Afrikaanse knolbegonia. Ze wordt tegenwoordig veel als hangplant voor op het terras verkocht. Een goede keus, want *Begonia sutherlandii* houdt van frisse lucht en verdraagt lage temperaturen. Pas wanneer de eerste nachtvorst wordt verwacht, moet u haar binnen te halen.
Binnen bloeit ze de hele zomer op de vensterbank, waarbij de pot op den duur achter een gordijn van bloeiende stengels schuilgaat. Geef gemiddeld water en zet haar op een zeer lichte plaats met bescherming tegen de allerheetste middagzon. Laat haar koel en tamelijk droog overwinteren.
In het najaar vindt u in de bladoksels knolletjes. U kunt ze oppotten. Ze zullen bij goede verzorging het tweede jaar bloeien.

☼ ◑

Begonia 'Tamaya'

Blad en bloemen van deze nieuw op de markt gebrachte kweekvorm hangen van een kort stammetje omlaag, zodat 'Tamaya' op een bonsai lijkt. Dit effect wordt versterkt door de manier waarop de plant meestal wordt aangeboden, opgepot in een sierbakje. Net als bij een echte bonsai zult u moeten snoeien om de plant in vorm te houden. Doe dit na de bloei, want de hangende bloemen aan een opvallend lang vruchtbeginsel zijn veel te mooi om af te knippen. Zet 'Tamaya' op een lichte plaats, maar niet in felle middagzon. Geef gemiddeld water en geregeld plantenvoeding.

☼ ◑

Begonia 'Tamaya'

Beloperone guttata

Beloperone guttata

GARNALENPLANT

De bloemen van de garnalenplant worden beschermd door elkaar overlappende schutbladen, die samen wel iets weg hebben van een garnalelijf. Ze zijn groenig tot roze. De kleine bloemen zelf vallen niet zo op. Van dichtbij bekeken zijn ze wel heel mooi wit, met dieprode vlekken.

Zet deze Mexicaanse plant gerust in de volle zon. Daar kleuren de bloeiwijzen mooier. De garnalenplant is een dankbare kamerplant, die tot ongeveer een halve meter uit kan groeien. Zet haar 's winters koel, op een lichte plek en houd haar tamelijk droog. Snoei haar in het voorjaar stevig terug.

's Zomers ruim gieten en geregeld mesten komt de bloei ten goede. U kunt in het voorjaar halfrijpe stengeldelen stekken.

☼ ◯

Browallia speciosa

Maand na maand verschijnen de paarsblauwe bloemen van *Browallia speciosa*. De plant bloeit het langst wanneer u de uitgebloeide bloemen uit het mini-struikje knipt. Zet het op een zonnige, in ieder geval lichte plaats en geef geregeld, maar niet te veel water en af en toe plantenvoeding.

Browallia speciosa is van nature een vaste plant uit Colombia. In onze streken wordt zij meestal eenjarig gekweekt. Zaai vanaf de late winter bij een bodemtemperatuur van minstens 18°C. Top de zaailingen, zodat compacte planten ontstaan die ongeveer tien weken na zaaien beginnen te bloeien.

☼ ◑

Browallia speciosa

Calceolaria

PANTOFFELPLANTJE

Het zonnige pantoffelplantje groeit alleen goed op een beschaduwde plaats. Zet de eenjarige potplant voor het noord- of oostraam en geniet van de opgeblazen bloemen. Ze zijn er in alle mogelijke kleuren en vlekkenpatronen, maar worden allemaal op de veiling aangeboden onder één naam: *Calceolaria* x *herbeohybrida*.

Ze belonen de echte liefhebber, die weet dat ze graag in de schaduw staan, beslist niet van hitte houden en vrij veel water gebruiken, met een overvloed aan bloemen. Zodra de bloei voorbij is, kunt u de planten net zo goed weggooien, want een herhaling zit er niet in.

Pantoffelplantjes worden in het najaar gezaaid. De echte hobbyist brengt ze de winter door, maar u kunt uiteraard veel simpeler in het voorjaar nieuwe planten kopen.

◑–● ◯

Calceolaria

Campanula isophylla

STER VAN BETHLEHEM

De blauwe, stervormige bloemen van de ster van Bethlehem schitteren een zomer lang. Er komen steeds nieuwe bloemen, zodat u er maandenlang van kunt genieten, vooral wanneer u de plant een luchtige, niet te hete standplaats geeft. Houd de plant uit de felle zon, maar zet haar wel in het volle licht.

De ster van Bethlehem groeit wild in de bergen van Noord-Italië, waar ze vorst verdraagt. Bij potplanten is dit beslist niet het geval. Ze hebben in de winter minimaal 5°C nodig. Een koele kamer is dan de beste plaats en u hoeft daar maar heel weinig water te geven. In de zomer rijkelijk gieten. Het grondmengsel moet luchtig genoeg zijn, zodat de wortels niet in stagnerend water blijven staan, want dan rotten ze weg.

Behalve de blauwbloeiende soort wordt de witbloemige *Campanula isophylla* 'Alba' veel verkocht. *Campanula isophylla* 'Mayi' is de populairste blauwe kweekvorm, met grotere blauwpaarse bloemen.

☼ ◯

Campanula isophylla 'Alba'

Capsicum annuum

SIERPEPER, SPAANSE PEPER

Spaanse peper en paprika stammen af van de wilde *Capsicum annuum*, die vermoedelijk ooit wild in Zuid-Amerika groeide. De soort is ook stamvader van talloze kweekvormen, die voor de sier worden gekweekt. In plantenwinkels en tuincentra kunt u vanaf het begin van

Capsicum annuum

de zomer kiezen uit planten met rode, oranje, gele, groene tot auberginekleurige vruchten, die uit witte bloempjes ontstaan. Ze blijven tot in de winter aan de planten.
Zet sierpepers zeer licht, liefst in de volle zon, op een zo luchtig mogelijke plaats en geef gemiddeld water. Op den duur verschrompelen de vruchten en kunt u de plant net zo goed wegdoen, want ze zal geen tweede seizoen bloeien. U kunt zaden verzamelen en in het vroege voorjaar bij een temperatuur van ongeveer 20°C zaaien.

☼ ◑

Catharanthus roseus

ROZE MAAGDENPALM

De rijke en lange bloei van roze maagdenpalm maakt haar tot een van de populairste eenjarige borderplanten. Daarnaast is de plant, die van oorsprong uit Madagascar komt, een dankbare zomerbloeier in balkon- en terrasbakken en op de vensterbank.
Nadat het gevaar voor vorst is geweken, kan *Catharanthus* (die tot voor kort bekender was onder de oude naam *Vinca rosea*) naar buiten. Ze heeft daar en binnenshuis een zonnige plek nodig en veel vocht. Maar laat de roze maagdenpalm niet met de voet in het water staan, want dan rotten de wortels weg.
Na een seizoen van bloei mag u de planten weggooien, behalve wanneer u stekken wilt kweken. Houd roze maagdenpalm dan matig vochtig in een koele kamer. In het voorjaar neemt u stengelstekken, die goed op water wortelen. Uit zaad vermeerderen is ook heel goed mogelijk. Zaai in maart en april onder glas.

☼ ◯

Catharanthus roseus

Celosia argentea

VUURKRUID

Van oorsprong komt deze plant uit Indonesië. Daar groeit ze langs velden en wegen, precies op de plekken waar enige tijd daarvoor brand is geweest. In het Engels wordt de plant 'fireweed' genoemd. Die naam heb ik vertaald in 'vuurkruid'. Op de plaats waar ik de wilde plant fotografeerde, groeide ze slank omhoog met aan het einde van de ongeveer vijftig centimeter hoge stengels roze pluimen. En inderdaad waren de sporen van een vroeger brandje nog zichtbaar.
De pluimen kunnen bij de echte soort ook zilverig zijn. De plant is van zo'n ongekende schoonheid, dat er niets meer aan te verbeteren valt. Desondanks zijn er ongelooflijk veel kweekvormen van *Celosia argentea*, die nog nauwelijks te herkennen zijn. Aan de compacte planten komen dikke pluimen (zogenaamde *Plumosa*-hybriden), soms zijn die kamvormig misvormd (en heten dan *Cristata*-hybriden). In alle gevallen worden ze geleverd in zeer kunstmatige, fluorescerende kleuren geel, roze, rood en oranje.
U kunt ze als eenjarigen in de tuin zetten, maar daar worden de pluimen in natte zomers lelijk. Binnenshuis blijven ze mooi. Zet de planten op een zonnige plaats (maar afgeschermd tegen de allerheetste middagzon).

Celosia argentea

Gemiddelde watergift is prima. Verder stellen de kweekvormen geen eisen.

☼ ◑

Chrysanthemum Indicum-hybriden

POTCHRYSANT

Van oorsprong komt de belangrijkste voorouder van de potchrysant, *Chrysanthemum indicum*, uit Japan of China. De afkomst is niet meer zeker, omdat de Chinezen al vijf eeuwen voor het begin van onze jaartelling (!) bezig waren om soorten te kruisen. De talloze moderne kweekvormen, in alle mogelijke kleuren, zijn uit deze antieke voorouders gewonnen.

Van oorsprong bloeit de potchrysant in de herfst. De kortere daglengte zet de chrysant aan tot bloeien. Kwekers foppen de chrysanten door ze tijdens de teelt te verduisteren of juist extra bij te lichten en bieden tegenwoordig jaarrond bloeiende planten aan. Ze gebruiken bovendien groeiremmende middelen om de planten compact te houden en zeer veel bestrijdingsmiddelen. Er is veel kritiek op de energieverslindende en vervuilende teelt van chrysanten. U kunt uw steentje bijdragen door ze pas in de herfst te kopen.

Chrysanthemum Indicum-hybride

Houd de potkluit van uw chrysant mildvochtig. Uitdrogen leidt tot vergeling van het blad, te veel water tot rot. Zorg dat er geen water op de knoppen komt, want ze rotten snel. Sproeien wordt ten sterkste afgeraden. Zet de plant op een lichte plaats, uit de zon, op een koele

De pluimen van *Celosia argentea*

plaats. Dit laatste is van groot belang. Bij 16 tot 18°C zullen de planten wekenlang bloeien.

○ ◑

Chrysothemis pulchella

Nog niet zo lang geleden werd algemeen aangenomen dat *Chrysothemis* niet in de huiskamer kan worden gekweekt, omdat het er te droog is. En inderdaad vraagt het diepgroene blad een hoge luchtvochtigheid. In de zomer, tijdens het groeiseizoen, doet u er goed aan om de plant veelvuldig te besproeien, of om haar op een nat kiezelbed te zetten, zodat de luchtvochtigheid rond de plant stijgt. Gelukkig verliest *Chrysothemis* 's winters blad en stengels en gaat rustend als wortelknol de slechte maanden door.
Zet de knol in het voorjaar in vruchtbare, mildvochtige grond, zodat het blad opnieuw uit kan lopen. De bloemen volgen vanzelf, wanneer u de plant goed in het licht (maar uit de zon) zet, op een plek waar de temperatuur boven 16°C blijft.

○ ◑

Chrysothemis pulchella

Cineraria

Zie: *Senecio* Cruentus-hybriden

Clerodendrum paniculatum

KANSENBOOM

In Zuidoost-Azië wordt deze struik pagodeboom genoemd, bij ons 'kansenboom', de letterlijke vertaling van 'clerodendron'. Sommige soorten bevatten medicinale stoffen, die kennelijk nogal wisselend op de patiënt inwerken. Voor de huiskamer worden pas sinds kort

Clerodendrum paniculatum

Clerodendrum paniculatum 'Starshine'

exemplaren van *Clerodendrum paniculatum* aangeboden, zoals de kweekvorm 'Starshine'. Ze vragen een zo hoog mogelijke luchtvochtigheid, een grote pot met voedzame grond, ruim water tijdens de groei en een zonnige groeiplaats. In de winter hebben ze graag een koele kamer (maximaal 15°C) en weinig water. Snoei de plant na de bloei wat terug, dan loopt ze in het voorjaar mooi bossig uit en zal ook dan weer aan het einde van de scheuten prachtig bloeien.

Clerodendrum thomsoniae

LUIZENBOOM, KANSENBOOM

De luizenboom uit West-Afrika is al lang als kamerplant in cultuur. Uit een wit blaasje komt een felrode bloem en daaruit steekt weer een bosje meeldraden. U koopt de plant als een klein struikje. Dat wordt met groeiremmende middelen kort gehouden. Maar zodra die zijn uitgewerkt, blijkt de ware aard. Het tweede jaar gaat *thomsoniae* klimmen en zult u na de bloei stevig moeten snoeien om haar in toom te houden.
Kweek de luizenboom op een zeer lichte, niet te hete, maar wel liefst zonnige plek. Geef in de zomer matig water, tijdens de winterrust (bij minimaal 15°C) nog minder.

Clerodendrum ugandense

KANSENBOOM

Dit juweel uit Centraal-Afrika is pas sinds kort te koop. Het groeit struikvormig en wordt verkocht met sierlijke paarse tot lichtblauwe bloemen, die elk op een vlinder lijken. De meeldraden zijn de voelsprieten.

Clerodendrum thomsoniae

Deze kansenboom vraagt een warme, zonnige standplaats bij hoge luchtvochtigheid. Zet de plant op een bed van nat grind en nevel zo vaak u kunt.
Geef deze plant in de zomer ruim water, in de winter weinig en zet haar dan in een koele kamer (minimaal 15°C).

Clerodendrum ugandense

Clivia miniata

CLIVIA

De Zuidafrikaanse clivia's gaan tijdens het droge seizoen in rust. Wanneer u ze die gunt, zullen ze u met rijke bloei belonen. Zet uw clivia in de herfst koel (tussen 8 en 15°C) en droog.

Clivia miniata

In het voorjaar ziet u in het hart van de plant een bloemstengel verschijnen. Wacht tot deze minstens tien centimeter hoog is en haal de plant dan naar de verwarmde kamer. Geleidelijk giet u meer. Tijdens de bloei mag de plant volop water en voeding hebben, maar nooit met de voet in het water staan. Clivia's kunnen heel slecht tegen zon en verdragen vrij veel schaduw.
Verpot de clivia zo min mogelijk. Aan de voet van de plant ontstaan op den duur uitlopers, die apart kunnen worden opgekweekt. Zaaien is ook mogelijk, maar het duurt vele jaren voordat u zo een bloeiende plant krijgt.

Clivia nobilis

CLIVIA

Deze zelden aangeboden clivia bloeit rijk met hangende oranjerode bloemen aan een relatief dunne steel. Ook het ruwberande blad is vrij slank.
De verzorging is gelijk aan die van *Clivia miniata*.

Clivia nobilis

Curcuma domestica

Zie: *Curcuma longa*

Curcuma zedoaria

MAAGWORTEL

Geelwortel (*Curcuma longa*) is een zeldzame Indiase plant voor de tropische kas. Hij behoort tot de gemberfamilie en heeft, net als de gember, knobbelige wortelstokken. Die zijn geel. Er wordt geelwortel uit gewonnen, een geliefde specerij in de oosterse keuken.
Curcuma zedoaria is een verwante Indiase soort, die een andere specerij levert: maagwortel. Sinds kort wordt hij als kamerplant aangeboden. Tussen de mooie, langwerpige bladeren steken lange groen met roze bloeiwijzen omhoog. De eigenlijke bloemen vallen nauwelijks op. Ze zitten half verscholen tussen de onderste, groene schutbladen.
Curcuma's zijn geen gemakkelijke kamerplanten. In de zomer vragen ze warmte en vochtige lucht. Ze staan graag licht, maar uit de felle zon. Giet terughoudend. In de herfst sterft het blad af en kan de pot droog en koel (10 tot 15°C) worden weggezet. Verpot in het vroege voorjaar, waarbij u de wortelknollen kunt delen. Geef pas water wanneer de groeipunten uitlopen.

Curcuma zedoaria

Cyclamen Persicum-hybriden

PERZISCHE CYCLAAM

Cyclamen persicum uit de bergen van Griekenland tot Iran is de stamvader van de potcyclamen, die in alle mogelijke kleuren en formaten worden verkocht. Er zijn grootbloemige soorten, in felle kleuren en soms met gefranjerde bloembladen. Tegenwoordig zijn juist de kleinbloemige kweekvormen meer in trek. Geen wonder, want ze zijn sterker en geuren heerlijk.
Cyclamen stellen nogal eens teleur. Blad vergeelt, bloemstelen gaan slap hangen, of het hart rot. Soms zijn de aantastingen al veroorzaakt voor u de plant kocht, door een verkeerde behandeling door de leveranciers. Koop in geen geval cyclamen die bij lagere temperaturen dan 10°C buiten staan, of waarvan het blad geel is of slap hangt.
Pak de cyclaam thuis direct uit. Zet haar op een koele, lichte plaats, uit de zon. Ideaal is 16°C. Op een warmere plaats bloeien ze veel korter. Zorg voor voldoende verse lucht, maar vermijd tocht.
Geef gekookt water of regenwater op kamertemperatuur. Giet nooit in het hart van de plant, anders zal dat gaan rotten. Dien het water liefst van onderen toe. Tijdens de bloei mag de cyclaam niet worden besproeid. Houd de grond dan wel goed vochtig, maar nooit kletsnat. Verdorrende bladeren en uitgebloeide bloemen mag u met een draaiende beweging van de knol trekken.
Tijdens en na de bloei houdt de cyclaam van plantenvoeding. Stop met gieten en voeden zodra het blad begint te verwelken. De plant gaat in rust. Leg de pot op zijn kant, op een koele plaats (ongeveer 10°C). Zodra er nieuw

Cyclamen persicum

leven in het groeipunt komt, verpot u de knol in een niet te grote pot en zet deze op een warmere plaats.

◑ ◑

Dendrathema indicum

Zie: *Chrysanthemum indica*

Dianthus

ANJER

Anjers worden meestal voor de tuin gekweekt, maar er zijn ook speciale selecties voor binnenshuis. Ze zijn meestal afstammelingen van typische buitenplanten als *Dianthus caryophyllus* (vaak met gevulde bloemen) en *Dianthus chinensis*, maar ook andere soorten leveren afstammelingen voor potcultuur.
Zet de bloeiende planten bij voorkeur in de volle zon op de vensterbank, maar liefst op een niet al te hete plek.
Houd de potgrond matig vochtig en geef geregeld mest. Na de bloei kunt u de anjers buiten uitplanten.

○ ◑

Dianthus

Eustoma grandiflorum

In het grensgebied van Mexico en de Verenigde Staten groeit *Eustoma* in het wild. Het is er droog en zonnig. Het blad is daarop ingesteld: wasachtig berijpt. Zet de plant daarom op een zonnige plaats en geef niet te veel water. Ze kan uitstekend tegen droge lucht. *Eustoma* houdt van frisse lucht en constante temperaturen. De aarde mag niet te heet worden. Zet de

Eustoma grandiflorum

pot dus niet boven een radiator van de verwarming.
Behalve de roze vorm zijn er ook eustoma's met witte en paarse bloemen en alle tinten ertussen. Het hart is meestal donkerder.

Exacum affine

BITTERBLAD

Dit plantje werd op het Yemenitische eiland Socotra ontdekt. Het is er extreem droog, maar *Exacum* groeit aan de randen van wadi's, stroomgeulen, waardoor water van hevige regenbuien wegvloeit. Daar blijft het het langst vochtig.
Geef bitterblad daarom voldoende water, zonder dat de voet in het water mag blijven staan. De enkele decimeters hoge plant groeit het beste op een zeer lichte, maar niet al te zonnige plaats, bij kamertemperatuur.
Afhankelijk van het moment dat de kwekers zaaien, komen tussen maart en oktober bloeiende planten beschikbaar. Ze zijn blauwpaars of wit, al dan niet gevuldbloemig. Na de bloei kunt u bitterblad weggooien, want ze kan de winter overleven, maar wordt beter eenjarig gekweekt.

Exacum affine

Freesia

FRESIA

Fresia's verrassen ons in de donkere maanden met heerlijk geurende bloemen in alle mogelij-

Exacum affine

ke kleuren, maar vooral wit, geel, roze tot blauw. De gele geuren het sterkst. Ze worden in de winter en lente als snijbloem aangeboden, maar kunnen net zo goed als pot-boeket worden geleverd. Van oorsprong komen de fresia's uit Zuid-Afrika. Ze groeien uit knolletjes, die de droge tijd overleven terwijl het loof dan volledig afsterft. Dat is ook wat er op een gegeven moment met uw fresia gebeurt.
In theorie is het mogelijk om de knolletjes over te houden. Maar ze moeten in de nazomer buiten, bij lage temperaturen, weer aan de groei worden gebracht. Een klusje voor de echte hobbyist. Anderen gooien de plant na de bloei gewoon weg.
Soms zijn ook in de zomer bloeiende fresia's in pot te koop. Het gaat daarbij om geprepareerde knollen, die de zogenaamde tuinfresia's leveren. Ook bij deze knollen loont het niet om ze over te houden.
In de donkere maanden mogen fresia's in de zon, 's zomers op een lichte plaats uit de zon. Bij lage temperaturen (optimaal is 16°C) bloeien ze langer. U kunt ze normaal gieten.

☼ ◐

Fritillaria meleagris

KIEVITSBLOEM

De kievitsbloem is een van de dankbaarste bolgewassen, die tegenwoordig in het voorjaar bloeiend in pot worden verkocht. Aan de slanke stengels met dun wasachtig, blauwgroen blad hangen eigrote klokken, dieprood tot auberginekleurig geblokt, of wit.
Houd de aarde tijdens groei en bloei voortdurend vochtig en zet het bolgewas op een lichte, liefst zonnige plek. Na de bloei gaat het plantje niet verloren. Zet het buiten op de natste plaats in de tuin, bijvoorbeeld bij een vijver. Wanneer de grond er ook in de zomer vochtig genoeg blijft, zullen ze jaar na jaar terugkomen en zich spontaan uitzaaien.
Uiteraard kunt u de bollen in het najaar ook zelf oppotten en ze met pot en al buiten ingraven. In april, tijdens de bloei, haalt u ze in huis.
Door de planten eerder binnen te halen, kunt u de bloei vervroegen. Zorg er daarbij voor dat de potgrond nooit uitdroogt en de plant niet te warm komt te staan, want hoe warmer de standplaats, des te korter de bloei.

☼ ◯

Gardenia augusta

Zie: *Gardenia jasminoides*

Gardenia grandiflora

Zie: *Gardenia jasminoides*

Links: *Fritillaria meleagris*

Onder: *Freesia*

Gardenia jasminoides

KAAPSE JASMIJN

De roomwitte bloemen van de Kaapse jasmijn (die overigens van oorsprong uit Zuidoost-Azië komt) geuren heerlijk. Ze verschijnen vanaf de vroege zomer tot diep in de winter aan de altijdgroene struikjes. Die houdt u gezond door ze op een lichte, warme en vochtige plaats te zetten, uit de felle zon. Giet alleen met regenwater of gekookt water, op kamertemperatuur. *Gardenia* is allergisch voor kalk en reageert erop met gele bladeren, die afvallen. U hoeft niet vaak te verpotten, maar mocht het nodig zijn, kies dan zure, humeuze grond. Giet in het groeiseizoen ruim, na de bloei in de late winter en lente weinig. De plant gaat in rust. Zet haar koel bij 12 tot 16°C. Snoei haar gerust terug wanneer ze te groot wordt.

☼ ◊

Gerbera jamesonii

Uit deze Zuidafrikaanse plant zijn onnoemelijk veel kruisingen gekweekt, met bloemen in alle mogelijke kleuren, al dan niet gevuld. Ze worden veel in boeketten verwerkt, waarbij de bloemsteel met ijzerdraad wordt gesteund.

Gerbera jamesonii-hybride

Voor potcultuur zijn de kortstelige produkten het geschiktst.
Zet zo'n pot bloemen, in de kleuren naar uw keuze, op een zeer lichte plek, met enige bescherming tegen hete zon. Geef telkens een beetje water, zodat de grond nooit uitdroogt en nooit doorweekt raakt. Tijdens de bloei houden gerbera's van warmte. Koel en droger over-

Gardenia jasminoides

winteren is mogelijk, maar de planten zullen nooit meer zo rijk bloeien als in het eerste jaar.

☼ ◑

Gloxinia latifolia

Zoekt u de gloxinia met grote, potvormige bloemen, kijk dan bij *Sinningia*, want zo heet de plant, die als gloxinia wordt verkocht. Hier komt de echte *Gloxinia* aan bod (die ook wel *Seemannia* wordt genoemd). De soort *latifolia* uit tropisch Amerika bloeit met blaasvormige rode bloemen aan sappige stengels met langwerpig blad.
U kunt haar op dezelfde manier behandelen als *Achimenes*: zet haar licht en warm, maar niet in de felle zon. Houd de kluit altijd matig vochtig door geregeld met handwarm water te gieten en zorg voor een zo hoog mogelijke luchtvochtigheid. Besproei de bloemen niet.
In de herfst sterft het blad af en gaat *Gloxinia* in rust. Stop met water geven en zet de pot op een koele plaats (minimaal 10°C), desnoods donker. In het voorjaar, wanneer de eerste scheuten verschijnen, kunt u de wortelknol uit de pot halen en in verse grond zetten. Geef geleidelijk meer vocht en zet de plant weer op een lichte, warme plaats.

☼ ◑

Gloxinia latifolia

Haemanthus coccineus

POEDERKWAST, SCHEERKWAST

Deze schitterende soort wordt zelden aangeboden. De plant bloeit in het najaar, bladloos, met bekervormige, rode bloeiwijzen, gevuld met de eigenlijke bloemen, waarvan alleen de gele meeldraden zijn te zien. Direct na de bloei komen er 2 of 3 fraai getekende bladeren aan de plant. Voor de verzorging zie *Haemanthus multiflorus*.

☼ ◊

Haemanthus coccineus

Haemanthus multiflorus

POEDERKWAST

De poederkwast bloeit in de beschutting van struikgewas op het Oostafrikaanse eiland Zanzibar. Het is er warm en tamelijk droog. Dit klimaat lijkt op dat van onze huiskamers, waar het bolgewas uitbundig kan bloeien. Alle rozerode bloemen staan in een grote kogelvormige

Haemanthus multiflorus in het wild op Zanzibar

bloeiwijze van twintig tot dertig centimeter doorsnee. De meeldraden vallen het meest op. Ze steken ver naar buiten als de haren uit een kwast.
Zet de bol met de neus net onder de grond of koop de plant bloeiend in zomer of herfst. De plant gedijt het beste op een zeer lichte, maar niet al te zonnige plaats en vraagt tijdens de groei om ruim water en plantenvoeding.
Zodra het blad vergeelt, gaat de bol in rust. Ze krijgt dan nog nauwelijks water en kan op een koele plaats (minimaal 10°C) in pot worden bewaard. Laat de bol zo lang mogelijk in de pot, want ze houdt niet van verstoring van de wortels.

☼ ◯

Hippeastrum

Zie: *Amaryllis*

Hydrangea macrophylla

HORTENSIA

De omstandigheden op de Azoren zijn ideaal voor hortensia. De sierplant verwilderde op de eilanden met het milde zeeklimaat en de zure vulkanische grond. In de huiskamer is het langzamerhand te droog en warm voor de hortensia. Zet haar daarom op een zo koel mogelijke plaats, die liefst licht moet zijn, maar vooral vochtig. Daar kunt u lang van de bolle bloemschermen genieten.
Geef uw hortensia veel onthard water. Regenwater is ideaal, gekookt water tweede keus. Als de bladeren geel worden (zonder slap te hangen), is de grond te basisch geworden en moet de hortensia worden verpot in humusrijke, zure en liefst zeer voedzame grond. Verge-

Hydrangea macrophylla

Impatiens hawkeri 'Nieuw Guinea'-hybride

ten water te geven? Het blad zal slap hangen. Dompel de pot in dat geval onder tot de aarde weer verzadigd is.
Na de bloei kunt u de plant snoeien en eventueel buiten zetten, al blijft het afwachten of ze de winter daar overleeft.
Binnen overwinteren kan ook. Dan moet de plant in de herfst droger worden gehouden, totdat de nieuwe knoppen zich in het voorjaar ontvouwen.
Behalve de kweekvormen met bolle bloemschermen zijn er ook de zogenaamde 'Tellertypen' oftewel 'kransbloeiers', waarbij de weinig opvallende vruchtbare bloemen worden omgeven door een krans van grotere, onvruchtbare lokbloemen.

Impatiens hawkeri

VLIJTIG LIESJE, BALSEMIEN

De talloze kweekvormen van *Impatiens hawkeri* worden samen de 'Nieuw Guinea'-hybriden genoemd. De soort komt daar oorspronkelijk vandaan.
Het blad van deze stevige planten, die enkele decimeters hoog kunnen worden, is vaak donker. De felgekleurde bloemen steken er scherp tegen af. De hybriden staan meestal in gemengde partijen onder de verzamelnaam 'Nieuw Guinea' op de plantentafels bij de leveranciers.
Behandel ze als eenjarigen die op een lichte, niet al te zonnige plaats een zomer lang kunnen bloeien. Het blad verdampt veel vocht, dat door rijkelijk gieten moet worden aangevuld. Laat de wortels niet in water staan, want dan rotten ze. Op warme dagen stellen de planten prijs op een sproeibeurt, maar houd de planten op donkere dagen droog, anders beschimmelen zowel de bloemen als de knoppen. Mocht dit gebeuren, haal de aangetaste bloemen eruit.
Voor vermeerdering zie *Impatiens walleriana*.

Impatiens linearifolia

Zie: *Impatiens hawkeri*

Impatiens 'Nieuw Guinea'-hybriden

Zie: *Impatiens hawkeri*

Impatiens walleriana

VLIJTIG LIESJE, BALSEMIEN

De kweekvormen van deze oostafrikaanse balsemien worden voornamelijk als eenjarige tuinplanten verkocht. Ze zijn ook heel geschikt voor hangmanden en bloembakken op terras en balkon en voor potten in serres en kamers. Waar het nooit vriest, zoals op Madeira, groeien vlijtige Liesjes uit tot complete struiken van ongeveer een meter hoog. In ons klimaat heeft het weinig zin ze over te houden. Het winterse lichtgebrek zorgt voor spichtige groei en bladval, zodat de planten er in het voorjaar gehavend uitzien. Probeer toch de mooiste planten van *walleriana* en van *Impatiens hawkeri* over te houden. In het vroege voorjaar kunt u er stekken van nemen, die heel gemakkelijk in water wortelen en daarna kunnen worden opgepot.
Voor verdere verzorging zie *Impatiens hawkeri*.

Impatiens walleriana-hybride

Ixora coccinea

Oorspronkelijk werd de plant uit India en Sri Lanka alleen in tropische kassen gekweekt. Maar de schitterende bloemschermen verleidden de handelaren ertoe om *Ixora* ook voor huiskamerteelt aan te bieden. Afhankelijk van de ondersoort of kweekvorm zijn de schermen geel, zalmkleurig, roze, oranje of steenrood.
Helaas is het feest in de meeste gevallen van korte duur. De altijdgroene plant groeit alleen goed in vochtige, warme lucht, op een lichte

Ixora coccinea

plaats en beschermd tegen de felle zon. Het leerachtige blad doet niet vermoeden dat *Ixora* rijkelijk moet worden gegoten, bij voorkeur met lauw regenwater. Geef ook vaak een lage dosering kamerplantenmest. U kunt het leven van deze mooie plant verlengen door haar in een grote pot te zetten met humeuze, voedzame grond. Besproei de plant na de bloei geregeld. In de winter staan de kweekvormen van *coccinea* liefst op een lichte, koele plaats, waar de temperatuur overigens nooit beneden de 15°C mag zakken.

Jacobinia carnea

Officieel heet deze soort tegenwoordig *Justicia carnea*, maar in de plantenhandel is de oude naam nog algemeen in omloop. 'Carnea' verwijst naar de vleeskleurige bloemen, die vanaf het midden van de zomer tot in de herfst verschijnen. Door de planten heel vroeg te stekken, krijgen kwekers vanaf april bloeiende planten op de markt.
De soort komt uit Zuid-Amerika, waar ze struikachtig uitgroeit tot ongeveer twee meter hoog. In ons klimaat kan ze het beste in een tropische kas worden gekweekt, al kunt u het ook op een lichte, warme plek in de huiskamer proberen. Zorg voor een zo hoog mogelijke luchtvochtigheid door veel te sproeien en de pot op een nat kiezelbed te zetten of op een omgekeerd schoteltje in een bord met water.

Ixora coccinea

Jacobinia carnea

In de zomer rijkelijk gieten en voeden. 's Winters weinig water geven bij minimaal 15°C op een lichte plek. Mocht er toch veel blad vallen, waardoor de plant van onderen blijvend kaal wordt, verjong haar dan in het voorjaar door halfverhoute stengels te stekken.

Justicia carnea

Zie: *Jacobinia carnea*

Justicia brandegeana

Zie: *Beloperone guttata*

Kohleria amabilis

De bloemen van de Colombiaanse *Kohleria amabilis* worden ongeveer zeven centimeter lang en drie centimeter breed. Ze verschijnen aan stengels uit de bovenste bladoksels van de ongeveer een halve meter hoge plant. Stengels en blad zijn donzig behaard. Deze schoonheid ontspringt uit langwerpige wortelstokken in de grond. Die houden de plant 's winters in leven, terwijl de rest is afgestorven. Schrik dus niet wanneer uw *Kohleria* in de herfst verwelkt. Zet de pot koel (10 tot 15°C), desnoods donker weg. De kluit moet droog, maar niet kurkdroog worden gehouden. In het voorjaar kunt u de verdikte wortels uit de pot halen en opnieuw oppotten. Een prima kans om de plant te splitsen.
Geef in de zomer gemiddeld water en zet de plant, die het beste in een kas of serre groeit, op een zeer lichte plaats, uit de heetste middagzon.

Lisianthius russellianus

Zie: *Eustoma grandiflorum*

Medinilla magnifica

Op de Philippijnen hangen grote, bladeren aan vierkante stengels uit de bomen. Ze zijn van *Medinilla magnifica* uit het tropische woud. Op een gegeven moment zakken er roze ballen omlaag, die zich openen tot veertig centimeter lange trossen met zuurstokroze bloemen.
In kas of serre is *Medinilla* goed te kweken. Het is er warm en vochtig zoals in de tropen.

Kohleria amabilis

Detail van *Medinilla magnifica*

Binnenshuis kunt u alleen blijvend van de plant genieten wanneer u die omstandigheden zo goed mogelijk imiteert. Zet de plant licht, maar uit de felle zon en geef tijdens de bloei veel water en voeding. In de winter mag het allemaal wat minder, maar nooit koeler dan ongeveer 15°C. Een hoge luchtvochtigheid is van het grootste belang. Sproei zo vaak u er tijd voor hebt.

Medinilla magnifica heeft hangende stengels, die de pot snel uit evenwicht brengen, speciaal omdat een zeer licht grondmengsel wordt gebruikt. Mocht u de plant in een grotere, zwaardere pot willen zetten, gebruik dan wel weer zo'n poreus, humeus grondmengsel.

☼ ○

Narcissus 'Tête-à-tête'

Deze kweekvorm uit *Narcissus cyclamineus* is bijzonder populair geworden, omdat ze gedrongen groeit en verscheidene bloemen per bol draagt. In februari, maart en april kunt u ze opgepot kopen. Op een koele en lichte plaats bloeien ze minstens zo lang als een gewoon boeket. Wel af en toe wat water geven.

Het grote voordeel is, dat u dit 'bloemetje' na de bloei niet weg hoeft te gooien. Klop de bollen uit de pot en zet ze ergens in de tuin. Het voorjaar erop zullen ze weer bloeien, nu als tuinplant, want ze zijn volkomen winterhard. De meeste andere potnarcissen, zoals *Narcis-*

Medinilla magnifica

Narcissus 'Tete-à-tete'

sus pseudonarcissus, kunnen op dezelfde manier worden behandeld.

☼ ◑

Nertera depressa

Zie: *Nertera granadensis*

Nertera granadensis

KORAALMOSJE

Het koraalmosje bedekt de hele oppervlakte van een pot met kruipende stengels en kleine blaadjes. Op den duur stulpt de plant over de potrand heen en lijkt dan sterk op slaapkamergeluk (*Soleirolia*), waar ze niet aan verwant is. Na de onopvallende bloei raakt *Nertera* overdekt met glimmende, oranje besjes. Kweek het plantje, dat op veel plaatsen op het zuidelijk halfrond voorkomt, op een luchtige en lichte plaats in huis, maar beslist niet in de zon. Laat de grond nooit uitdrogen. Giet op de plantschotel of in de ompot. Er mag geen water blijven staan. Van boven gieten kan tot rot leiden. In de winter mag het koraalmosje zeer koel (maar wel vorstvrij) worden weggezet. In de volle grond schijnt het zelfs lichte vorst te verdragen. De plant heeft nu weinig water, maar nog steeds vrij veel licht nodig.

☼ ◯

Nertera granadensis

Nierembergia hippomanica

Nierembergia vormt in het jaar van zaaien kleine struikjes, die vanaf halverwege de zomer tot diep in de herfst rijk bloeien met violetblauwe bloemen. Ze mogen in de zomer in de tuin, maar wel op een beschutte plek, anders verwaaien ze. U kunt dit decoratieve lid van de aardappelfamilie beter in pot kweken.
Zaai in maart-april bij kamertemperatuur. Verspeen ze in losse, goed afwaterende grond. Eind juni beginnen de struikjes te bloeien. Geef de hele zomer en herfst gemiddeld water en voeding en zet ze op zonnige plaats.
De ondersoort *Nierembergia hippomanica violacea* heeft duidelijk langer blad en meer violet in de bloemen.

☼ ◑

Nierembergia hippomanica violacea 'Purple Robe'

Oxalis adenophylla

KLAVERZURING

Oxalis adenophylla is op extreem weer voorbereid. Ze bloeit in de zuidelijke uitlopers van de Andes, waar het bitter koud kan zijn en veel waait. Ze heeft zich ertegen gewapend met grijsgroen berijpt blad, dat zich dicht aan het aardoppervlak ontvouwt. Onder de aarde zit een verdikt stammetje, dat op een bruinbehaarde bol lijkt. De plant handhaaft zich bij ons moeiteloos buiten op een niet al te natte plaats, is heel geschikt voor de rotstuin, maar ook voor potcultuur.
In de vroege zomer wordt *adenophylla* bloeiend te koop aangeboden, met weergaloos

mooie bloempjes van twee tot drie centimeter in doorsnee tussen het al even mooie blad. Bij slecht weer sluiten bloemen en bladeren zich. Zet dit potplantje in de volle zon en geniet binnenshuis enkele weken van de bloemen. Geef in die periode ruim water en voeding. Het blad wordt op den duur lang en slap. Plant klaverzuring daarom direct na de bloei buiten. Dan kunt u het volgend jaar nog eens genieten van de tuinplant.

Oxalis regnellii

Zie: *Oxalis triangularis*

Oxalis triangularis

KLAVERZURING

Boven aubergine tot dieprood blad ontvouwen zich zachtroze bloemen, in trosjes bij elkaar. Zo wordt deze klaverzuring vanaf de vroege zomer tot diep in de winter verkocht. Gun ze zoveel mogelijk licht, maar scherm tegen de felle zon.

De teelt is heel eenvoudig. U kunt ook zelf de bolachtige wortelstokken planten. Na onge-

Oxalis triangularis

veer tien weken staan ze in volle bloei. Zet ze in goed doorlatende grond (zand en veen) en houd die tijdens de groei voortdurend vochtig (maar niet nat). Geef af en toe vloeibare plantenmest. Stop met gieten zodra het blad begint af te sterven en zet de pot op een koele, maar vorstvrije plaats. In het voorjaar weer gieten wanneer de nieuwe scheuten zichtbaar worden.

Behalve de donker roodbladige soort met roze bloemen is er de ondersoort *papilionacea* met groen blad en zuiver witte bloemen. De tot

Oxalis adenophylla

nog toe genoemde handelsnamen zijn in de vakliteratuur niet te vinden. Daar heten de planten *Oxalis regnellii*.

☼ ◑

Pachystachys coccinea

De rode *Pachystachys* is het onbekende zusje van *Pachystachys lutea*. De laatste is al vele jaren als kamerplant bekend met omhoog priemende gele aren, waaruit witte bloemen komen. *Pachystachys coccinea* heeft vuurrode bloemen uit een aar met groene schutbladen. Beide soorten bloeien in de zomer en kunnen dan ruim begoten en bemest worden. Ze groeien alleen goed op een zeer lichte plaats, het liefst in de zon. *Pachystachys coccinea* komt uit tropisch Amerika en heeft baat bij een zo hoog mogelijke luchtvochtigheid in de zomer. 's Winters liefst koeler zetten, maar niet op een plaats die kouder wordt dan 15°C, en weinig gieten.

☼ ◯

Pachystachys coccinea

Pavonia multiflora

Zie: *Triplochlamys multiflora*

Pentas lanceolata

Bij dit struikje uit Yemen en Oost-Afrika gaat het om de bloemen, die al aan jonge planten verschijnen. Ze staan samen in een bollend scherm van tussen de vijf en tien centimeter breed. De kleur varieert van wit via zachtroze, vleeskleurig, roze naar magenta en lichtpaars. Geef de plant een lichte plaats, uit de felle zon en gemiddeld water en voeding. In het algemeen zal het struikje nooit het volwassen formaat van meer dan een meter hoog bereiken. Meestal worden de planten na de bloei weggegooid. In principe is het mogelijk om *Pentas* over te houden. Zet haar 's winters koel (minimaal 10°C) en geef minder water. Mocht de plant op den duur te houtig worden, neem dan in de zomer stekken van frisse twijgen en laat ze met bodemwarmte in een zanderig mengsel wortelen.

☼ ◑

Pentas lanceolata

Pericallis cruenta

Zie: *Senecio* Cruentus-hybriden

Pericallis x *hybrida*

Zie: *Senecio* Cruentus-hybriden

Plumbago auriculata

MANNENTROUW

In zuidelijk Europa, waar het zelden vriest, groeit de van origine Zuidafrikaanse struik enorm uit. Hij heeft ook klimneigingen. In de plantenwinkel staat mannentrouw er getemd bij, vaak opgebonden tegen een hoepel van ijzerdraad. De bloemen verschijnen in de zomer aan de stengels die hetzelfde jaar zijn gevormd. Ze zitten dicht opeen aan de stengeleinden en zijn teer licht- of paarsblauw, die van *Plumbago auriculata* 'Alba' zuiver wit. Geef de plant een lichte, liefst zonnige plek

Plumbago auriculata

(met enige bescherming tegen de allerheetste zon). Giet tijdens de groei en bloei met gulle hand en dien geregeld plantenvoeding toe. *Plumbago* houdt van veel water en voeding en kan daarom het beste in een ruime pot worden gekweekt. Ze zal daarin overigens wel gaan woekeren, maar dat is geen probleem. Tijdens de winterrust kunt u naar behoefte terugsnoeien. Zet de plant dan in een koele kamer en geef heel weinig water, zodat de groei stil komt te staan. In het voorjaar mag ze weer de warmte in en krijgt geleidelijk meer water.
Vermeerderen kan door zaaien of door het stekken van niet-bloeiende jonge scheuten in de zomer. Zet ze in een zanderig mengsel en houd de stekken matig vochtig.

Plumbago indica

Deze roodbloeiende soort wordt niet vaak aangeboden, omdat ze van tropische warmte houdt. In een kas groeit ze prima, evenals in een verwarmde kamer, op een lichte, vochtige plaats. Vanaf de late zomer tot diep in de herfst verschijnen de rode bloempluimen aan de slingerplant.
Laat haar overwinteren bij minimaal 15°C en geef weinig water. Mocht het niet goed lukken de groei te stoppen, snoei dan in het vroege voorjaar alle sprietige takken weg.

Plubago auriculata 'Alba'

Plumbago indica

Polygala myrtifolia

Deze Zuidafrikaanse soort uit de vleugeltjesbloemfamilie moet bij ons binnen worden gekweekt. Dat gaat het beste in een kas of serre, maar ook binnenshuis is *Polygala myrtifolia* te houden. Zorg daar voor een luchtige plaats of zet de ongeveer een halve meter hoge plant in de zomer buiten. Ze is wasachtig bebladerd en groeit het liefst in de volle zon, in goed vochtige en voedzame grond.
In de winter graag koel (minimaal 7°C), licht en droog genoeg houden om de groei eruit te halen. In het vroege voorjaar spichtige scheuten wegsnoeien.
De soort wordt zelden aangeboden. Het aanbod van *Polygala myrtifolia grandiflora* is groter, maar ook nog mondjesmaat. Deze ondersoort heeft grote bloemen: purper met wit.

Primula obconica

JEUKPRIMULA

Sommige mensen zijn allergisch voor de jeukprimula. De fijne haartjes aan het blad veroorzaken jeuk en rode vlekken op de huid, zelfs wanneer deze niet met de plant in aanraking is geweest. Zie dus van deze soort (en van *Primula sinensis*, die dezelfde verschijnselen oproept) af, wanneer iemand in huis er gevoelig voor is.
Wie daar geen last van heeft, kan maandenlang genieten van bolle schermen met grote bloemen aan lange stengels. De planten wor-

Polygala myrtifolia grandiflora

Primula obconica

den het hele jaar door bloeiend aangeboden, omdat ze ook in alle seizoenen door de kwekers worden gezaaid.
Primula obconica behoort tot de Chinese primula's. Speciaal deze groep kan slecht tegen warmte en zon. Zet uw plant daarom op een koele, beschaduwde plek, zo licht mogelijk. Houd de humusrijke grond met regenwater mildvochtig.
Na de bloei kunt u het heel fijne zaad winnen. Het kan het beste in de nazomer in een kasje worden gezaaid en kiemt bij ongeveer 15°C. Nadat de plantjes bij ongeveer 5°C mildvochtig en luchtig de winter door zijn geholpen, zullen ze zich in het vroege voorjaar erop tot bloeiende planten ontwikkelen.
Populaire kweekvormen die op naam worden aangeboden zijn 'Aschat' (wit verlopend naar een donkerroze hart) en 'Appelbloesem' (zalmkleurige bloemen).

Primula obconica 'Aschat'

Rhododendron Simsii-hybriden

INDISCHE AZALEA

Er zijn van die typische azalea-huizen, waar de Indische en Japanse azalea's (*Rhododendron* Obtusum-hybriden) 's winters weelderig bloeien. Bij anderen thuis verschrompelen de bladeren en komen de knoppen niet uit. Heel vaak wordt daar stevig gestookt, waarbij de luchtvochtigheid sterk daalt. Dat zijn precies de omstandigheden waar *Rhododendron* een hekel aan heeft.
Probeer het eens op een koele, maar lichte plaats met deze schitterende potplanten. In de winter mag de zon er gerust op schijnen. Zet ze na de bloei direct uit de verwarmde kamer op een koelere plaats en blijf ze matig vochtig houden, want uitdrogen is funest. Te veel water is net zo schadelijk, omdat de wortels snel rotten wanneer ze niet genoeg lucht krijgen. Wat dit betreft kan een oude kwekerstip helpen: u snijdt wat extra gaten in de zijkant van een plastic pot, zodat er meer lucht bij de wortels komt.
De Indische azalea is in zeer veel kweekvormen te koop, enkel- of gevuldbloemig, van puur wit via lichtroze, zalmkleurig, roze, karmijnrood, vuurrood tot violet.

Rhododendron Simsii-hybride

Rosa x *hybrida*

DWERGROOS, POTROOS

Al voor 1800 kweekten de Chinezen miniatuurrozen, die de naam *Rosa chinensis* 'Minima' kregen. Tegenwoordig worden ze nog wel eens zo genoemd, maar de oorsprong is door het inkruisen van allerlei andere rozen nogal verwaterd. Belangrijker is dat het hier om kleinblijvende rozen gaat, die binnenshuis in pot kunnen groeien en bloeien. Ze zijn er in alle mogelijke kleuren: wit, geel, zalm, roze, rood en geraffineerde tussentinten.
Zet ze liefst op een zonnige vensterbank. Frisse lucht doet iedere roos veel goed en voorkomt ziekte en ongedierte.
Vergeet de potroos nooit te gieten, want de wortels mogen niet uitdrogen. Gebruik water

op kamertemperatuur, dat van onderen wordt toegediend. De pot mag niet in het water blijven staan.
Na de bloei in lente en zomer volgt een tijd van rust. Zet het roosje dan zo koel mogelijk (maar vorstvrij) en geef minder water. Vroeg in het voorjaar snoeien, bevordert de nieuwe bloei. Zodra de groei er weer goed in zit, graag af en toe mesten.

☼ ◑

Rosa x *hybrida*

Saintpaulia

KAAPS VIOOLTJE

Er groeien ongeveer twintig soorten wilde Kaapse viooltjes in Oost-Afrika, maar het aantal kweekvormen is niet te tellen. Ze zijn voornamelijk gekweekt uit *Saintpaulia ionantha* en *Saintpaulia confusa*.

Saintpaulia Ionantha-hybride

Kaapse viooltjes zijn dankbaar bloeiende kamerplanten, die uitstekend tegen warmte en droge lucht kunnen en maanden aan één stuk bloeien. Tegenwoordig kunt u er ook miniatuurvormen van kopen, die dezelfde verzorging vragen als de grotere.
Houd ze zomer en winter in de warme huiskamer (bij minimaal 18°C) op een lichte plek, uit de directe zon. In de donkere wintermaanden hebben ze baat bij lamplicht, dat de daglengte verlengt. Besproei ze nooit. Giet pas wanneer de aarde nagenoeg is uitgedroogd. Stagnerend water zorgt voor wortelrot, het grondmengsel moet daarom luchtig zijn. Voed de planten tijdens de bloei alleen met mest die veel kalium bevat. Stikstof leidt tot bladgroei, niet tot bloei.

☼ ◑

Scadoxus multiflorus

Zie: *Haemanthus multiflorus*

Scutellaria costaricana

GLIDKRUID

Inheems glidkruid is een dankbare tuinplant, maar de soort *Scutellaria costaricana* moet 's winters beslist binnen blijven. Ze komt uit Midden-Amerika en verdraagt geen vorst. Binnenshuis bloeit ze 's zomers overdadig op een

Scutellaria costaricana

lichte plaats, uit de felle zon, bij een temperatuur van boven 16°C. Geef gemiddeld water, liefst regenwater of gekookt leidingwater, anders wordt de grond te basisch. Ververs de grond zodra de plant er minder florissant uit gaat zien, of neem stekken, die boven 20°C snel wortelen. Pot ze in humeuze kleigrond op.

In de winter mag glidkruid naar een koele (minimaal 10°C), lichte kamer, waar u minder water hoeft te geven.

☼ ◐

Seemannia

Zie: *Gloxinia latifolia*

Senecio Cruentus-hybriden

LUIZENPLANT

Luizen hebben nauwelijks de kans om zich op de luizenplant te vestigen, want meestal wordt ze direct na de bloei weggegooid. De Cruentus-hybriden worden jaarrond bloeiend op de veiling aangevoerd, zodat ze ook kleur kunnen geven aan een vensterbank in winter en

Links: *Sinningia speciosa*
Onder: *Senecio* Cruentus-hybride

voorjaar. Houd ze zo koel mogelijk om de bloei te rekken en geef een gemiddelde hoeveelheid water.

Deze *Senecio*, die van oorsprong van Tenerife komt, kan slecht tegen uitdrogen, maar nog slechter tegen zompige grond. Wie haar met de voet in het water laat staan, ziet haar daarna vrij spoedig volledig instorten. Bij normale behandeling en veel licht zonder felle zon kunt u heel lang van deze 'bos bloemen met wortels' genieten.

☼ ◐

Sinningia speciosa

GLOXINIA

Gloxinia's, met hun grote bekervormige bloemen, komen oorspronkelijk uit Brazilië. Daar bloeit *Sinningia speciosa* van nature met witte, rode tot purperen bloemen.

Inmiddels hebben kwekers het scala aan kleuren enorm uitgebreid. U kunt alle kleuren kiezen en meerkleurige bloemen zijn er ook in overvloed.

Zet een bloeiende plant in de verwarmde huiskamer op een lichte plaats, maar beslist uit de zon. Ideaal is 18°C. Giet handwarm water op een schotel of in de ompot, zodat het van onderen kan worden opgezogen en het blad niet raakt. De plant mag niet met de voet in het water blijven staan. Houd de bladeren droog, dus besproei de planten niet.

Na de bloei geeft u geleidelijk minder water. Het blad sterft af. In de pot blijft een knol over, die op een koele plaats vrijwel droog wordt weggezet. In het voorjaar plant u de knol (of de afgesneden stukken, wanneer u de plant wilt vermeerderen) in normale potgrond, ongeveer twee centimeter met de bovenkant onder het oppervlak.

Geef tijdens de groei geleidelijk meer water en het liefst een zo hoog mogelijke temperatuur. In de zomer zal de plant naar alle waarschijnlijkheid dan al weer bloeien.

◐ ◯

Solanum pseudocapsicum

ORANJEAPPELBOOMPJE, APPELTJE DER LIEFDE

In de zomer is er weinig bijzonders aan het appeltje der liefde te zien. De donkergroen beladerde twijgen bloeien met witte bloempjes, die op tomate- of aardappelbloemen lijken; nachtschadesoorten dus. Maar wanneer de

Solanum pseudocapsicum

bloemen bestoven worden (wat u kunt bevorderen door de plant 's zomers buiten te zetten), komen er aan het einde van het seizoen groene bessen aan die via geel naar feloranje verkleuren. Ze geven in de herfst kleur aan de vensterbank. Vaak wordt *Solanum* al vroeger in het seizoen met bessen geleverd. Zet de plant op een koele plek, dan kunt u er des te langer van genieten.
Ze komt oorspronkelijk uit Madeira en mag dus gerust in de volle zon, maar laat haar daar niet helemaal uitdrogen. Giet overigens pas wanneer de grond tamelijk droog aanvoelt.

De bloemen van *Solanum pseudocapsicum*

Het besproeien van de giftige bessen verlengt hun levensduur.
Nadat de bessen afgevallen zijn, heeft *Solanum* baat bij een tamelijk droge en zo koel mogelijke (maar vorstvrije) overwintering.

Sprekelia formosissima

GOUDLELIE, JACOBSLELIE, AZTEKENLELIE

In het voorjaar groeit er een dertig centimeter lange stengel uit deze grote bol uit Mexico. Het is de bloem van de goudlelie, die zich in de voorzomer ontvouwt. Twaalf centimeter breed en lang en ongelooflijk rood bloeit ze in pot, tussen het blad, dat zich net begint te ontwikkelen.
Zet het bolgewas op een zonnige plaats en geef rijkelijk water, tot de nazomer wanneer het blad afsterft. Bewaar de bol in de winter koel (tussen 5 en 10°C) en pot hem in het vroegste voorjaar in verse grond. Vermeerdering geschiedt via klisters, kleine bolletjes, die u bij het verpotten van de grote bol kunt halen.

Stephanotis floribunda

BRUIDSBLOEM

De heerlijke geur van bruidsbloemen is niet voor iedereen weggelegd. De altijdgroene slingerplant bloeit slecht of helemaal niet wanneer u haar geen winterrust geeft. In de donkere maanden moet de plant vrijwel droog worden gehouden op een lichte plek in een koele kamer. Vroeg in het voorjaar kunt u snoeien. De bloemen zullen aan de nieuwe scheuten

Stephanotis floribunda

verschijnen. Zet deze plant uit Madagascar in het voorjaar warm en licht, maar niet in de volle zon. Geef geleidelijk meer water. Nadat de knoppen zijn verschenen, mag de plant niet meer worden gedraaid. In de zomer gemiddeld tot rijkelijk gieten, zonder dat de pot in het water blijft staan.
Fouten in de behandeling worden onherroepelijk afgestraft met bloeistaking en plagen. Vooral op een droge, zonnige plaats is de plant gevoelig voor spint en dopluis. Zet de plant in dat geval in de zomer buiten op een warme, beschutte plaats in de halfschaduw en krab de schildjes van het dikke blad. Vergeet de stengels niet.

Streptocarpus

Een van de dankbaarste bloemplanten is ongetwijfeld *Streptocarpus*. Ze bloeit vanaf het voorjaar tot in de herfst met telkens nieuwe bloemstengels, die zich uit het hart ontrollen. Er worden alleen cultivars verkocht, gekweekt uit nogal wat verschillende wilde soorten uit zuidelijk Afrika. Ze hebben een rozet van langwerpige bladeren, die meestal iets behaard en gerimpeld zijn. De planten wortelen ondiep en staan zelden stevig in de pot. Die mag dus ondiep zijn en bevat idealiter een luchtige, venige grond met scherp zand en wat klei.
Houd uw streptocarpus 's zomers in de warme huiskamer (bij minimaal 18°C) op een lichte plek, uit de directe zon. In de donkere wintermaanden verhuist ze naar een lichte plaats in een koele kamer (minimaal 10°C) en wordt daar nagenoeg droog gehouden. Wanneer er zo rond maart-april leven in de plant komt, kan ze weer naar de huiskamer.
Besproei het blad nooit. Geef van onderen water, liefst regenwater of handwarm onthard water en giet pas weer wanneer de aarde nagenoeg is uitgedroogd. Stagnerend vocht zorgt voor wortelrot. Voed alleen wanneer u mest hebt met een hoog kaliumgehalte. Stikstof doet het blad groeien ten koste van de bloemen.
Vermeerderen: snijd een blad in de lengterichting, dwars door de hoofdnerf in tweeën en zet de helften met de wond in matig vochtige, zanderige grond, op een warme plaats en afgedekt met doorschijnend plastic. Op den duur zal zich langs de nerf een rij jonge plantjes vormen.

Streptocarpus

Torenia fournieri

De bloemen van deze eenjarige Aziatische soort zijn variabel van kleur, maar hebben altijd de karakteristieke vorm en gele vlek op de lip. De bloembladen zijn verder meestal roze met violet of paars, of hebben een witte keel met daar omheen paars en worden dan 'Alba' genoemd.
Vanaf het late voorjaar kunt u de planten bloeiend kopen. Wanneer u ze voortdurend vochtig houdt en op een lichte (desnoods zonnige) plaats zet, zullen ze tot het begin van de herfst bloeien. Daarna mogen ze bij het groente- en fruitafval, want ze zijn eenjarig.

Triplochlamys multiflora

Tot voor kort was deze Braziliaanse plant alleen in tropische kassen te zien. Daar profiteert ze van de hoge luchtvochtigheid en de warmte. Tegenwoordig verleiden de typisch gedraaide bloemen van dit lid van de kaasjeskruidfamilie u in tuincentra snel tot aankoop. Thuis kan ze op een lichte tot halfbeschaduw-

de plek (met bescherming tegen de allerfelste zon) groeien. Het probleem zit hem in de luchtvochtigheid, vooral in de winter. Giet dan minder en zet de plant koel, maar nooit kouder dan 16°C, zodat het wintergroene blad zo min mogelijk van de verwarming heeft te lijden.
In het voorjaar stevig inkorten en op een warme plaats aan de praat brengen. Tijdens de bloei altijd vochtig houden en af en toe wat mesten. De bloemen verschijnen uit de jonge bladoksels.

Vinca rosea

Zie: *Catharanthus roseus*

Zantedeschia

ARONSKELK

Zantedeschia's bloeien van nature in zuidelijk Afrika. Uit de zes bekende soorten zijn veel kruisingen gewonnen, die over het algemeen naamloos worden aangeboden. Ze hebben vaak de volgende aronskelksoorten als voorouder: de witte *Zantedeschia aethiopica* (zie het hoofdstuk over kuipplanten), *Z. rehmannii* (roze) of *Z. elliotiana* (geel). De schede rond de kolf van de kweekvormen is er in alle mogelijke kleurschakeringen van wit, via citroengeel, goudgeel, oranje, perzikkleurig, roze, karmijn, tot karmozijn.
De kameraronskelken zijn gemakkelijk te kweken. Ze hebben een lichte standplaats nodig en mogen in de zon. De losse, humusrijke potgrond moet altijd licht vochtig blijven. Op een zonnige plek zal het blad het vocht snel verdampen en is geregeld gieten dus noodzakelijk om te voorkomen dat de grond uitdroogt. Stagnerend water is schadelijker: het veroorzaakt rotting van de verdikte wortelstokken. Die reageren op uitdrogen door het blad te laten verwelken. In dat geval hoeft u de plant nog niet af te schrijven, want ook in de landen van herkomst maken zantedeschia's een rustperiode door. Houd de potgrond een tijdje bijna droog en wacht tot het nieuwe blad zichtbaar wordt, waarna u geleidelijk meer water geeft. 's Winters kunt u de plant in een koele kamer zetten (minimumtemperatuur 12°C). Tijdens een rustperiode in de zomer mag de plant de tuin in.
De plant is giftig. Voorkom dat het sap op de huid of in de ogen komt en schakel een arts in wanneer iemand het binnenkrijgt. Eerste hulp: veel water laten drinken.

Links: *Triplochlamys multiflora*

Onder: *Torenia fournieri* 'Alba'

11. Bromelia's

*De leden van de ananasfamilie (*Bromeliaceae*) groeien bijna allemaal in de warme wouden van Amerika. Ze hechten zich aan de bomen, en de wortels bereiken nooit de grond. In boomholten en tussen de wortels verzamelen zich afgevallen blad en mest van vogels en apen. Regenwater wordt door de gootvormige bladeren opgevangen en naar het hart van de plant geleid, waar het in een kokertje blijft staan.*
De bromelia-achtigen groeien in zure grond. Ze mogen alleen met onthard water of met regenwater worden begoten en besproeid en houden van een hoge luchvochtigheid. Het duurt jaren voordat een jonge plant gaat bloeien. Dan pas wordt ze verkocht. De bladrozet, waaruit de bloeiwijze steekt, zal na de bloei zeker afsterven en heeft dus geen speciale verzorging nodig, vandaar dat deze veeleisende planten toch maandenlang in de huiskamer bloeien. Daarna kunnen de jonge plantjes aan de voet verder worden gekweekt, maar zelfs bij de beste verzorging duurt het jaren voordat ze bloeien en al die tijd vragen ze een zeer speciale behandeling, die niet in de huiskamer kan worden gegeven.
Dus worden de meeste leden van de ananasfamilie door de gemiddelde consument op den duur weggegooid. Voor de echte liefhebbers is het een uitdaging om een aantal van de meer dan 2000 prachtige soorten tot bloei te brengen.

Links: *Vriesea psittacina*

Aechmea fasciata

De grote, stompe bladeren van *Aechmea fasciata* zijn groen, maar zo dicht door een wit waas overtrokken, dat de hele trechter een grijze indruk maakt. Bij aanraking, sproeien of wanneer de plant te donker staat, verdwijnen de minuscule schubjes die samen het waas vormen.
De plant wordt altijd bloeiend te koop aangeboden. Uit de tot vijftig centimeter hoge trechter steekt een roze bloeiwijze, die schitterend bij de krijtachtige bladeren past. Tussen het roze ziet u af en toe de echte, violette bloemen. Van nature bloeit deze *Aechmea* in de zomer, maar kwekers zorgen voor een jaarrond aanbod van bloeiende planten.
Aechmea fasciata is een van de gemakkelijkst te houden bromelia-achtigen. Zij verdraagt de relatief droge lucht in onze huizen, mag in de zon, doet het ook in de halfschaduw en voelt zich het best bij kamertemperatuur.
Na de bloei sterft de koker af. Aan de voet ervan ontwikkelen zich meestal jonge bladkokertjes, die eerst goed moeten wortelen voordat ze apart kunnen worden opgepot. Kweek ze verder op een lichte, warme plaats (nooit koeler dan 18°C), uit de felle zon en geef gemiddeld water. U kunt het sterkste jong ook in de pot laten.

☼ – ◑ ◐

Ananas comosus

De ananasplant komt van oorsprong uit Zuid-Amerika, maar wordt tegenwoordig in alle tropische en subtropische landen verbouwd vanwege de sappige vruchten. Op de Azoren merkte men in 1890 bij toeval dat rook van een houtvuur de knopvorming bevordert. Later werd ontdekt dat de planten op acetyleengas reageren, waarmee ze tegenwoordig tot vervroegde bloei worden gebracht. Dit gas is ook werkzaam bij veel andere bromelia-achtigen.
In de huiskamer hoeft u geen rijke oogst aan ananas te verwachten, al kunnen er aan sierplanten ook kleine vruchten ontstaan. Zet de plant zonnig en warm, maar scherm tegen de heetste zomerzon. Giet in de zomer ruim, in de winter op een iets koelere plaats (minimaal 15°C) minder. De plant is vanwege de stekels aan alle bladranden erg moeilijk te hanteren. Mocht u vast komen te zitten, beweeg u dan

uit het hart van de plant, met de richting van de stekels mee.
Wilt u de plant na deze ervaring toch nog vermeerderen, gebruik dan de jonge plantjes die na de bloei aan de voet van de afstervende rozet worden gevormd of snijd de bebladerde kop van een ananas, die u bij de groenteman koopt. Laat de topschijf met blad enkele uren drogen en leg hem daarna op zanderige grond in een pot, die in plastic op een lichte plaats wordt gezet.
Twee kweekvormen van de gewone ananas worden het meest als sierplant aangeboden: *Ananas comosus* 'Porteanus' (met een gele streep in het midden van het blad) en *Ananas comosus* 'Variegatus' (met gele strepen, voornamelijk langs de bladrand, soms rozerood aangelopen).

☼ ◯

Ananas comosus

Ananas nanus

Zie: *Ananas comosus*

Ananas sativa

Zie: *Ananas comosus*

Links: *Aechmea fasciata*

Billbergia x *windii*

Deze kruising tussen *Billbergia decora* en *Billbergia nutans* is een van de gemakkelijkste kamerplanten. Ze wordt in hangmanden of tegen een stam gekweekt. De lange bladeren vormen rozetten, waaruit de bloeiwijzen omlaag hangen. Uit de rode schutbladen steken groene bloemen. Helaas blijven ze niet lang aan de plant.
Hang *Billbergia* op een lichte of halfbeschaduwde plaats, maar uit de felle zon. Geef normaal water, normale kamertemperatuur en normale luchtvochtigheid en ze zal zich rijkelijk vermeerderen door steeds meer uitlopers te vormen. Die kunnen, als ze goed geworteld zijn, van de plant worden gesneden en apart worden opgepot in een luchtig, humeus grondmengsel.

☼ – ◑ ◑

Cryptanthus

Meestal vindt u geen verdere aanduiding bij de totaal verschillende plantjes van *Cryptanthus*. Ze hebben de uiteenlopendste bladkleuren en staan desondanks door elkaar in hetzelfde tablet. Over het algemeen worden ze als jonge plant in een heel kleine pot aangeboden. Op den duur zullen ze twee tot vier keer zo groot worden.
Kies op bladkleur en bedenk dat hoe groener die is, des te minder licht de planten nodig hebben om goed te kunnen groeien. De witroze en heel donkere soorten staan graag op een zonnige plaats, waar de bladtekening beter uitkomt. Voor verdere verzorging zie *Cryptanthus zonatus*.

☼ ●

Cryptanthus zonatus

Banden vol zeer kleine schubjes sieren het ongeveer vijftien centimeter lange blad van *Cryptanthus zonatus*. De grondkleur ervan is olijfgroen tot chocoladebruin, zodat de strepen duidelijk afsteken. Bij de kweekvorm 'Zebrinus' vallen ze het meeste op, als bij een zebra.
Cryptanthus zonatus komt uit droge streken in Brazilië en kan goed tegen droge lucht, al doet een sproeibeurt af en toe veel goed. Kweek haar in luchtige aarde of in veenmos, dat tegen een stam wordt gebonden. Zorg dat het gietwater altijd goed weg kan, want te veel water is zo ongeveer de enige doodsoorzaak

van deze ijzersterke plant. Ze kan lang zonder water en verdraagt desnoods de volle zon. Enige beschermig is beter en zelfs in de schaduw houdt ze het uit, al kleurt het blad dan minder mooi.
De witte bloemen in het hart van de plant zijn zo klein, dat ze nauwelijks sierwaarde hebben. Vermeerderen gaat gemakkelijk met de talrijke zijscheuten.

☼ ●

Guzmania

Wanneer u een bloeiende *Guzmania* koopt, kunt u lang van de bloeiwijze genieten. De bloemen zelf vallen niet zo op, maar de schutbladen zijn meestal levendig rood. De plant stelt in deze periode nauwelijks eisen, omdat de bladtrechter waaruit de bloeistengel komt, toch op den duur af zal sterven. Geef gemiddeld water en licht en houd *Guzmania* uit de zon.
Wie na het sterven van de hoofdplant de jonge rozetten aan de voet verder wil kweken, krijgt met het klimaat in de landen van herkomst te maken. In Midden- en Zuid-Amerika groeien guzmania's op de bosbodem en nog vaker tegen bomen. Het is er warm en vochtig en die omstandigheden zult u thuis moeten imiteren. De planten kunnen slecht tegen temperaturen beneden 18°C en verlangen bovendien een hoge luchtvochtigheid van ongeveer 80%. Dit is in de huiskamer alleen te bereiken wanneer u de planten in een vitrine of paludarium kweekt. De potgrond moet bijzonder luchtig zijn, zodat het aangezuurde gietwater (of regenwater) vlot weg kan, anders rotten de wortels. Bovendien zult u in de winter flink bij moeten lichten om uiteindelijk weer bloemen te krijgen. Kortom: de gemiddelde plantenliefhebber kan *Guzmania* na de bloei het beste wegdoen.

Cryptanthus zonatus 'Zebrinus'

Links: *Billbergia* x *windii*

Onder: *Cryptanthus*

Er zijn tientallen soorten en vooral kweekvormen van *Guzmania* in de handel, die u goed kunt beoordelen, omdat ze altijd in bloei worden aangeboden. De kweekvormen uit *Guzmania minor* zijn met hun helderrode bloeiwijze bijzonder populair.

◑ ◐

Guzmania lingulata var. *minor*

Zie: *Guzmania minor*

Neoregelia

De paarsblauwe bloemen van *Neoregelia* zelf vallen niet genoeg op om dieren voor de bestuiving te lokken. Die taak wordt overgenomen door de bladeren in het hart van de plant. Ze zijn rood en die kleur doet vermoeden dat de bloemen door vlinders en vermoedelijk ook door kolibries worden bestoven, want deze miniatuurvogeltjes zijn gek op rood.
Neoregelia's hangen in Zuid-Amerika in de bomen. Het is er warm en vochtig. Toch bloeien de planten ongeveer 4 tot 6 maanden lang in de droge huiskamer. Daarna sterft de hoofdrozet af. Wilt u de jonge scheuten voortkweken, zie dan bij *Guzmania*.

Neoregelia 'Flandria'

Tijdens de bloei is normale kamertemperatuur ideaal. Giet gemiddeld, liefst met regenwater dat nooit in de pot mag blijven staan. Zorg wel dat er altijd wat regenwater in het hart van de plant staat.

Links: *Guzmania* Minor-hybride

Onder: *Guzmania zahnii*

Tillandsia usneoides

De bladkleuren blijven alleen intens wanneer de plant op een zeer lichte, liefst zonnige plaats staat. Alleen tegen felle zomerzon schermen.
Er worden verscheidene kweekvormen aangeboden, meestal met *Neoregelia carolinae* als belangrijke ouderplant: 'Meyendorfii' (groenbladige rozet met karmijnrood hart), 'Flandria' (roomwitte tot bleekgele strepen langs de bladranden), 'Tricolor' (lijkt sprekend op 'Flandria') en 'Tricolor Perfecta' (bladeren rijk geel gestreept, speciaal langs de hoofdnerf).

○ ◑

Tillandsia

In (sub)tropisch Amerika groeien de tillandsia's tegen rotsen, boomstronken, zelfs aan de draden van elektriciteitsleidingen. Daar is uiteraard geen spoortje aarde te vinden. Ze groeien zonder grond. Er komen ongeveer 400 soorten tillandsia's voor, met zulke uiteenlopende vormen en bloemen dat sommige liefhebbers zich helemaal in deze plantengroep specialiseren. De verzorging is zeer afhankelijk van het uiterlijk. Is dat groen en rozetvormig en staat de plant in pot, zoals *Tillandsia cyanea* en de verwante *Tillandsia lindenii*, houd haar dan uit de felle zon en behandel haar als een bloeiende *Guzmania*. Zijn de bladeren kalkachtig van de microscopisch kleine schubben, zoals bij het zogenaamde 'Spaanse mos' (*Tillandsia usneoides*), zorg dan voor een zonnige, in ieder geval zeer lichte standplaats. Deze soorten nemen water en voeding rechtstreeks door het blad op. Besproei ze daarom dagelijks met regenwater, waaraan speciale 'bladmest' of sterk verdunde, stikstofarme andere mest wordt toegevoegd.

○–◑ ◑

Vriesea

De bloeiwijzen van de meest geteelde soorten steken tientallen centimeters boven de bladro-

Vriesea x *poelmannii* 'White Line'

Tillandsia xerographica

zet uit. De eigenlijke bloemen zijn vaak geel en groen en steken uit de elkaar overlappende schutbladen, die zelf levendig rood of geel van kleur zijn.

Zodra de plant bloeit, is de verzorging eenvoudig: zorg voor een warme (minimaal 17°C) plaats, veel licht en 's zomers bescherming tegen de zon op het heetst van de dag. Giet de bladtrechters geregeld vol regenwater en houd de plant verder matig vochtig, ook met regenwater of onthard water. Er mag beslist nooit water bij de wortels blijven staan. Besproeien doet goed. Na enkele maanden sterft de bloeiende bladrozet af. Wilt u de jonge planten aan de voet ervan voortkweken, lees dan bij *Guzmania* aan welke eisen u moet voldoen. Op de veilingen worden enkele soorten en talrijke cultuurhybriden aangeboden: *Vriesea splendens*, die 'vlammend zwaard' wordt genoemd, is het bekendst met de lancetvormige, rode bloeiwijze van ongeveer veertig centimeter lang. Kweekvormen van *Vriesea psittacina* hebben een meerkleurige bloeiwijze. De onderste schutbladen zijn rood, naar boven toe worden ze geel en uiteindelijk groengeel.
Vriesea x *poelmannii* is een schitterende multihybride, gewonnen uit andere kruisingen: *Vriesea* x *gloriosa* en *Vriesea* x *vangeertii*. De schubben op de meervoudige bloeiwijze zijn rood. De kweekvorm 'White Line' heeft bovendien brede, roomwitte banden langs de hoofdnerf.

☼ ◐

Detail van de bloeiwijze van *Vriesea*

12. Orchideeën

Met ruim 25.000 soorten vormen de orchideeën de grootste plantenfamilie op aarde. Iedere maand worden er nog nieuwe ontdekt. Ze groeien in de uiteenlopendste klimaten, van toendra tot tropisch bos. Alleen in de droogste woestijnen en op het poolijs ontbreken ze.

Je zou verwachten dat de keuze aan kamerorchideeën dus enorm moet zijn, maar dat valt tegen. Tot voor kort was het heel moeilijk om ze in de vensterbank te kweken. De meeste soorten van gematigde streken zijn aardorchideeën, waarvan de wortels alleen optimaal voedsel opnemen wanneer er bepaalde schimmels in de grond leven. Tropische orchideeën hangen veelal in de bomen. Ze profiteren van de hoge luchtvochtigheid en voeden zich met humus die in boomholten of tussen hun wortels blijft hangen.

Juist de tropische orchideeën zijn in de huiskamer tot bloei te brengen, wanneer we ervoor zorgen dat de luchtvochtigheid niet te sterk daalt. Gelukkig worden er tegenwoordig steeds meer kruisingen aangeboden die beter bestand zijn tegen ons droge huiskamerklimaat.

Cattleya

Cattleya heeft verzamelaars tot waanzin gebracht. Sinds de eerste soort in 1824 in Europa bloeide, brachten de wonderlijk gevormde bloemen plantenliefhebbers het hoofd op hol. Tegenwoordig worden mondjesmaat prachtige kruisingen aangeboden en kunt u ze in de huiskamer kweken.

Links: een kleurrijke orchideeëntentoonstelling

Onder: *Cattleya* 'Cinnabar'

De cultuurvormen lijken vaak sterk op *Cattleya intermedia*, een soort uit zuidelijk Brazilië en het aangrenzende Uruguay en Paraguay. Na de bloei hebben ze een rustperiode nodig, waarbij ze net voldoende water krijgen om niet uit te drogen. Dat is gemakkelijk te zien aan de schijnbulben die onder de bladparen zitten. Wanneer die beginnen te rimpelen, moet meer gegoten worden, zodat ze weer strak komen te staan. Valt de rustperiode in de winter, zet *Cattleya*-hybriden dan in een koele kamer, maar wel op een heel lichte plek.
Ook tijdens de groeiperiode willen ze de lichtst mogelijke, liefst zonnige plek in huis. Bescherm ze wel tegen de felle middagzon. Dompel de potten tijdens de groei gerust onder in lauw water, maar laat ze daarna goed uitlekken en geef pas weer water wanneer ze helemaal zijn uitgedroogd.
Gebruik bij het uitzoeken van *Cattleya*'s ook uw neus. Sommige soorten geuren heerlijk.

☼ ◑

Coelogyne lawrenceana

Het overgrote deel van de orchideeësoorten is niet in de detailhandel te koop. Wilt u er toch thuis van genieten, dan zult u contact moeten zoeken met een orchideeënvereniging. Toch worden steeds meer soorten commercieel gekweekt en via de veilingen aangeboden.
Coelogyne is wat dit betreft een goede kandidaat. Heel wat van de ongeveer 200 soorten kunnen in de huiskamer bloeien èn groeien. Oorspronkelijk dacht men dat de planten uit de Himalaya, zoals *Coelogyne cristata*, het geschiktst zouden zijn. Maar juist de soorten uit warmere gebieden van Zuidoost-Azië blijken het in de huiskamer beter te doen, zoals *Coelogyne massangeana* uit het Indo-Maleisisch gebied en *Coelogyne lawrenceana* die op veel plaatsen tussen Maleisië en Vietnam groeit.
U kunt deze soorten het hele jaar op een lichte (maar niet zonnige) plaats in de huiskamer kweken. Ze houden van verse lucht en zijn bijzonder gebaat bij geregeld sproeien met regenwater of onthard water.

☼ ◑

Cymbidium-hybriden

De eerste orchideeën die als kamerplant werden verkocht, waren *Cymbidiums*. De handel was een bijprodukt van de snijbloementeelt, waarvoor ze al langer werden gebruikt. Vroeger waren de aangeboden planten heel groot.

Onder: *Cattleya*-hybride

Rechts: *Coelogyne lawrenceana*

Tegenwoordig zijn er steeds meer kleinere kweekvormen (de zogenaamde 'mini-' en 'midi-*Cymbidiums*') die zich uitstekend in de huiskamer thuisvoelen. Ze bloeien ongeveer twee tot drie maanden aan één stuk.
Cymbidiums zijn gemakkelijke kamerplanten, vrij ongevoelig voor een verkeerde behandeling. Wilt u lang van de bloemen genieten, zet de plant dan op een lichte, zonnige plaats (maar niet in de allerheetste zomerzon). Zorg voor frisse lucht, maar vermijd tocht en kou. Geef ruim water –liefst regenwater of onthard kraanwater op kamertemperatuur– maar laat de pot er nooit in staan. Besproei het blad geregeld zonder de bloemen te raken.
Na de bloei, die meestal in herfst en winter valt, heeft de plant een rustperiode nodig. Zet haar koel en droger. Dit is het moment om de plant te scheuren, maar doe dit alleen wanneer de pot overvol raakt. In de zomer kunt u de plant het beste op een beschutte plek buiten zetten. Houd de plant nu voortdurend vochtig en geef speciale orchideeënmest of een sterk versneden oplossing van kamerplantenmest. Het verschil in dag- en nachttemperatuur is gunstig voor de knopontwikkeling. Haal de plant binnen zodra het 's nachts koeler wordt dan ongeveer 8°C. Zet haar warmer nadat u de knoppen hebt zien verschijnen.

☼ ◑

Links: *Cymbidium*
Onder: *Cymbidium*-hybride

Cymbidium eburneum

In 1889 bloeide de eerste *Cymbidium*-hybride bij de Engelse kwekerij Veitch. Het ging om een kruising tussen *Cymbidium eburneum* en *Cymbidium lowianum*, beide uit oostelijk Azië. De bloemen van de eerste soort zijn roomwit met een gele lip. Ze zijn zo gaaf vergeleken bij de marsepeinen kweekvormen van tegenwoordig, dat het huis van Veitch wat mij betreft het 'veredelingswerk' achterwege had kunnen laten.
Voor verzorging zie *Cymbidium*-hybriden.

☼ ◑

Cymbidium eburneum

Dendrobium

De ongeveer 200 *Dendrobium*-soorten groeien van nature in een enorme driehoek, tussen de Himalaya, zuidelijk Japan en Nieuw-Zeeland. De soorten uit koelere streken kunnen gemakkelijk in de huiskamer bloeien. Meestal worden kweekvormen van *Dendrobium nobile* aangeboden, uit de berggebieden van Zuidoost-Azië. De cultivars hebben witte of roze bloemen, met op de brede lip bijna altijd een grote, donkere vlek. De bloemen ontspringen uit een gelede pseudobulbe, die een soort stammetje vormt, maar zo buigzaam is dat hij vaak met een stokje moet worden gesteund.

Houd de bloeiende plant op een lichte, luchtige plek, uit de felle zon en liefst bij milde temperaturen van rond de 18°C of iets lager. De wortels zijn zeer gevoelig voor stagnerend vocht. Sommigen gieten de plant nooit, maar besproeien haar dagelijks, waarbij wat vocht tot de wortels doordringt.
Na de bloei kan de plant in de zomer naar buiten, op een plaats waar ze niet kletsnat kan regenen. Dien geregeld orchideeënmest toe in deze groeiperiode. Laat de plant aan het einde van de zomer buiten op een droge plaats. Gun de plant een rustperiode van ongeveer zes tot acht weken, waarin ze geen voeding en nauwelijks water krijgt. De temperatuur mag desnoods tot het vriespunt dalen. Pas wanneer de knoppen doorzetten, kunt u de plant warmer zetten en meer water geven, tot ze echt naar binnen kan voor hernieuwde bloei.

Miltonia

Deze Zuidamerikaanse orchideeën zijn pas sinds kort in plantenwinkels te koop. Het gaat om moderne kruisingen, die beter bestand blijken tegen het klimaat op de vensterbank dan de oorspronkelijke soorten. Die groeien vooral in hogere streken van Paraguay, Brazilië en Midden-Amerika. Het is er relatief licht en de koele lucht is fris.

Miltonia

De gekweekte miltonia's zijn vooral van Braziliaanse oorsprong, waarbij onder andere *Oncidium* en *Odontoglossum* zijn ingekruist. De commerciële kwekers houden de kastemperatuur overdag tussen de 18 en 24°C en 's nachts op 12 tot 15°C. Dat komt aardig overeen met het klimaat in de huiskamer.
Zet *Miltonia* op een zo licht mogelijke plek, liefst in de zon, behalve in de lente en zomer

Onder: *Dendrobium* 'Seigyoku Queen'

Rechts: *Oncidium*

tussen 12 en 3 uur in de middag. Lichte schaduw is dan beter. Dompel de pot wekelijks en zorg maandelijks voor speciale orchideeënmest (of geef kamerplantenmest in eentiende van de normale dosering). In een centraal verwarmde kamer is het eigenlijk te droog voor *Miltonia*. Nevel vaak, maar niet op de bloemen of zet de pot op nat grind, maar voorkom dat de wortels in water staan. En vooral: zorg voor zo veel mogelijk frisse lucht. Eigenlijk vraagt *Miltonia* de omstandigheden waaronder ook wij ons het prettigst voelen.

Neem gerust de tijd om de mooiste kruisingen uit te zoeken. De variatie is enorm, al zie je meestal cultivars met witte bloemen en geel en karmijn in het hart. Ze zijn er ook in fluweelrood en dieproze, allemaal getekend met stralende vlekkenpatronen in contrasterende kleuren.

○ – ◑ ◑

Oncidium

In de wouden van Zuid-Amerika lijken de bloemen van *Oncidium* te zweven. Bij het minste zuchtje wind wiegen ze aan de lange bloeistengel heen en weer. Onderzoekers zagen tot hun verbazing dat wolbijen opzettelijk, en met kracht, tegen de bloemen aanvlogen. Deze *Centris*-bijen verdedigen een eigen leefgebied in het woud tegen soortgenoten en in de *Oncidium*-bloemen zien ze kennelijk een soortgenoot. Bij de botsing van de bij tegen de bloem raakt deze bestoven en dat is vermoedelijk precies waarom de bloem zo veel op de wolbij lijkt. Dit is nog maar een van de vele verbluffende manieren waarop orchideeën voor hun bestuiving zorgen.

Oncidium is daarin zeer succesvol gebleken. De ongeveer achthonderd soorten groeien verspreid over een uitgestrekt gebied: van Florida door Midden-Amerika, het Amazônegebied, tot in Argentinië toe. Ze groeien zowel in tropische laaglandbossen als in gebergten tot duizenden meters hoog. De echte gebergteplanten en die uit de hete wouden zijn in de huiskamer niet te houden. Gelukkig zijn er ook soorten en kweekvormen die wel in ons gematigde huiskamerklimaat kunnen groeien. De populaire *Oncidium* 'Susie Kaufman' (geel met fluweelrode vlekken) is er een, net zoals de fors uitgroeiende 'Cherry Baby' (rood-wit).

De kwekers leveren meestal multi-hybriden (kruisingen tussen kruisingen) met zeer uiteenlopende kleuren, die van plant tot plant verschillen. *Oncidium* vraagt wat meer zorg dan andere vensterbank-orchideeën. Zo mag ze beslist niet in de felle zon. Zet haar liever

Miltonia

op het oosten of noordwesten, of scherm bij zonnig weer.
Het substraat in de pot mag net niet helemaal uitdrogen, maar evenmin nat blijven. Dompel de plant daarom met pot onder in onthard, lauw water, voordat de potinhoud gortdroog is geworden. Doe dit liefst in de ochtend, zodat de bladeren voor de avond droog zijn. Eens in de maand wordt aan het dompelbad een voedingsoplossing toegevoegd (orchideeënmest of tienmaal verdunde kamerplantenmest). Mest alleen tijdens de bloei en wanneer de plant aan de groei is. Na de bloei volgt een rustperiode. Zet *Oncidium* dan in een koele kamer (ongeveer 15°C) en geef net genoeg water om de pseudobulben (de schijnknollen onder het blad) vrij van rimpels te houden.
Probeer deze orchidee in alle jaargetijden zo veel mogelijk frisse lucht te geven bij een zo hoog mogelijke luchtvochtigheid.

◐ ◑

Oncidium

Paphiopedilum

VENUSSCHOENTJE, VROUWENSCHOENTJE

De ongeveer 60 soorten venusschoentjes groeien van nature in Zuidoost-Azië. De bloemen spreken zeer tot de verbeelding, zodat er veel kweekvormen zijn ontwikkeld. Een van de uitgangssoorten *Paphiopedilum callosum* is geregeld onversneden te koop.
De warmtebehoefte van de planten is af te lezen aan de bladeren en bloemen. Zijn de bladeren gevlekt, dan kan de plant bijna altijd slecht tegen kou. Ook soorten met meer dan één bloem per stengel zijn warmteminnend.
Venusschoentjes mogen alleen in de winter in de zon. 's Zomers voelen ze zich het beste voor een raam op het noorden. De warmteminnende soorten groeien goed bij kamertemperatuur bij een hogere luchtvochtigheid dan gemiddeld. Zet venusschoentjes daarom liefst dicht bij elkaar, op een bed van nat grind of op een omgekeerd schoteltje in een ondiepe schaal met water. Sproeien mag wanneer u ervoor zorgt dat de planten 's avonds weer helemaal droog zijn, speciaal in het hart. Houd de grond altijd matig vochtig.
Verpot jaarlijks in verse, zure, zeer losse grond, zoals osmunda (varenwortel) met veenmos en grove turf. Opvallend is dat de planten ook een kalkbehoefte hebben. Dompel de plant daarom enkele keren per jaar in water met daarin wat 'maerl' of andere kalkmeststof.

◐ ◑

Phalaenopsis

De ongeveer veertig soorten *Phalaenopsis* groeien tegen bomen in Zuidoost-Azië. Het is er warm en vochtig. Desondanks behoren de *Phalaenopsis*-soorten tot de taaiste soorten voor in de huiskamer, waar ze rijk en lang kunnen bloeien. Vooral de *Phalaenopsis*-hybriden, kruisingen tussen wilde soorten, zijn ijzersterk en bloeien soms negen maanden aan één stuk door.
Wanneer u de plant koopt, steekt er een bloemstengel uit met enkele bloemen. Bij goede verzorging zal die stengel steeds langer worden en telkens nieuwe bloemen produceren, terwijl de oude lang goed blijven. Pas na ongeveer een maand verschrompelen ze en vallen af.
Voor *Phalaenopsis* is de eerste periode na aankoop kritiek. Soms vallen na enkele dagen de grootste knoppen af. Dit kan twee oorzaken hebben: de plant heeft het te koud gehad. Koop geen orchideeën bij handelaren op straat wanneer de temperatuur lager is dan 15°C en bescherm de planten in het koude seizoen op weg naar huis tegen kou (laat ze in het cellofaan). De tweede reden kan zijn dat de plant in de buurt van rijp fruit of groente staat. Daaruit komt ethyleengas vrij, dat tot knopval leidt.

Phalaenopsis 'Christmas Tree'

Phalaenopsis 'Temple Cloud'

Phalaenopsis is gemakkelijk te verzorgen. Zet de plant op een lichte plaats, maar niet in de volle zon. Dompel pot en plant onder in lauw (liefst gekookt) water. De plant krijgt pas een volgende dompelbeurt wanneer de schors, die meestal als vulling voor de pot wordt gebruikt, helemaal is uitgedroogd. Laat de pot na het dompelen goed uitlekken voordat u hem terug in de ompot zet, want de wortels mogen nooit in het water blijven staan. Een hoge luchtvochtigheid is prettig, maar niet absoluut noodzakelijk. U hoeft het eerste seizoen niet te mesten.

Links: *Paphiopedilum*

Onder: *Pleione tolima*

Na de bloei wordt de bloemstengel geel (of begint ergens halverwege opnieuw uit te lopen). De gele stengel kunt u afknippen. Ziet u een nieuwe bloemstengel verschijnen, dompel de plant dan een keer in een bad met kamerplantenvoeding, maar gebruik nooit meer dan eentiende van de dosering die voor normale kamerplanten wordt aanbevolen.

Pleione

TIBET-ORCHIDEE

Enkele *Pleione*-soorten, zoals *Pleione formosana* en *Pleione limprichtii*, worden met succes zomer en winter in tuinen gekweekt. De meeste andere hebben meer warmte nodig, maar houden beslist niet het hele seizoen van warmgestookte huiskamers. Tijdens de bloei, meestal in het voorjaar, staan ze het liefst op een koele vensterbank voor het oost- of noordraam in de kamer. De plant mag nooit uitdrogen en evenmin met de voet in het water staan.
's Zomers kunt u *Pleione* het beste met pot en al buiten zetten op een (half)beschaduwde plaats. Houd de aarde altijd gelijkmatig vochtig (met regenwater), totdat het blad begint af te sterven. Minder het gieten geleidelijk en haal de plant in de herfst binnen. Overwinter de pseudobulben in pot op een koele (minimaal 5°C) plaats en geef net genoeg water om de 'knollen' niet in te laten drogen.

Vanda x *rothschildiana*

In het voorjaar verpotten in een licht, humeus grondmengsel met bijvoorbeeld schors, varenblad en grove turf en wat oude koemest. Breng de planten daarna geleidelijk in bloei door ze op kamertemperatuur steeds meer water te geven.

Vanda x *rothschildiana*

Vanda's spreken bijzonder tot de verbeelding, met hun lange stengels met bladeren, bossen luchtwortels en schitterende bloemen. *Vanda coerulea* is bijzonder populair vanwege de blauwe kleur en werd gebruikt om mee te kruisen: *Vanda* x *rothschildiana* is een kruising tussen *coerulea* en *Vanda sanderiana*.
Helaas zijn deze planten niet geschikt voor de gewone huiskamer. Ze hebben veel warmte en een hoge luchtvochtigheid nodig om tot bloei te komen. Ligt de temperatuur niet ruim boven 20°C, dan vallen bij veel soorten de knoppen af. Kweek vanda's dus in een kamerkasje, liefst voor het oost- of westraam, waar de planten voldoende zon krijgen, maar net niet de allerheetste zomerzon. De wortels moeten in zeer luchtige grond staan, liefst grove schors en varenwortel. De luchtwortels zijn voor goede groei van groot belang en moeten geregeld worden geneveld met onthard water of, beter nog, regenwater.

x *Vuylstekeara*

Achter deze onmogelijke naam schuilt een kruising tussen drie verschillende orchideeëgeslachten: *Cochloidea*, *Miltonia* en *Odontoglossum*. x *Vuylstekeara* wordt ook wel aangeduid met de naam *Cambria*-hybride. De bekendste kweekvorm heet in de handel x *Vuylstekeara* Cambria 'Plush'. De plant heeft vlinderachtige bloemen aan een lange stengel. De bloembladen zijn fluweelrood met schitterende witte patronen op de lip en een gele vlek in het hart.
De bloemen verschijnen meestal in de winter en het voorjaar en blijven op een lichte plaats uit de zon lang goed. Gun de plant een luchtige standplaats bij normale kamertemperatuur, en geef altijd genoeg water, zodat de grond nooit uit kan drogen.

Rechts: x *Vuylstekeara Cambria* 'Plush'

13. Cactussen

De vele honderden soorten cactussen groeien in Midden- en Zuid-Amerika, vanaf de zuidelijke Verenigde Staten tot in het kille Vuurland, vanaf de hete Caribische eilanden tot hoog in het Andesgebergte. Bijna alle soorten hebben doorns. Ze wapenen de planten tegen diervraat, beschermen tegen felle ultraviolette straling en temperen de drogende wind. Bovendien zuigen de doorns van enkele soorten water op. Dauw die tegen de plant condenseert, wordt rechtstreeks in het plantelichaam opgenomen.
Vanwege de bizarre vormen, decoratieve doorns en bloemen zijn cactussen populaire kamerplanten. Ze bloeien overigens alleen wanneer ze in de winter een strikte rustperiode doormaken, waarbij de groei volkomen stil moet staan. U kunt daarvoor zorgen door ze zeer koel te zetten en volledig droog te houden.
Het spreekt vanzelf dat deze woestijnplanten graag in de volle zon staan. Tijdens de groeiperiode kunnen de meeste soorten meer water hebben dan vaak wordt gedacht. Ze zullen in mildvochtige aarde sneller groeien en rijker bloeien.
In dit hoofdstuk worden de nieuwste namen voor de cactussen gebruikt, omdat deze geleidelijk bij de liefhebbers in zwang zijn geraakt, terwijl de planten in de winkel meestal naamloos worden aangeboden. Het register verwijst u ook bij gebruik van de oude namen naar de juiste bladzijde.

Links: *Parodia rutilans*

Onder: Zaailingen van cactussen

Astrophytum myriostigma

BISSCHOPSMUTS

Deze onbedoornde cactus heeft de vorm van een bisschopsmuts. Het hele lichaam is overdekt met vlekjes van minuscule haartjes, die de plant tegen de felle zon van Mexico beschermen. Bij goede verzorging komen er in de zomer geregeld gele bloemen uit de schedel.
De wortels van alle *Astrophytum*-soorten zijn zeer gevoelig voor vocht. Giet dus terughoudend. De poreuze grond mag nauwelijks organisch materiaal bevatten, maar liefst wel wat kalkrijke klei. Alleen wanneer de planten 's zomers goed groeien, zullen ze bloeien. Houd *Astrophytums* in de winter volledig droog, koel (maar vorstvrij) en licht.
Behalve de hier behandelde soort wordt ook *Astrophytum ornatum* geregeld aangeboden. Hij heeft minder, maar grotere wolvlekjes en lange, stekende (meestal goudgele) doorns. De soorten kruisen gemakkelijk, zodat hybriden ontstaan, die met de beginletters van de soorten worden aangeduid. *Astrophytum* ORMY staat voor een kruising van *ornatum* met *myriostigma*.

☼ ●

Astrophytum-hybride ORMY

Aylostera

Zie: *Rebutia*

Astrophytum myriostigma

Bartschella

Zie: *Mammillaria*

Brasilicactus

Zie: *Parodia*

Brasilparodia

Zie: *Parodia*

Cereus uruguayanus 'Monstruosus'

ROTSCACTUS

Cereus uruguayanus groeit in Zuid-Amerika uit tot een zuil van ruim vijf meter hoog. Net zoals bij andere zuilcactussen (waaronder *Cereus jamacura* en *Cereus peruvianus*) raken de toppen ervan in de natuur soms misvormd. Normaal heeft de zuil één groeipunt. Bij sommige planten treedt er een woekering op, waarbij er voortdurend nieuwe groeipunten ontstaan. Men noemt dit een 'monstruositeit'. Stekken van dergelijke vergroeiingen worden als rotscactus verkocht.

Cereus-soorten behoren tot de gemakkelijkst te houden cactussen. Ze staan graag zonnig en warm, maar hebben een tamelijk ongevoelig wortelgestel, dat niet gemakkelijk wegrot. U kunt de plant daarom 's zomers wat meer water geven dan de gemiddelde cactus. Houd de plant in de winter helemaal droog (tussen 10 en 15°C) of op kamertemperatuur. In het laatste geval heeft de rotscactus af en toe wat water nodig om verschrompelen te voorkomen.

☼ ◐

Cereus uruguayanus 'Monstruosus'

Chamaecereus

Zie: *Echinopsis chamaecereus*

Digitorebutia

Zie: *Rebutia*

Dolichothele

Zie: *Mammillaria*

Echinocactus grusonii

SCHOONMOEDERSSTOEL

Van oorsprong komt *Echinocactus grusonii* uit Mexico, waar hij inmiddels, onder andere door het verzamelen ervan, is uitgestorven. In cultuur is het een van de algemeenste cactussen, die op grote schaal in Amerika, Noord-

Echinocactus grusonii

Afrika en de Canarische eilanden wordt gekweekt. Soms worden ze als kleine plant verkocht. Dan zitten de doorns aan bobbels op de kogelvormige plant. Op latere leeftijd groeien de bobbels aaneen tot ribben met goudgele doorns, die sterk steken.
Zet de plant bij een zonnig raam en geef in de zomer gemiddeld water. De plant kan dan ook buiten op een beschutte, zonnige plaats worden gezet. In de winter zo licht mogelijk en liefst koel (minimaal 5°C) en dan helemaal droog houden, in de huiskamer iets water blijven geven. Probeer groei te voorkomen, want die zal de plant blijvend misvormen omdat er 's zomers te weinig licht is.

☼ ◑

Echinocereus

De meeste echinocereussen groeien als korte zuiltjes in droge streken van de zuidelijke Verenigde Staten en noordelijk Mexico. Om tot bloei te komen hebben ze veel zon nodig en een koele, volstrekt droge overwintering. Bovendien hebben ze een grote voorkeur voor frisse lucht, zodat u ze het beste in een kas of serre kunt kweken.
Houd ze langer droog dan andere cactussen.

Echinocereus

Schrompelen in de rustperiode kan geen kwaad. Bij mooi weer kunt u vanaf halverwege april water geven. Gebruik een zeer poreuze potgrond met veel grind, zand of ander drainerend materiaal, zodat de aarde na iedere gietbeurt weer snel kan drogen. De zwaar beste-

Echinocereus reichenbachii var. *baileyi*

Echinocereus rigidissimus

kelde soorten hebben het meeste licht nodig.
Soorten:
Echinocereus adustus ontwikkelt in de zomer vijf centimeter brede, lichtroze bloemen boven de korte, zuilvormige plant met aanliggende doorns.
Echinocereus poselgeri heette tot voor kort *Wilcoxia poselgeri* vanwege de afwijkende plantvorm. De tot acht centimeter brede bloemen ontvouwen zich aan zeer dunne stengels. Deze echte liefhebbersplant is alleen geschikt voor kascultuur.

Echinocereus subinermis

Echinocereus reichenbachii kan op een droge plaats goed tegen vorst. De korte zuilvorm wordt verhuld achter spreidende doorns. De ondersoort *baileyi* is minder dicht bedoornd, maar krijgt ook ongeveer negen centimeter brede, glanzendroze bloemen.
Echinocereus rigidissimus is nauw verwant aan *Echinocereus pectinatus*. Beide soorten hebben spreidende doorns die de zuiltjes tegen sterke zonnestraling beschermen. De bloemen zijn roze, met lichter hart en groot, tot tien centimeter in doorsnee. De doorns van *rigidissimus* zijn wisselend gekleurd, zodat er kleurrijke banden ontstaan, die deze cactus de naam 'regenboogcactus' bezorgden. Hij vraagt overigens zeer veel zon en voorzichtig gietwerk, zodat hij alleen geschikt is voor de echte liefhebber.
Echinocereus subinermis is kogelvormig en draagt weinig doorns, zodat het bolle, groene lijf goed is te zien. In het vroege voorjaar tegen felle zon beschermen. Deze soort, met soms meer dan tien centimeter brede bloemen, wordt geregeld als kamerplant aangeboden. Hij heeft minder zon nodig, maar op de vensterbank betekent dit nog steeds: geef de lichtste plek en laat de poreuze aarde na iedere gietbeurt helemaal uitdrogen.

☼ ●

Echinocereus poselgeri

Echinofossulocactus

Zie: *Stenocactus*

Echinopsis

ZEEEGELCACTUS

Tot voor kort werden alleen de kogelcactussen met lange, witte bloemen tot *Echinopsis* gerekend. Tegenwoordig worden ook de meeste soorten van *Trichocereus*, *Lobivia* en *Pseudolobivia* hier ingedeeld. De oorspronkelijke *Echinopsis* is een van de meest voorkomende huiskamercactussen. Het donkergroene lichaam is ongeveer zo groot als een sinaasappel (op den duur wordt het zuilvormig) en heeft spits toelopende ribben met scherpe doorns. Sommige planten raken overdekt door spruiten. Die kunnen worden afgedraaid en apart opgepot. Ook de jonge planten zullen

Echinopsis backebergii

Echinopsis

weer hevig spruiten en nauwelijks bloeien. Wanneer het u om de bloemen gaat, koop of zaai dan nieuwe planten. Zet *Echinopsis* in de winter op een lichte en zo koel mogelijke, maar vorstvrije plaats en houd hem volledig droog. Dan zal hij in de voorzomer het wonder van de bijna twintig centimeter lange bloemen tonen. Ze zijn meestal wit en geuren heerlijk, waarmee ze in Zuid-Amerika nachtelijke insekten lokken.
De bloemen van de *Echinopsis*-soorten die vroeger *Lobivia* werden genoemd, zijn korter, maar minstens zo breed en vaak felgeel, oranje, rood of karmijn gekleurd. De planten hebben veel zon, frisse lucht en winterkou nodig om tot bloei te komen en zijn daarom geschikter voor de kas. Enige graden vorst deert de planten niet (wanneer ze 's winters tenminste volledig droog staan).
Enkele soorten:
Echinopsis backebergii (voorheen *Lobivia winteriana*) met klein kogelvormig lijf en tot negen centimeter brede karmijnrode tot violette bloemen met lichter hart.

Echinopsis chamaecereus-hybride

Echinopsis pentlandii

Echinopsis chamaecereus (voorheen *Chamaecereus silvestrii*) wordt de rupscactus genoemd. De leden lijken als rupsen over de potrand te hangen. Alleen na een droge en zeer koude overwintering (waarbij de temperatuur tot -10°C mag dalen), komen er in de voorzomer oranjerode bloemen aan. De soort kruist gemakkelijk met andere *Echinopsis*-soorten, zodat talloze hybriden zijn ontstaan met dikkere 'rupsen' en grotere bloemen in verschillende kleuren.
Echinopsis haematantha (*Lobivia rebutioides*) is klein, bol- tot tonvormig. Het lichaam is bedekt met aanliggende doorns. Er komen

Echinopsis haematantha

vier centimeter brede bloemen aan, rood tot oranje met witte of groenige keel.
Echinopsis pentlandii (voorheen *Lobivia boliviensis*) maakt veel zijspruiten, groenglimmende, tonvormige lichamen met sterk stekende doorns. De bloemen worden ongeveer drie centimeter breed en zijn roze tot rood.
Echinopsis tiegeliana (voorheen *Lobivia tiegeliana*) heeft karmijnrode bloemen aan het glanzende, onregelmatig geribde plantelijf.
Alle *Echinopsis*-soorten staan in de zomer het liefst buiten, op een zonnige plaats en beschermd tegen regen. In het groeiseizoen krijgen ze net zoveel water als een gemiddelde kamerplant.

☼ ◑

Eriocactus

Zie: *Parodia*

Ferocactus

Ferocactussen kunnen heel oud worden. In de natuur worden ze op den duur tonvormig (de reden waarom ze ook wel 'toncactus' worden genoemd) tot meer dan een meter hoog. Dat is de kleine planten, die u in de winkel koopt, niet aan te zien. In cultuur krijgen ze zelden genoeg zon en voeding om echt groot te worden.
Op de Canarische Eilanden groeien ferocactussen binnen enkele jaren uit tot planten van enkele decimeters doorsnee. Ze bloeien bovendien, wat in onze streken zelden gebeurt. Probeer de omstandigheden zo veel mogelijk te imiteren door ferocactus 's zomers in de volle zon te zetten en gemiddeld water te geven. In de herfst en winter staan ze helemaal droog, maar weer liefst zo zonnig mogelijk. Gebruik poreuze, maar voedzame grond, liefst met klei erin.
Soorten:
Ferocactus cylindraceus groeit zuilvormig en heeft rozerode doorns.
Ferocactus glaucescens blijft nagenoeg bolvormig en kan gemakkelijk worden verward met *Echinocactus grusonii*. Van die soort zijn de ribben veel meer door doorns bedekt.
Ferocactus histrix wordt vaak als jonge plant aangeboden. De knobbels lossen op den duur op in ribben. De gele doorns hebben een bruine tot roze basis.
Ferocactus peninsulae heeft een gebogen, vleeskleurige middendoorn en oranje met gele bloemen.

Ferocactus histrix

Ferocactus schwarzii lijkt veel op *glaucescens*, maar bloeit al op jonge leeftijd, wanneer de plant ongeveer tien centimeter breed is. De bloemen zijn geel.

Frailea

Fraileasoorten blijven heel klein. De lichamen worden hooguit enkele centimeters breed. Ze worden zelden aangeboden en dat is jammer, want ze zijn gemakkelijk te kweken. De grote, bruine, mutsvormige zaden kiemen snel en groeien binnen een jaar tot een bloeibare plant uit.

Frailea phaeodisca

Ferocactus glaucescens

Kweek frailea's in luchtige, maar voedselrijke grond, die in de zomer matig vochtig wordt gehouden. Zeer licht kweken, maar beschermen tegen de allerheetste middagzon. 's Winters zonnig en bijna droog, bij minimaal 5°C.
De hele zomer worden nieuwe bloemen gevormd, geel, soms met wat rood. Bij donker weer gaan ze niet open, maar bevruchten zichzelf en produceren dan toch goed kiemkrachtige zaden. Wacht niet te lang met zaaien, want de kiemkracht loopt snel terug.
Soorten:
Frailea colombiana (twee tot drie centimeter brede, gele bloemen), *Frailea pygmaea* (twee centimeter brede, volkomen gladde planten, met aanliggende doorns en gele bloemen uit wollige knop), *Frailea phaeodisca* (lijkt in alles op *Frailea pymaea*, met bruinere areolen, waar doorns uit komen).

☼ ◑

Gymnocalycium

Deze cactussen uit de zuidelijke helft van Zuid-Amerika zijn vaak afgeplat bolvormig en zelden zwaar bedoornd. 's Zomers ontwikkelen zich kale knoppen in het hart, die zich tot lange, vlezige bloemen ontvouwen. Om optimaal te bloeien, moeten de planten in de voor-

Gymnocalycium mihanovichii 'Japan'

zomer flink groeien. De wortels zijn minder gevoelig voor rot dan die van veel andere cactussen en kunnen dus tijdens de groei guller worden begoten. 's Winters droog houden bij 5 tot 10°C of in de verwarmde kamer af en toe

Gymnocalycium denudatum

iets water op de plantschotel geven. Alleen gymno's waarvan de groei in de winter heeft stilgestaan, zullen bloeien. In het voorjaar bij felle zon schermen.
Soorten:
Gymnocalycium bruchii spruit sterk en vormt zo hele groepen groene lichamen met witte doorns. In het voorjaar bloeien de hoofdjes met lichtroze bloemen. De soort komt uit berggebieden van Argentinië en verdraagt in droge toestand vorst.
Gymnocalycium denudatum uit het zuiden van Brazilië en aangrenzend Argentinië vormt een afgeplatte bol van ongeveer acht centimeter breed. Hij is donkergroen en glimmend, met aanliggende, strogele doorns. De slanke bloem is wit.
Gymnocalycium mihanovichii: de oorspronkelijke soort met olijfgroene en roodbruine banden over het plantelijf wordt zelden gezien. De zogenaamde 'Japanse kweekvormen' zijn algemeen. Het gaat om planten zonder bladgroen, die niet op zichzelf kunnen groeien en daarom op *Hylocereus* worden geënt. Deze entstam herkent u aan de driekantige vorm. Erop zit dan een cluster oranjerode, roze of gele bolletjes. De rode dragen namen als: 'Hibotan' en 'Japan'. Andere zijn gedeeltelijk rood met groen, of geel en rood. Houd deze planten altijd in de huiskamer (minimaal bij 10°C), want de onderstam kan slecht tegen kou. Mocht de entstam uitlopers maken, snijd die dan direct weg, anders verschrompelt de geënte *Gymnocalycium* op den duur.

☼ ◑

Hamatocactus setispinus

Zie: *Thelocactus setispinus*

Hatiora cylindrica

Zie: *Hatiora salicornioides*

Hatiora salicornioides

KORAALCACTUS

Weinigen zullen dit vertakte struikje als cactus herkennen. Er zitten geen doorns aan. Het groeit in het zuidoosten van Brazilië, waar het relatief vochtig is. *Hatiora* vraagt daarom een totaal andere verzorging dan de meeste cactussen: zet hem 's zomers niet in de felle middagzon en geef gemiddeld water. Besproei de plant zo vaak mogelijk. Tegen de herfst mindert u het water geven en zet de plant wat koeler (ongeveer 15°C). Er verschijnen knoppen, die zich in de herfst of winter openen tot oranjegele bloe-

Gymnocalycium bruchii

men. Daarna gaat de koraalcactus in rust. In de late lente komt hij weer tot leven. Gebruik bij verpotten de normale, lichtzure potgrond.

☼ – ◑ ◑

Hatiora salicornioides

Horridocactus

Zie: *Neoporteria*

Islaya

Zie: *Neoporteria*

Krainzia

Zie: *Mamillaria*

Lobivia

Zie: *Echinopsis*

Lobivia famatimensis

Zie: *Rebutia famatimensis*

Lophophora williamsii

DUIVELSWORTEL, PEYOTE

Indianen in Midden-Amerika maken geregeld een tocht naar de natuurlijke groeiplaatsen van de zogenaamde 'peyote' in Mexico. Ze eten de planten om in trance te raken tijdens religieuze feesten. Duivelswortels bevatten onder andere mescaline, een drug die bij hoge dosering dodelijk is. Zo beschermen peyotes zich tegen diervraat, want ze zijn volkomen onbedoornd. De gladde, groene bollen zijn alleen met toefjes haar gesierd. In de grond zit een dikke penwortel, die de plant bij droogte de grond in trekt.
Plant de duivelswortel daarom in een diepe pot met goed gedraineerde, kleihoudende grond en geef in de zomer matig water. 's Winters zonnig, koel (minimaal 5°C) en volkomen droog houden. De plant wordt zacht en slinkt. Vanaf april zonnig en warmer zetten en bij warm weer water geven. In de loop van de zomer komen er lichtroze bloempjes in het hart, gevolgd door bessen.
Lophophora williamsii spruit zelden. De ondersoort *caespitosa* doet dit wel.

☼ ● – ◑

Lophophora williamsii

Mammillaria

TEPELCACTUS

Bij tepelcactussen zitten de doorns op tuberkels (tepelvormige uitsteeksels). De bloemen ontspruiten ertussen. Onder de honderden soorten, die voor het merendeel uit Midden-Amerika komen, vinden we vochtgevoelige miniaturen, alleen geschikt voor de liefhebber (aangeduid met *). Maar er zijn ook zeer sterke kamerplanten onder, die meestal in een krans rond de schedel bloeien, gevolgd door langwerpige (meestal oranjerode) bessen.
De liefhebbersplanten willen zomer en winter volle zon in kas of serre, zeer poreuze potgrond en alleen water bij warm weer. 's Winters volledig droog bij temperaturen tussen 5

Mammillaria boolii

Mammillaria senilis

Mammillaria deherdtiana

Mammillaria elongata

Mammillaria longiflora

Mammillaria perbella

en 10°C. De andere tepelcactussen verdragen in de zomer meer vocht. Verder zijn ze dankbaar voor dezelfde behandeling als de liefhebberssoorten, maar ze nemen ook genoegen met minder licht en kunnen op de vensterbank overwinteren (al zullen ze bij hogere temperaturen nauwelijks of niet bloeien).

Soorten:

Mammillaria bombycina: prachtig bedoornd, kleine roze bloemen.

*Mammillaria boolii**: lichtgroen, witbedoornd en grote roze bloemen.

*Mammillaria deherdtiana**: compacte bol met grote, dieproze bloemen.

Mammillaria elongata: augurkdikke, clusterende zuiltjes met goudgele bedoorning. Deze zeer vaak aangeboden cactus bloeit wit, met kleine bloemen.

Mamillaria formosa (*Mammillaria microthele*): korte en brede, clusterende zuilvorm, volledig met witte doorns bedekt. De bloemen zijn bleekroze.

Mammillaria guelzowiana (*Krainzia guelzowiana*)*: uit de witte beharing komen 's zomers grote, felroze bloemen.

Mammillaria haageana: tot twaalf centimeter brede bolvorm, vol korte witte en bruine doorns. Kleine, dieproze bloemen.

Mammillaria matudae

Mammillaria zeilmanniana

Mammillaria sphaerica

Mammillaria longiflora (*Krainzia longiflora*)*: grote en lange roze bloemen boven een dichtbestekeld lijf.
Mammillaria matudae: lange, op den duur liggende zuilvorm. Dicht bezet met honinggele doorns. Kleine dieproze bloemen.
Mammillaria microhelia: als zonnestralen spreidende doorns aan de kleine zuilvorm. Kleine bleekroze tot lichtgele bloemen.
Mammillaria perbella: volledig witbewolde en -bedoornde bolvorm (later zuilvormig) met dieproze bloemen.
Mammillaria pettersonii (*Mammillaria heeseana*): zeer brede zuilvorm, donker met veel witte wol, als sneeuw tussen de doorns. Kleine roze bloemen.
Mammillaria rhodantha: een vaak verkochte bol tot brede zuil met zeer variabele bedoorning en dieproze bloemen. De variëteit *crassispina* heeft honinggele doorns.
Mammillaria schumannii (*Bartschella schumannii*)*: zeer kleine, grijsgroene kogels met bruin met witte doorns en relatief grote, violetroze bloemen.
Mammillaria senilis (*Mammillopsis senilis*)*: dicht bestekelde, afgeplatte bol, volledig wit, met gele haakdoorns. De vuurrode bloemen zijn groot en hebben een opvallend lange buis.

Mammillaria schumannii

Mammillaria sphaerica (*Dolichothele sphaerica*)*: brede en korte planten met lange tepels en spreidende strogele doorns. Grote gele bloemen.
Mammillaria supertexta (*Mammillaria lanata*): volledig witwollige kogel- tot zuilvorm. Kleine rozerode bloemen.
Mammillaria zeilmanniana: een van de meest verkochte cactussen met roodbruine en witte doorns, de middelste gehaakt. Het lijf wordt kort zuilvormig en draagt een krans van roze bloemen.

☼ ●

Mamillopsis

Zie: *Mammillaria*

Mediolobivia

Zie: *Rebutia*

Melocactus

MELOENCACTUS

Volwassen meloencactussen zijn onmiddellijk te herkennen aan hun muts. Jonge planten groeien als een bol met ribben en doorns. Bij het volwassen worden ontstaat er in de kruin een zogenaamd 'cephalium', een dichte verzameling van groeipunten met wol en kleine doorns, met daartussen de kleine bloemen, gevolgd door opvallende bessen. De plant kan alleen nog groeien door het cephalium te verlengen. Op den duur wordt dat zuilvormig en vele tientallen centimeters hoog.
In ons klimaat duurt het vele jaren voordat een zaailing aan cephaliumvorming toe is. In zuidelijker gebieden, zoals de Canarische Eilanden, is dit al na enkele jaren het geval. Daar geteelde planten worden tegenwoordig met beginnend cephalium verkocht. Ook worden er nog planten van de natuurlijke groeiplaatsen gehaald. Daarmee koopt u een kat in de zak, want bij planten met cephalium groeien beschadigde wortels moeilijk aan, zodat importplanten over het algemeen na enkele maanden de geest geven. Om de wortels te testen, kunt u zijdelings tegen de plant duwen. Wanneer u geen of nauwelijks speling voelt, is het goed.
U kunt de leverancier van de cactus ook om de herkomst van de plant vragen, om er zeker van te zijn dat u geen import uit de natuurlijke groeigebieden koopt en daarmee de soort in gevaar brengt.
Meloencactussen staan het liefst op een zonnige, warme plaats (met in het voorjaar enige be-

Melocactus

scherming tegen de allerfelste middagzon). In de zomer krijgt hij gemiddeld water. In de winter kan de meloencactus naar een lichte plaats in de koele kamer (minimaal 10°C, soorten uit het Caribisch gebied 15°C).
Geef alleen wat water wanneer de plant begint te rimpelen.
Soorten:
Melocactus azureus uit Brazilië heeft een opvallende blauwachtig bekrijte huid, die hem afdoende tegen felle zon beschermt.
Melocactus neryi groeit in het binnenland van Noord-Brazilië en kan redelijk goed tegen lagere temperaturen (minimaal 5°C).

☼ ● – ◑

Neochilenia

Zie: *Neoporteria*

Neoporteria

De meeste van de ongeveer 60 beschreven soorten *Neoporteria* zijn sterk bedoornd en bloeien 's zomers met toeven witte, gele, roze tot rode bloemen in de 'kruin'. Ze groeien in de Andesgebieden van Chili, Argentinië en Peru. De ultraviolette straling is er hoog, zodat u ze in de volle zon kunt zetten. Giet uiterst ka-

Neoporteria nidus

Neoporteria islayensis

rig en verpot de planten in zeer poreuze grond, die minimaal voor de helft uit minerale delen (zoals zand en grind) bestaat, want de wortels zijn gevoelig voor rot. De teelt in kas of serre is ideaal. Een zonnige, luchtige vensterbank is een goede tweede keus. 's Winters licht, koel (net vorstvrij) en volkomen droog houden.
Soorten:
Neoporteria clavata (synoniem *Neoporteria nigrihorrida*) is zwaarbewapend met stekende, zwarte doorns. De bloemen zijn fluorescerend roze.
Neoporteria horrida (voorheen *Horridocactus tuberisulcatus*) wordt met bollen van ruim tien centimeter doorsnee vrij fors voor een *Neoporteria*. Het groene lijf is krachtig bestekeld. De bloemkleur is variabel met wit, zachtgeel, roze tot roodbruin.
Neoporteria islayensis (*Islaya islayensis*) is grijsgroen en in de schedel witwollig. De glanzend zwarte doorns worden op den duur grijs, de bloem is geel.
Neoporteria nidus (synoniem *Neoporteria multicolor*) gaat schuil achter gekromde, niet stekende, zeer lange doorns, die de hele plant omhullen. In voorjaar en vroege zomer worstelen zich daar toch nog roze bloemen doorheen.
Neoporteria paucicostata (voorheen *Neochilenia paucicostata*) wordt als kleine plant in bloei aangeboden. De planthuid is bruinig dieprood, de bloemen roomkleurig met roze tinten. Een variëteit die vroeger *Neochilenia*

Neoporteria clavata

carneoflora heette, heeft vleeskleurige bloemen.
Ook de vroegere *Neochilenia deherdtiana* en *Neochilenia pygmaea* worden tegenwoordig tot deze zeer variabele soort gerekend.

Links: *Neoporteria horrida*
Onder: *Neoporteria paucicostata*

Notocactus

Zie: *Parodia*

Opuntia

SCHIJFCACTUS, VIJGCACTUS

Schijfcactussen worden meestal bloeiend verkocht. De rode, oranje of gele bloemen staan aan de rand van de de schijf. Die is nog niet zo lang geleden van een grote plant gebroken en aan de wortel gebracht (wat heel gemakkelijk gaat). U koopt dus een van de toppen van een volwassen plant. Na de bloei beginnen er nieuwe, jonge schijven aan te groeien. U kunt de plant in de zomer het beste buiten op een zonnige plaats zetten. Geef gemiddeld water en voeding, zodat de jonge schijven zich helemaal kunnen ontwikkelen. Alleen dan kunnen ze na de koele, droge en vorstvrije winterrust bloeien. Meestal lukt dat niet.

Opuntia

Opuntia cylindrica

Oreocereus celsianus

Dit maakt de veel verkochte *Opuntia* tot een van de ondankbaarste cactussen. De schijven hebben bovendien niet alleen zeer venijnige doorns, maar ook glochiden (zeer dunne, korte doorns, voorzien van weerhaakjes). Bij aanraking blijven ze in de huid achter en kunnen daar hevige jeuk veroorzaken. U kunt ze verwijderen door de huid met plakband te beplakken en dit er met een rukje af te trekken.
De enige aanbevelenswaardige soorten voor de huiskamer zijn: *Opuntia microdasys*, een plant met kleine schijven zonder doorns, maar dicht bezet met goudgele glochiden. Hij kan geel bloeien, maar doet dit in kamercultuur zelden.
Opuntia microdasys 'Albispina' heeft witte glochiden. Die van *Opuntia rufida* zijn roodbruin.

☼ ● – ◑

Oreocereus

Witte zuilcactussen spreken tot de verbeelding. Jonge planten van de volgende soorten worden vaak te koop aangeboden:
Cephalocereus senilis (Nederlandse naam: grijsaard) is als jonge plant kort zuilvormig met uitstaande, witte haren. De plant moet zonnig staan en nooit kouder dan 10°C. 's Winters helemaal droog in een koele kamer. Giet zeer terughoudend, want de voet van de plant rot gemakkelijk.
Cleistocactus vormt enkele decimeters hoge, tamelijk dunne, zeer dicht-, witbestekelde zui-

Opuntia

len. Ze spruiten vaak tot groepen. Alleen bij strenge winterrust (ongeveer 10°C, geen water, veel licht) krijgen ze in de zomer rode, oranje of gele buisvormige bloemen aan de zijkanten van de stammen.
Espostoa lanata lijkt wel een kleine suikerspin. De korte sigaarvorm van jonge planten is ingepakt in wit, aanliggend haar. Daar steken scherpe doorns doorheen, die meestal goudgeel zijn.
De behandeling is gelijk aan die van *Cephalocereus senilis*.
Oreocereus wordt meestal als een wat grotere zuil verkocht. Het gaat vaak om de nauw verwante soorten: de tot drie meter hoge *Oreocereus celsianus*, *Oreocereus trollii*, die hooguit één meter hoog wordt, en *Oreocereus pseudofossulatus*, met slanke zuilen, die in Bolivia vier meter hoog kunnen worden.
Deze drie planten verdragen alle wintertemperaturen tot bij het vriespunt en zijn in alle opzichten sterker dan de andere 'witte zuilen'.

☼ ●

Oreocereus fossulatus

Zie: *Oreocereus pseudofossulatus*

Parodia alacriportana

Parodia

Deze cactussen vallen op door hun felle bloemkleur. Die is vaak onversneden rood, oranje of geel en omdat ze relatief groot zijn en bij elkaar in de kruin van de plant staan, gaat het om een echt spektakel. Ze groeien in een groot gebied in de zuidelijke helft van Zuid-Amerika ten oosten van de Andes en verdragen meer vocht dan veel andere cactussoorten. Sproeien en nevelen stellen ze bijzonder op prijs.
Kweek ze zeer zonnig, maar zelfs 's zomers niet al te warm. Geef ze tijdens de groei gemiddeld water. In de winter droog, koel (net vorst-

Parodia ayopayana

Parodia penicillata

Parodia lanii

vrij) en licht zetten. Bij sterke verschrompeling af en toe weinig water op de plantschotel.
Soorten:
Parodia alacriportana (voorheen *Brasilparodia alacriportana*) is gedrukt kogelvormig, dicht bezet met doorns en heeft gele bloemen.
Parodia ayopayana heeft opvallend witte areolen (de plaats waar de doorns verschijnen) en oranje bloemen.
Parodia gracilis is bolvormig met oranje tot gele bloemen.
Parodia haselbergii (*Brasilicactus haselbergii*) is een populaire kamerplant, volledig bezet met rechte, witte doorns en heeft veel rode bloemen uit de kruin van de plant. Houd deze soort in de winter wat warmer (rond 10°C) en geef af en toe water op de schotel.
Parodia lauii is een variabele soort, bolvor-

Parodia haselbergii

Parodia rutilans

Parodia weberiana

mig met grote witte areolen en rode tot oranje bloemen.
Parodia microsperma (synoniem *Parodia sanguiniflora*): de nieuwe naam verwijst naar de kleine zaden, de oude naar de felrode bloemen van deze soort. Hij wordt vaak bloeiend aangeboden, maar is ook zonder bloemen zeer decoratief.
Parodia penicillata is bewapend met glasachtige, witte doorns en met grote oranje tot dieprode bloemen.
Parodia rutilans (*Notocactus rutilans*) vormt kleine lichamen, die bijzonder mooi bedoornd zijn en grote lichtroze of gele bloemen dragen.
Parodia weberiana lijkt in veel opzichten op *Parodia microsperma*. De grote oranje bloemen onttrekken de plant aan het oog.

☼ ◑

Pyrrhocactus

Zie: *Neoporteria*

Rebutia

Deze kleine bolcactussen groeien op hoogvlakten in de Andes (Bolivia en het noorden van Argentinië en Chili) vaak op 2.000 tot meer dan 3.000 meter hoogte. Geen wonder dat ze van frisse lucht, zon en een niet te hete standplaats houden. Ze zijn daarom bijzonder geschikt om in de zomer buiten te zetten, beschut tegen regen.
Sinds de herziening van de cactussoorten zijn complete geslachten opgeheven en bij *Rebutia* ondergebracht. Het gaat om alle soorten van *Aylostera*, *Mediolobivia*, *Sulcorebutia* en *Weingartia* en om enkele soorten *Lobivia*. De laatste drie zijn liefhebbersplanten, die het beste in een zonnige, maar luchtige kas kunnen worden gehouden.
Aylostera, *Mediolobivia* en de oorspronkelij-

Rebutia

Rebutia heliosa

Rebutia

Rebutia

Rebutia famatimensis

Rebutia pulchra

ke rebutia's zijn in huis te kweken. 's Winters staan ze graag licht en vorstvrij, maar overigens zo koel mogelijk. Op zonnige dagen in februari en maart spuit u een fijne nevel van ontkalkt water over de bolletjes. Tijdens de bloei in april, mei en juni kunt u er in de huiskamer van genieten. Zet ze licht, maar niet in de volle middagzon, liefst voor een raam op het oosten. Blijf nevelen, want dit helpt spint voorkomen. U kunt ze na de bloei buiten in de frisse lucht zetten. Houd de aarde in het groeiseizoen gemiddeld vochtig en besproei de planten bij warm weer geregeld. Ze mogen in gewone potgrond. Haal ze bij de eerste nachtvorsten binnen.

Waar de bloemen aan de planten zaten, vormen zich in de zomer vruchten, die bij rijpheid openscheuren. Er zit veel zaad in, dat gemakkelijk kiemt (maar niet lang houdbaar is). Zaai het de volgende lente in zanderige grond. Al een jaar daarna kunnen de eerste jonge cactusjes bloeien: geel, oranje, rood tot violet.
Enkele soorten:
Rebutia cajacensis (voorheen *Aylostera*): roodoranje bloemen,
Rebutia heliosa (*Aylostera*): oranje bloeiend, alleen voor de gevorderde liefhebber.
Rebutia kupperiana (*Aylostera*): oranjerood.
Rebutia frankiana (*Sulcorebutia*): glanzend rozerood.

Rebutia kupperiana

Rebutia famatimensis (*Lobivia*): grootbloemig, rood.
Rebutia marsoneri (*Rebutia*): rijk geelbloeiend.
Rebutia pulchra (*Sulcorebutia rauschii*): purpergroene plant met rozerode bloemen.
Rebutia riograndensis (*Weingartia*): sterk bestekeld lichaam met gele bloemen.
Rebutia ritterii (*Mediolobivia*): donkere, cilindervormige lichamen met oranje bloemen.

☼ ◑

Stenocactus

Stenocactus

De ongeveer tien soorten stenocactussen komen allemaal uit Mexico. Ze groeien in droge gebieden met verspreide struiken en zijn moeilijk uit elkaar te houden. Er bestaan talloze tussenvormen tussen de soorten. De meeste hebben veel bladdunne ribben met daarop lange, stekende, vaak afgeplatte doorns. Zowel de plaatvormige ribben als de platte doorns zorgen vermoedelijk voor een microklimaat waarin vocht minder snel uit de kogelvormige planten verdampt. *Stenocactus multicostatus* wordt ongeveer tien centimeter breed en heeft tot 120 zeer dunne ribben.
Geef stenocactussen de zonnigst mogelijke plaats en matig water in de zomer. Vanaf de herfst tot het voorjaar droog en koel houden (minimaal 5°C). Door het slinken van de bol komen de ribben nog dichter op elkaar te staan. Vanaf het voorjaar geleidelijk meer water geven. Alleen planten die zomer en winter veel licht krijgen, zullen (na strenge winterrust) bloeien. De bloemen zijn meestal gestreept, wit met roze tot rood en paars.

☼ ●

Sulcorebutia

Zie: *Rebutia*

Rebutia marsoneri var. *spathulata*

Thelocactus

Thelocactussen groeien in het hete, droge grensgebied van Mexico en de Verenigde Staten. Vanwege hun grote, schitterend gekleurde bloemen zijn ze populair bij cactusliefhebbers. De meest gekweekte soort is *Thelocactus bicolor*, een zeer variabele soort, waartoe tegenwoordig ook *Thelocactus wagnerianus* en *Thelocactus flavidispinus* worden gerekend. Ze vragen 's zomers warmte en zon. De aarde moet poreus zijn en dan nog is voorzichtig gieten geboden. In de winter licht, koel en volledig droog houden.
Thelocactus setispinus is de gemakkelijkste soort. Hij is beter bekend onder de oude naam *Hamatocactus setispinus* en wijkt nogal van de meeste andere thelocactussen af: de ribben zijn scherp, soms gegolfd, de bloemen geel met rood hart. Ze worden gevolgd door roodoranje vruchten. Deze soort wordt vaak in de plantenhandel aangeboden, omdat hij gemakkelijk uit zaad is te kweken en beter tegen vocht kan. Zet hem in de winter droog, koud (minimaal 5°C) en licht. Mocht de plant te sterk inschrompelen, laat de potgrond dan van onderen een beetje water opzuigen. Verschrompelde planten in het voorjaar tegen felle zon beschermen.

☼ ●

Thelocactus flavidispinus

Zie: *Thelocactus bicolor*

Thelocactus wagnerianus

Zie: *Thelocactus bicolor*

Thelocephala

Zie: *Neoporteria*

Trichocereus

Zie: *Echinopsis*

Weingartia

Zie: *Rebutia*

Wigginsia

Zie: *Parodia*

Thelocactus setispinus

Rechts: *Thelocactus bicolor*

14. Wolfsmelkplanten

*De ongeveer 5.000 soorten van de wolfsmelkfamilie (*Euphorbiaceae*) groeien verspreid over de hele wereld, vooral in warme gebieden. Wanneer de planten worden beschadigd, komt er in de meeste gevallen wit, giftig sap uit: de zogenaamde wolfsmelk. Gelukkig is die te onsmakelijk om door te slikken en wanneer u voorkomt dat deze latex op de huid en in de ogen spat, is er niets aan de hand (mocht dat wel gebeuren, spoel dan direct met veel water). Euphorbia's zijn populaire kamerplanten door de kleurrijke schutbladen rond de bloemen of vanwege het cactusachtige uiterlijk. Soorten met stekels worden vaak, ten onrechte, cactussen genoemd. Speciaal deze 'succulente' soorten zijn langlevend en verdragen de warme, droge kamerlucht zó goed, dat ze op den duur boomachtige vormen aannemen. Zo groeien ze ook in de droge streken van Afrika en Azië, met kandelabers van dikke takken te midden van de verdroogde grassen. In die dikke takken zit het vocht opgeslagen waarmee ze de droge tijden overleven.*

Jatropha podagrica

FLESSEPLANT

De flesseplant leeft in Midden-Amerika naar de seizoenen. In de regentijd staat ze in blad en bloeit. In de droge tijd worden de bladeren afgeworpen en teert *Jatropha* op de vochtreserve in de stengelknol, die tientallen centimeters hoog kan worden.
De flesseplant staat het liefst zomer en winter op een zeer lichte, liefst zonnige plaats, in de verwarmde huiskamer. Ze kan heel goed tegen droge lucht. In de bladperiode kunt u gemiddeld gieten, zonder dat de wortels in water blijven staan.
In de herfst vergeelt het blad en valt af. De plant heeft nu nog nauwelijks water nodig, totdat u in het voorjaar weer nieuwgroei ziet. Heel vaak verschijnen eerst de schermen met oranjerode bloemen. Direct daarna komen de vijgachtige bladeren aan de flesseplant.

☼ ◑

Jatropha podagrica

Euphorbia ammak

Deze soort staat model voor de grote boomvormige euphorbia's uit droge gebieden in Azië en Afrika. *Euphorbia ammak*, gefotografeerd op zijn natuurlijke standplaats in Yemen, is alleen onder liefhebbers verspreid. De Afrikaanse evenknie van deze soort is *Euphorbia candelabrum*, die in de natuur tot twintig meter hoog kan worden. Voor een modern interieur wordt *Euphorbia ingens* (de zogenaamde cactus-euphorbia) aangeboden. In zuidelijk en oostelijk Afrika wordt de plant boomvormig, ruim tien meter hoog. Binnenshuis groeit zij tot het plafond met haar viervleugelige stammen.

Links: *Euphorbia milii*, de Christusdoorn

Wordt de plant te groot, dan kunt u de stammen met een stevig en scherp mes afsnijden (voorzichtig met het melksap!). De toppen worden aangepunt, afgespoeld met water en mogen daarna enkele dagen drogen. Zet ze daarna, gesteund door vier stokjes tussen de vleugels, op mildvochtige, warme aarde om erin te wortelen. De afgesneden stompen lopen uit en vertakken door de ingreep.
Voor de verzorging van bovengenoemde soorten, zie *Euphorbia canariensis*.

☼ ●

Euphorbia canariensis

Tegen de zuidhellingen van de Canarische Eilanden groeien groepen opgaande stammen, elk met een doorsnee van ongeveer acht centimeter. Ze kunnen meer dan tien meter lang worden.
In de huiskamer zijn de stammetjes aanvankelijk bijna vierkant, met vier vleugels en lang niet zo dik. Vaak wordt de ondersoort *Euphorbia canariensis spiralis* aangeboden, waarvan de stammen iets gedraaid zijn en bovendien niet groen, maar roodachtig van kleur.
Geef deze boom-euphorbia een zonnige plek, behalve wanneer de plant overdreven rood kleurt. Dan zijn de wortels niet goed ontwikkeld en kunt u de plant het beste tegen de heetste zon beschermen. Giet tijdens de groei aan de zuinige kant. Er mag beslist geen water

Euphorbia ammak op de natuurlijke standplaats in Yemen

Euphorbia canariensis gefotografeerd op Tenerife

bij de wortels blijven staan. Zorg daarom voor een luchtig grondmengsel, dat voornamelijk uit niet-organische stof bestaat, dus weinig veen of blad en veel klei, zand en steengruis.
Tijdens de winterrust nauwelijks gieten. De plant mag nu niet groeien, omdat er anders slappe, spichtige groei ontstaat die de plant blijvend zal ontsieren. De insnoeringen verdwijnen nooit meer. Om de groei eruit te halen, kunt u de wolfsmelkplant in de winter op een koele plaats zetten (minimaal 10°C), maar wel altijd heel licht.

☼ ●

Euphorbia grandicornis

Hoge, onregelmatige stammen met gedraaide vleugels en indrukwekkende stekels, dat zijn de kenmerken van deze wolfsmelksoort uit Zuid-Afrika. De tot twee meter hoge plant wordt niet om de bloemen gehouden, maar om de grillige vormen van de drievleugelige scheuten. Ze staan bijzonder decoratief in een modern interieur.
Voor verzorging zie *Euphorbia canariensis*. Voor vermeerdering zie *Euphorbia ammak*.

☼ ●

Euphorbia grandicornis

Euphorbia milii

CHRISTUSDOORN

De Christusdoorn is een gestekelde struik uit Madagascar. Hij doet het uitstekend achter een zonnig raam in de verwarmde kamer. De takken zijn onregelmatig van vorm, flink bestekeld en vertakken rijk. Ze dragen spatelvormige blaadjes en uit de top komen steeltjes met bloemen. Ze vallen zelf niet op, maar de oranje tot rode schutbladen doen dat des te meer. U kunt er bijna het hele jaar van genieten. Alleen wanneer de plant 's winters in rust gaat, wordt de bloei onderbroken en valt het blad af.
Deze wolfsmelkplant houdt van humus in de grond. Geef tijdens de groei gemiddeld (liefst handwarm) water, in de korte rustperiode minder. Houd de plant zomer en winter in de verwarmde huiskamer, want kou en tocht worden slecht verdragen.
De wilde *Euphorbia milii* wordt zelden aangeboden, maar wel de ondersoort *splendens*, die in alle delen groter wordt en rijk rood bloeit. Verder zijn er talloze kruisingen zoals: 'Olympus' (rozerood), 'Pyramide Eyes'(met driehoekige gele vlekken op de rozerode schutbladen) en x *keysii* (compacte plant met groot blad en rode schutbladen).

☼ ◐

Euphorbia milii 'Pyramide Eyes'

Euphorbia pulcherrima

KERSTSTER

Tegen het einde van het jaar staan de plantenwinkels vol met kerststerren. De bloemen van deze wolfsmelksoort uit Mexico vallen nauwelijks op. Het zijn de bladeren aan de top die voor de hoge sierwaarde zorgen. Afhankelijk van de kweekvorm zijn ze rood, roze, zalm-

kleurig, of roomwit en soms tweekleurig. U kunt vele weken van de kerstster genieten wanneer u haar op een lichte plaats zet, gemiddeld water en geregeld plantenvoeding geeft. Breng het gietwater eerst op kamertemperatuur. Deze soort heeft een uitgesproken hekel aan kou en tocht. Koop daarom nooit planten die bij koud weer buiten staan en vervoer ze goed verpakt van de winkel naar huis. Zet de kerstster op een zo vochtig mogelijke plek (bijvoorbeeld op natte kiezels), om blad- en knopval te voorkomen. Maar besproei het blad niet, want dat werkt schimmelvorming in de hand.
U kunt kerststerren na de bloei overhouden (snoei ze minimaal halverwege de stengels terug, nadat het blad gevallen is en zet ze een tijdje tamelijk droog en koeler), maar ze zullen nooit meer compact bloeien. Geteelde planten worden met groeiremmende middelen kort gehouden.

☼ ◑

Euphorbia resinifera

Dit is de eerst beschreven wolfsmelkplant. Ze werd in de eerste eeuw van onze jaartelling door koning Juba II van Mauretanië ontdekt en naar de Griekse natuurkundige Euphorbus vernoemd. Deze gebruikte het melksap voor medische doeleinden.
De soort groeit van oorsprong in Noord-Afrika, waar ze hele oppervlakken bedekt met de korte, zuilvormige stammetjes. Ook in de huiskamer vertakken de vlezige blauwgroene zuiltje zich tot een hechte groep. De bloemen vallen nauwelijks op.
Kweek deze gemakkelijk te houden *Euphorbia* in een brede, ondiepe pot of schaal, met

Euphorbia resinifera

Euphorbia pulcherrima

daarin kleiachtige grond met zand en steentjes (zie verder: *Euphorbia canariensis*).

☼ ●

Euphorbia schimperi

POTLOOD-EUPHORBIA

Deze soort uit Arabië staat model voor alle potlood-euphorbia's. De takken ervan zijn doornloos en rolrond, als potloden die recht omhoog groeien. Aan de uiteinden komen bij goede verzorging clusters groeniggele bloempjes, die glimmen van de nectar. Bij de meeste planten die onder deze naam worden verkocht, gaat het overigens om *Euphorbia nubica*, een verwante soort uit Oostelijk Afrika. Voor verzorging zie *Euphorbia tirucalli*.

☼ ●

Euphorbia schimperi

Euphorbia splendens

Zie: *Euphorbia milii*

Euphorbia tirucalli

POTLOOD-EUPHORBIA

In oostelijk Afrika, India en Indonesië vormt deze sterk vertakte potlood-euphorbia een heel struikgewas. In de regentijd zitten er minuscule blaadjes aan de slappe, ronde twijgen. Potlood-euphorbia's kunnen slecht tegen kou. Ze hebben een hogere temperatuur nodig dan de meeste andere 'succulente' soorten, die met gemak bij 10°C de winter doorkomen. Laat de temperatuur in de winter niet beneden de 15°C zakken.
Gun de plant zomer en winter een lichte, liefst zonnige plaats. Giet 's winters nauwelijks, in de zomer matig. Laat de grond na iedere gietbeurt weer uitdrogen. Gebruik liefst handwarm kraanwater.

☼ ●

Euphorbia tirucalli

Euphorbia trigona

De drievleugelige scheuten van *Euphobia trigona* dragen zowel korte, scherpe stekels als blad. Wanneer ze bloeien, gebeurt dat zeer onopvallend. Op den duur groeit de plant uit tot een veeltakkige reus, die gemakkelijk twee meter lang wordt. Dan wordt ze meestal weggedaan. Maar neem, voordat u dat doet, wat stekken. Snijd korte scheuten iets boven de aanhechting van de plant af (pas op dat het giftige melksap niet in mond, ogen en op de huid komt). Spoel de stekken schoon, laat ze enkele dagen drogen en zet ze dan in mildvochtige, warme grond.
Euphorbia trigona houdt van de volle zon, matig water in de zomer en 's winters weinig water. De blaadjes zullen dan afsterven, maar dit is een natuurlijk proces. In het voorjaar komen er weer nieuwe aan. Pas bij het verplaatsen van de plant op dat de stekels zich niet in

naastliggende scheuten boren. Het melksap dat er anders uitkomt, ontsiert de plant, vooral omdat er schimmels op de latex gaan groeien.

○ ◑

Euphorbia viguieri

Euphorbia viguieri is tegenwoordig steeds vaker als jonge plant in tuincentra te zien. In het droge zuidwesten van Madagascar groeit ze uit tot een struik van meer dan een meter hoog. Daar komt ook de veel bekendere *Euphorbia leuconeura* vandaan, die veel op *viguieri* lijkt. Ze bloeien op ongeveer dezelfde manier als de Christusdoorn (*Euphorbia milii*) met steeds nieuwe bloemstengels uit het groeipunt van de plant. Daar bevinden zich ook de bladeren. Die vallen vrij snel af en laten maanvormige littekens op de stammen achter. Aan de randen ervan zitten hele geweivormen van stekels.
Zie voor de verzorging bij *Euphorbia milii*.

○ ◑

Pedilanthus tithymaloides

ZIGZAGPLANT

De stengels maken bij ieder blad een scherpe knik, zodat een zigzagpatroon ontstaat. Vanwege deze eigenaardigheid wordt *Pedilanthus* ook wel 'duivelsruggegraat' genoemd. Het enige 'duivelse' aan de plant zou het giftige melksap kunnen zijn, want verder gedraagt ze zich voorbeeldig. De zigzagplant kan goed tegen droge lucht en is dus zeer geschikt om zomer en winter in een zonnige vensterbank in de huiskamer te houden.
De kweekvorm 'Variegatus' heeft het meeste licht nodig. In de zomer matig gieten, in de winter nog minder, maar wel genoeg om bladval te voorkomen.
Mochten de takken op den duur van onderen kaal worden, snijd ze dan op enkele centimeters boven de grond af. De ogen lopen weer uit en de toppen kunnen in zanderige grond worden gestekt. Wees zeer voorzichtig dat het witte melksap niet in ogen, neus of mond komt. Spoel het onder de kraan af voordat u gaat stekken of dep de stekken vooraf in as of houtskoolpoeder. Zet ze niet onder plastic.

○ ●

Poinsettia

Zie: *Euphorbia pulcherrima*

Links: *Euphorbia trigona*
Onder: *Euphorbia viguieri*

Pedilanthus tithymaloides 'Variegatus'

15. Vetplanten

Wat wij vetplanten noemen, zijn eigenlijk 'sappige planten' ofwel 'succulenten'. Ze groeien in gebieden waar de regentijd wordt afgewisseld door een droge tijd. In de natte maanden zuigen ze het vocht op en bewaren dat in blad, stam of stronk. In de droge tijd teren ze op de reservevoorraad.
Cactussen en veel wolfsmelksoorten behoren ook tot de vetplanten en leven volgens hetzelfde ritme van groei en rust. Bij de verzorging van succulenten is het de kunst om de planten in de groeiperiode voldoende licht, warmte, water en voedsel te geven en op het juiste moment te stoppen, zodat ze in rust kunnen gaan.
Veel soorten volgen daarin ons zomer-winterritme en groeien en bloeien in de zomer. Maar er zijn ook soorten van het zuidelijk halfrond, die vasthouden aan hun inwendige klok en tot leven komen in de maanden waarop ze dat in het gebied van oorsprong ook zouden doen, de lente, bij ons de herfst. Zij kampen in onze winter met lichtgebrek en hebben extra licht nodig om te bloeien.

Adenium obesum

Tegen droge hellingen in Arabië en in de hete Afrikaanse Sahel bloeien struiken met schitterende roze bloemen. Dichterbij gekomen zie je onder de ronde, sappige twijgen een enorme knol, gevormd door de verdikte stam. Op het Arabisch schiereiland is hij meestal onregelmatig rond, vaak meer dan twee meter in doorsnee. Een groot gedeelte ervan zit in de grond. Op het eiland Socotra is hij flesvormig, tot vijf meter hoog.

Links: *Agave bovicornuta*

Pas sinds kort is *Adenium obesum* als kamerplant te koop. Het gaat daarbij meestal om bewortelde stekken, die al jong kunnen bloeien. De bloemen verraden de plant als lid van de maagdenpalmfamilie, met vijfbladige bloemen, die van binnen lichtroze zijn, met een donkerder rand. Bij goede verzorging bloeit *Adenium obesum* enkele malen in de zomer, met korte tussenpozen.
Geef pas (handwarm) water wanneer de grond bijna is uitgedroogd. In de winter kan de plant droog worden gehouden. Ze zal dan het blad verliezen. Maar u mag *Adenium obesum* ook aan de groei houden door geregeld te gieten. Zet haar in de volle zon op een warme plaats (nooit kouder dan 10°C). De combinatie van natte grond en kou leidt onherroepelijk tot rot.
De scheuten zijn gemakkelijk te stekken. Zorg dat u niet in aanraking komt met het giftige melksap. Spoel een afgesneden scheut onder de kraan af, laat hem enkele dagen drogen en zet hem op een warme plaats op matig vochtige, zanderige grond.

☼ ● – ◐

Adenium obesum op de natuurlijke groeiplaats

Aeonium

De bekende *Aeonium arboreum* wordt bij de kuipplanten behandeld. Hier worden twee soorten besproken die meer aandacht nodig hebben en zowel binnenshuis op een zonnige vensterbank als 's zomers buiten kunnen worden gekweekt.

Aeonium decorum van het Canarische eiland Gomera maakt kleine, dikbladige rozetten. De onderste bladeren vallen telkens af, zodat de rozetten op stengels komen te staan die op Gomera wel een halve meter lang kunnen worden. Rozetten die in de nazomer bloeien, sterven daarna af. Kweek de plant in een mineraal grondmengsel (klei, zand, grind) met wat humus. Geef in de zomer telkens water zodra de grond is uitgedroogd. 's Winters droog en koel (minimaal 5°C), maar altijd op een zonnige plaats.

Aeonium tabuliforme vormt volledig platte rozetten van gewimperde, blaadjes die elkaar spiraalsgewijs overlappen. De bladeren van deze soort van Tenerife zijn tamelijk dun en hebben ook in de winter water nodig. Giet in de zomer gemiddeld, in de winter iets minder bij een minimumtemperatuur van 15°C. In de herfst kunnen de rozetten bloeien met een veelkoppige bloeiwijze van ongeveer vijfentwintig centimeter hoog en breed met bleekgele bloempjes. Na de bloei zult u zaad moeten verzamelen, want bloeiende rozetten sterven af.

☼ ◑

Aeonium decorum

Aeonium tabuliforme

Agave

HONDERDJARIGE ALOE

De stevige rozetten van agavesoorten groeien van nature in tropisch Amerika. De bladeren en enorme bloeiwijzen zijn zo decoratief, dat ze ook in andere warme landen zijn geplant en verwilderd. Aan de dorre westkust van Costa Rica blijven de bladeren ook in de droge tijd

Agave americana 'Medio-picta'

groen, terwijl de bomen er hun blad hebben laten vallen.
Als kamerplant zijn de agaves nagenoeg onverwoestbaar, maar de meeste soorten worden op den duur te groot. Dan kunnen ze als kuipplant verder worden gekweekt. 's Zomers staan ze buiten, in de volle zon, 's winters op een lichte, koele plaats. Ze hoeven dan nauwelijks water te hebben.
Binnenshuis mag u zomer en winter gieten. De wortels mogen niet in het water staan. Ze groeien het beste in kleiachtige grond.
Agave americana is de bekendste soort. De bladeren kunnen in de natuur bijna twee meter lang worden. In pot- en kuipcultuur blijven ze beduidend kleiner. Meestal worden bonte vormen van deze soort aangeboden:
Agave americana 'Marginata' (met brede, gele bladranden).
Agave americana 'Variegata' (met roomwitte bladranden).
Agave americana 'Medio-picta' (brede, roomwitte band door het midden van het blad).
Agave bovicornuta komt net als *Agave americana* uit Mexico, maar blijft ongeveer de helft kleiner. De bladeren zijn wasachtig, lichtgroen met een dunne, roodgele, gestekelde rand en en rode eindstekel. Ondanks de hoge sierwaarde daarvan kunt u deze het beste afknippen wanneer er kleine kinderen in huis zijn.

Agave op de natuurlijke standplaats

Agave parryi blijft nog kleiner, maar wordt toch op den duur meer dan een halve meter breed. De bloemstengel kan vijf meter hoog worden. Dat zal in ons klimaat niet gebeuren.

Agave parryi

Hier geniet u van de blauwgrijs berijpte bladeren, die bij het ontvouwen duidelijke afdrukken in de andere bladeren achterlaten. De stekels zijn chocoladebruin. Zet speciaal deze soort, afkomstig uit het schroeiend hete zuidwesten van de Verenigde Staten en het aangrenzende Mexico, in de volle zon, zodat de berijping behouden blijft.

○ ◑

Alluaudia

De levendig groene blaadjes van *Alluaudia* steken fris af bij de zilverig berijpte stammen. In Madagascar groeien ze uit tot staken van meters hoog en maken deel uit van de doornige bossen in de droge streken. Tot voor kort was het een echte liefhebbersplant. Tegenwoordig kunt u haar ook op de vetplantenafdeling van goed gesorteerde tuincentra vinden.
Zet *Alluaudia* thuis op de zonnigste plek. Geef in voorjaar en zomer weinig water (pas nadat de grond weer droog is). 's Winters mag de plant helemaal droog, liefst op een koelere plek bij een minimale temperatuur van 12°C staan. De bladeren vallen af. Bij nieuwgroei kan de plant weer de huiskamer in en krijgt geleidelijk meer water. Verpot in een zeer luchtige, humusarme grond en geef geen mest.

○ ●

Alluaudia

Aloe

Waar het nooit vriest, zijn aloë's gewilde tuinplanten. Boven de dikvlezige rozetten van blad verheffen zich lange stengels, met daaraan dichte rijen langwerpige bloemen. Ze zijn rood, oranje, geel (vaak met groen), of een van de tussentinten. Van nature groeien de aloë's in Afrika.
Wij moeten de planten 's winters binnenhalen, ook al verdragen de meeste wel wat kou, soms zelfs enige graden vorst. 's Zomers kunnen ze het beste buiten worden gezet in de volle zon. Binnenshuis moeten we ze tegen de felste zomerzon beschermen, anders verkleurt het blad roodachtig.
De verzorging is buitengewoon eenvoudig: geef ze flink water, maar laat de potgrond daarna helemaal uitdrogen. De grond moet los en liefst mineraal zijn (met veel zand, steen en klei). Er mag nooit water in de ompot blijven staan. Voeden is nauwelijks nodig wanneer u de plant om de twee tot drie jaar verpot.
Aloe vera bevat oliën die zeer gewild zijn in de kosmetische industrie. U vindt de plant vaak afgebeeld op crèmes en shampoo. De soort komt van oorsprong van de Kaapverdische Eilanden, maar wordt op veel plaatsen geteeld en is van daaruit verwilderd, zodat u haar ook tegen kunt komen op de Canarische Eilanden, rond de Middellandse Zee en in Zuid- en Midden-Amerika. De sappige blade-

Aloe vera

ren groeien in een compacte rozet. Daaruit ontwikkelen zich in de zomer bloemstengels met citroengele bloemen.
Aloe striatula groeit in Engeland zomer en winter buiten, op de Scilly-eilanden voor de zuidwestpunt van Cornwall. Het vriest er uiterst zelden en de vrij uitgeplante aloë's verdragen de kou. In pot gekweekt, zult u haar vorstvrij moeten houden. Bij goede groei kunt u 's zomers van de oranje met gele bloemen genieten. Mocht het niet lukken, probeer de plant dan eens een zomer buiten, op balkon of terras.

Aloe barbadensis

Zie: *Aloe vera*

Beaucarnea recurvata

Jonge planten van deze soort, die ook vaak wordt verkocht onder de naam *Nolina*, groeien als een rozet lintvormige bladeren aan een ronde stengelknol. Ze worden vaak met drie in een pot verkocht. Bij het ouder worden zwelt de knol eerst op en groeit later flesvormig uit. In Midden-Amerika en het zuiden van de Verenigde Staten, waar de plant oorspronkelijk vandaan komt, wordt boomformaat bereikt. In de huiskamer komt het niet zo ver, want de plant groeit gelijkmatig, maar niet snel. Soms worden oudere planten, met een flesvormige knol en meerdere bladtoeven verkocht. Daarbij gaat het om geïmporteerde knollen.
Beaucarnea recurvata is gemakkelijk te verzorgen, kan goed tegen droge lucht en verdraagt de volle zon. Zet haar zo licht mogelijk en geef gemiddeld water. In de winter mag *Beaucarnea* op een koele plek (minimaal 5°C)

Beaucarnea recurvata

Aloe striatula

en krijgt dan weinig water. U mag haar ook in de huiskamer houden.
Beaucarnea stricta lijkt in bijna alles op *recurvata*, alleen zijn de bladranden ruwer. De behandeling van de twee soorten is gelijk.

○ ◑

Ceropegia

LANTAARNPLANTJE

De bloemen van lantaarnplantjes behoren tot de ingewikkeldste op aarde. Net zoals bij sommige orchideeën worden insekten een tijdje in de bloem gevangen gehouden tot ze die hebben bestoven. Daarna mogen ze vertrekken.
De bekendste soort is *Ceropegia woodii* (het Chinees lantaarnplantje). In de aarde vindt u een knol, waaruit de scheuten als draden omlaaghangen. Er komen kleine, groen met zilver gemarmerde blaadjes aan en op den duur ook de typisch gevormde bloempjes, oudroze van kleur, met een kap van auberginekleurige, behaarde tralies. Hang de plant op een zeer lichte plaats, alleen beschermd tegen de felste zomerzon en geef pas water wanneer de grond helemaal is uitgedroogd. Op den duur vindt u in de pot alleen nog de steeds groter worden wortelknollen. Dan is het tijd om te verpotten in een mengsel van klei, zand en humus. Ook aan de stengels ontwikkelen zich knolletjes, die gemakkelijk in grond wortelen.
Van de typische liefhebberssoorten worden tegenwoordig ook enkele aangeboden, zoals *Ceropegia radicans*. Deze soort uit de Zuidafrikaanse Kaapprovincie vormt geen knollen aan de stengels. Die zijn rolrond, groen, sappig en vormen op de knopen rudimentaire wortels, die uitgroeien zodra ze grond raken. Stekken is dus heel eenvoudig.

Ceropegia radicans

Ceropegia woodii subs. *woodii*, het lantaarnplantje

De ongeveer vijf centimeter lange bloemen verschijnen vooral in de herfst. Wanneer u de planten licht hangt, kunt u van de typische vorm en ingetogen kleuren genieten. Hang de plant in de winter op een koele plaats, waar het niet kouder wordt dan ongeveer 10°C en geef nauwelijks water.

☼ ●

Ceropegia linearis woodii

Zie: *Ceropegia woodii*

Conophytum

Voor deze schitterend bloeiende vetplanten moet u bij gespecialiseerde kwekerijen zijn. Daar vindt u planten die wit, geel, oranje, zalmkleurig, roze, karmijnrood of violet bloeien, afhankelijk van de soort. Conophytums groeien als 'levende steentjes' in Zuid-Afrika. Ze vallen er totaal niet op tussen de kwartskiezel en dat is precies de bedoeling, want anders zouden ze gemakkelijk door dieren worden weggegraasd. Ze lijken wat dit betreft op *Lithops*-soorten, de echte 'levende steentjes'. Conophytum groeit en bloeit in Zuid-Afrika in het voorjaar (september, oktober) en houdt dit ritme op het noordelijk halfrond koppig vol. Zet de plant dan zo zonnig mogelijk en geef telkens water wanneer de grond bijna is uitgedroogd (in het losse grondmengsel, dat ze nodig hebben in ondiepe schalen is dit ongeveer wekelijks). Extra belichting tijdens de bloei en de groeiperiode erna helpt. Zet de planten anders in de winter stil, door ze koel (minimaal 5°C) en droog op de lichtst mogelijke plaats te zetten. Geef ook in de lente en zomer nauwelijks water, tot de knoppen weer uit de harten van de 'steentjes' komen.

☼ ●

Crassula ovata

GELDBOOM, APEBROODBOOM

Verwar deze soort niet met de echte apebroodboom, de baobab met zijn enorme stam. De ongeveer driehonderd *Crassula*-soorten worden ook wel dikblad genoemd vanwege de volsappige bladeren, die de stengels soms volledig verhullen. Ze groeien bijna allemaal in zuidelijk Afrika.
Crassula ovata is een van de allergemakkelijkste kamerplanten. Ze verdraagt droge lucht, slechte potgrond, volle zon, maar ook halfschaduw en ongeregeld gieten. Ze kan alleen niet tegen een voetbad. De vetplant groeit

Een verzameling *Conophytum* in de Hortus Botanicus te Leiden

onstuitbaar, waarbij de ronde stammen zich rijkelijk vertakken, zodat een struikvorm ontstaat van tientallen centimeters hoog. Ze kan bloeien met witachtige stervormige bloemen in kleine schermen bij elkaar, maar dit gebeurt in de huiskamer zelden.
Wordt de plant te groot, dan is ze zeer gemakkelijk te verjongen. Breek oudere bladeren van de stam en zet ze aan de voet ervan in de aarde. Er groeien vanzelf jonge plantjes uit.

☼ 💧

Crassula ovata

Crassula portulacea

Zie: *Crassula ovata*

Crassula schmidtii

DIKBLAD

Dit dikblad heeft slappe stengels en bladeren, gevuld met vocht. Er ontstaat een losse zode, die maandenlang aan één stuk kan bloeien met dieproze bloemen. Giet pas wanneer de grond bijna is uitgedroogd en zet dit dikblad op een zonnige plaats.

☼ 💧

Echeveria

De rozetten met sappige bladeren zijn vaak blauwgroen door een waslaag. Die beschermt

Echeveria

de planten in Centraal-Amerika tegen felle zonneschijn. Zet echeveria's daarom op de zonnigst mogelijke plaats. 's Zomers staan ze liefst buiten, in de volle zon. Geef dan geregeld water, maar laat de grond tussen de gietbeurten uitdrogen.
Tegen de herfst bloeien de rozetten vaak met gele, oranje of rode bloemen. Daarna staan echeveria's het liefst op een lichte, maar koele plaats en hebben dan heel weinig water nodig. Op den duur vallen de onderste bladeren af en komen de rozetten op kale stengels te staan. U kunt de rozetten dan afsnijden, enkele dagen laten drogen en in zanderige grond zetten. De

Crassula schmidtii

overgebleven stompen lopen in de meeste gevallen weer uit.
Over het algemeen worden kweekvormen van *Echeveria* aangeboden.

○ ●

Frithia pulchra

VENSTERPLANTJE

In Zuid-Afrika leeft *Frithia* bijna helemaal onder de grond. Alleen de toppen van de bladeren komen net aan het oppervlak. Die toppen zijn afgeplat en doorschijnend. Het licht valt er door de bladeren in! Hetzelfde principe komen we tegen bij de twee andere vensterplantjes: *Fenestraria aurantiaca* en *Fenestraria rhopalophylla*. De laatste twee soorten bloeien respectievelijk geel en wit, in de herfst en winter. *Frithia pulchra* is van de drie het gemakkelijkst te houden, omdat ze in de zomer bloeit met roze bloemen, die vaak een wit hart hebben. Tot voor kort was het een soort voor gevorderde liefhebbers. Tegenwoordig is *Frithia* als kamerplant te koop.
Ze heeft in onze streken elk beschikbaar straaltje licht nodig. We mogen haar daarom niet ingraven, maar laten de lange bladeren helemaal boven de grond. Zet dit vensterplantje op de zonnigste plek en geef alleen in voorjaar en zomer bij warm weer water. De aarde moet poreus zijn, zodat overtollig water gemakkelijk weg kan vloeien. In de winter helemaal droog houden, liefst in een koele kamer (minimaal 5°C).

○ ●

Fouquieria splendens

In Mexico worden de bestekelde stammen van de struik bijna tien meter hoog. Ze worden als ondoordringbare afscheiding gebruikt. In de huiskamer is *Fouquieria* een matige groeier, die alleen in de zomer matig mag worden begoten. Vanaf augustus krijgt de plant steeds minder water. Het blad zal vallen, net zoals tijdens droge perioden in de natuur. In de winter volledig droog houden en op een koele, vorstvrije plaats zetten. Vanaf de lente weer gieten. Mogelijk ontwikkelen zich dan de roodachtige bloemtrossen. Maar ook zonder bloemen verdient de plant de naam 'splendens' (= schitterend).

○ ●

Frithia pulchra

Fouquieria splendens

Hoya bella

KLEINE WASBLOEM

De kleine wasbloem heeft rolronde, groene stengels, die onder het gewicht van blad en bloemen gaan hangen. In de zomer kunt u genieten van de zoete geur van de hangende bloemschermen. Iedere bloem is wasachtig wit met een dieproze kroontje in het midden.
De kleine wasbloem kan als struikje of als hangplant worden gekweekt. Zet de plant op een zo vochtig mogelijke en zeer lichte plaats, maar bescherm het blad tegen de felle zomerzon, anders komen er bleekbruine brandvlekken op. Geef telkens water wanneer de grond bijna is uitgedroogd, maar giet dan ruim. De aarde is bij voorkeur humushoudend, met bovendien wat klei en grind voor de luchtigheid ervan. Houd de kleine wasbloem 's winters droger op een koele, lichte plaats, waar de temperatuur nooit beneden 15°C mag zakken.

☼ ◑

Hoya carnosa

GROTE WASBLOEM

De grote wasbloem is sterker dan *Hoya bella*. Het blad van *carnosa* is vetter en beter beschermd tegen uitdroging. Deze plant verdraagt het huiskamerklimaat beter en neemt in de winter genoegen met lagere temperaturen. Geef de grote wasbloem dan nauwelijks water, bij een minimale temperatuur van 10°C.

Onder: *Hoya bella*

Rechts: *Hoya carnosa* 'Compact'

's Zomers kunt u gewoon water geven, al mag de grond na het gieten niet kletsnat blijven. Op een zeer lichte plek zullen zich bolvormige bloemschermen ontwikkelen, die heerlijk geuren.
Hoya carnosa 'Compact' is een veel verkochte kweekvorm met hangende twijgen vol gekronkeld blad, dat bovendien vaak bont is gekleurd.

☼ ◑

Hoya lanceolata bella

Zie: *Hoya bella*

Hoya multiflora

WASBLOEM

Letterlijk vertaald is dit de 'veelbloemige' wasbloem. Aan ieder scherm ontwikkelen zich tientallen lekker ruikende bloemen. Ze zijn min of meer pijlvormig, wit met lichtgeel, en gaan vaak gedeeltelijk schuil onder de grote, taaie bladeren, die ongeveer tien centimeter lang worden.
De 'veelbloemige' wasbloem komt uit Zuidoost-Azië en groeit daar als een kleine klimplant. De twijgen zijn tamelijk stevig, maar worden toch gesteund om het grote gewicht van blad en bloemen beter te kunnen dragen. Voor verdere verzorging zie *Hoya bella*.

☼ ◑

Hoya multiflora

Kalanchoe blossfeldiana

De talloze kweekvormen van deze plant met glimmend groene bladeren bloeien wit, geel, oranje, rood of roze. U kunt ze het hele jaar kopen, overdekt met bloemen. Maar mocht u ze zelf daarna opnieuw tot bloei weten te brengen, dan blijkt dat ze van nature in de herfst bloeien.
De meesten krijgen *Kalanchoe blossfeldiana* nooit meer in bloei. De planten staan in de verwarmde huiskamer en krijgen telkens opnieuw water. Dergelijke planten groeien goed, maar bloeien niet. Wilt u ze tot nieuwe bloei brengen, zet ze dan in de winter koel (minimaal 10°C) en geef in die periode heel weinig water. Verpot in het voorjaar in losse, voedzame grond (gewone potgrond met wat klei en grind) en geef daarna steeds meer water. Op een zonnige plek zullen ze dan wel in de herfst bloeien.

☼ ◑

Kalanchoe blossfeldiana

Kalanchoe manginii 'Tessa'

Zie: *Kalanchoe* 'Tessa'

Kalanchoe 'Tessa'

Een populaire hangplant voor de zonnige plek is onder andere uit *Kalanchoe manginii* gewonnen. Het gaat daarbij om een kruipende plant van Madagascar, die behalve klokvormige bloemen ook kant-en-klare jonge plantjes aan de twijgen produceert.
'Tessa' is gemakkelijk te verzorgen. Hang de pot in de zon of op een andere lichte plaats en geef in de zomer ruim water. Na de bloei in herfst, winter of lente, heeft 'Tessa' baat bij een rustperiode. Ze krijgt nauwelijks water en wordt koel en licht weggezet. Breng haar na

Kalanchoe 'Tessa'

Kalanchoe tomentosa

enkele maanden weer aan de praat door meer water en warmte te geven.

○ ◑

Kalanchoe tomentosa

PANDAPLANT

Bij deze *Kalanchoe* gaat het niet om de bloemen, maar om het viltige blad. De wol op de bladeren is wit, met vosrode vlekjes aan de toppen ervan. Zet de laagblijvende plant op een zo zonnig mogelijke plaats. Daar wordt de beharing dichter en worden de roodbruine vlekken groter. Geef matig water.
In de winter staat de pandaplant, die uit de bergen van Madagascar komt, ook graag zeer licht, maar liefst koeler (minimaal 10°C). Geef weinig water, zodat de plant niet groeit. Mocht ze toch door lengtegroei kaal en lelijk worden, dan kunt u stukken stengel afsnijden of volwassen bladeren uitbreken. Laat ze een dag drogen en daarna wortelen in zanderige grond.

○ ●

Lithops

LEVEND STEENTJE

In 1811 pakte de Engelse plantkundige Burchell een steentje van de Zuidafrikaanse vlakte. Het zat vast en bleek een plant. Die bestaat uit twee bladeren, die helemaal in de grond zitten. Alleen de oppervlakken steken er net bovenuit en lijken sprekend op de steentjes in het gebied. In gebieden met ander gesteente zijn ook de planten aan die andere kleur aangepast, zodat ze perfect zijn gecamoufleerd.
De ruim 30 soorten levende steentjes zijn goed in de huiskamer te houden, ook al komen ze uit de droogste streken van Zuid-Afrika. Ongeveer in mei beginnen ze aan de groeiperiode, in de herfst gevolgd door bloei. De bloemen komen tussen de twee bladeren uit. Ze zijn meestal geel of wit en breder dan het bladpaar.
Tijdens de groei en bloei wordt alleen bij zonnig weer gegoten. De volgende gietbeurt krijgt *Lithops* pas wanneer de aarde weer droog is. 's Winters staat de plant volledig droog, liefst in een koele kamer (minimaal 5°C). In alle gevallen moet het levende steentje in de volle zon. Het draadachtige wortelstelsel, dat alleen in zeer losse grond (liefst met steengruis) goed groeit, kan slecht tegen kou. Zet de ondiepe schaal, waarin u *Lithops* het beste kunt kweken, daarom niet op een koude vensterbank, maar op een plaatje piepschuim.

○ ●

Lithops

Myrmecodia echinata

Met haar verdikte wortel lijkt *Myrmecodia* op een vetplant. Toch is de knol niet bedoeld om vocht op te slaan, maar mieren. Binnenin zit een netwerk van kamers, bedoeld om mieren onderdak te bieden. In ruil voor de gastvrijheid beschermen de mieren de plant tegen vraat van luizen en andere insekten. Ze knagen zelfs de opdringerige stengels van andere planten door. Bovendien heeft *Myrmecodia* baat bij de mest die de mieren in de kamers achterlaten.

Myrmecodia

Er bestaan talloze 'mierenplanten' uit geheel verschillende families. De bekendste is *Dischidia pectenoides* met ovale, groene blazen aan de takken, waarin ook mieren kunnen wonen. *Dischidia* groeit het beste op een lichte, maar niet te zonnige plaats. Overigens is de verzorging gelijk aan *Myrmecodia*.
Myrmecodia is als kamerplant heel nieuw. Ze groeit in Zuidoost-Azië tegen bomen en heeft dus een zeer luchtig, humeus en zuur grondmengsel nodig.
Het gietwater (regenwater of gekookt kraanwater, liefst handwarm) mag nooit bij de wortels blijven staan. Deze mierplant houdt van een zeer lichte standplaats, liefst in de zon. De temperatuur mag nooit beneden ongeveer 12°C dalen.

○ ◑

Nolina recurvata

Zie: *Beaucarnea recurvata*

Pachypodium

MADAGASCARPALM

Pachypodium lamerei is een bekende kamerplant met lange, donkergroene bladeren aan een sterk bestekelde, dikke stam. Op den duur groeit die manshoog en dan wordt de plant vaak weggedaan. Het bewijst dat de Madagascarpalm uiterst sterk is en ons droge huiskamerklimaat prima verdraagt. De plant staat graag zonnig en warm en is nauwelijks gevoelig voor fouten bij het gieten. Geef ruim (handwarm) water, dat niet bij de wortels mag blijven staan.
U hoeft geen rustperiode in te lassen, maar het mag wel. Geef dan in de winter minder water. Het grootste deel van het blad zal vallen en het groeit alleen aan de top, in de nieuwgroei, weer aan.
Pachypodium geayi lijkt sprekend op *lamerei*. Het verschil zit in de bloemen die in de huiskamer zelden worden gevormd, en in de beharing die de top en de jonge bladeren van *geayi* siert. Wees bij deze soort iets terughoudender met water geven. Verder is de verzorging gelijk aan die van *lamerei*.
Pachypodium lealii saundersii komt uit zuidelijk Afrika. De stam beschermt zich met een zilvergrijze schors tegen de onbarmhartige zon. Het contrast met de glanzendgroene bladeren is een lust voor het oog. In principe kan deze soort met grote, witte bloemen bloeien. Maar de knoppen ontwikkelen zich in het najaar en vallen meestal door lichtgebrek af. Op tijd extra belichten kan ze redden. Verder is de verzorging eenvoudig: geef in de zomer gemiddeld water, maar stop daarmee zodra de bladeren geel worden en afvallen. Nieuwgroei is het sein om weer met gieten te beginnen. De plant groeit het best op een zeer zonnige plaats in de verwarmde huiskamer (minimaal 10°C) en is gemakkelijk te zaaien. Pas op met het sap, want het wordt door de plaatselijke bevolking als pijlgif gebruikt.

○ ◑

Pachypodium lealii saundersii

Pachypodium saundersii

Zie: *Pachypodium lealii saundersii*

Saxifraga

STEENBREEK

De meeste steenbreeksoorten komen uit de bergen en worden bij ons als rotsplant gekweekt. Ze blijven over het algemeen klein en bloeien uitbundig, vooral in mei en juni. Tijdens de zomerse groeiperiode lusten ze veel water, ook al kunnen de wortels slecht tegen stagnerend vocht. Speciaal in de winter rotten de wortels gemakkelijk weg. Op een droge plaats verdragen ze strenge vorst.
Succulente *Saxifraga*'s worden door liefhebbers in de winter onder glas, maar heel koel, gekweekt. Een koude kas is ideaal. Wanneer u

die niet hebt, kunt u de plant ook binnen voor het raam in een onverwarmde kamer zetten. Lucht zo vaak u kunt. In de lente gaan de planten dan in pot naar buiten, op een zonnige plek.

☼ ◑

Sedum rubrotinctum

VETBLAD

De meeste van de ongeveer driehonderd vetbladsoorten kruipen over de grond met bebladerde stengels. Het blad is bijna altijd succulent, vol vocht, vandaar de Nederlandse naam 'vetblad' of 'vetkruid'.
Sedum rubrotinctum komt van oorsprong uit Mexico. Bij ons is het een gemakkelijke kamerplant, die goed tegen droge lucht kan, weinig eisen aan de grond stelt, maar wel graag zo zonnig mogelijk staat. In de schaduw verdwijnt de rode kleur van het blad en worden de stengels lang en kaal.
In de zomer kunt u normaal gieten. Houd de plant in de donkere maanden droog en zet haar liefst in een koele kamer (minimaal 5°C) op de lichtst mogelijke plaats.
Andere populaire soorten zijn: *Sedum pachyphyllum* (met grotere, melkgroene bladeren met rode punt), *Sedum morganianum* (zie het hoofdstuk over klim- en hangplanten) en *Sedum sieboldii* (afgeplat rond blad aan ronde stengels).
De kweekvorm *Sedum sieboldii* 'Medio-Variegatum' heeft grijsgroen blad met roomkleurige vlekken in het midden.

☼ ◑

Saxifraga

Links: *Sedum rubrotinctum*

Onder: *Saxifraga*-soorten op de kwekerij

16. Vleesetende planten

Planten staan niet altijd alleen maar te vegeteren. Sommige bewegen om dieren te vangen. Insekten landen op de kleverige tentakels van zonnedauw en kunnen er niet meer af. Dan beweegt de plant de tentakels naar de bladoppervlakte, waar het insekt wordt verteerd.
Vleesetende planten hebben het dierlijke voedsel nodig om te floreren. Ze groeien in zure, venige moerassen waar heel weinig meststoffen aanwezig zijn en waar de beschikbare voeding bovendien moeilijk door de wortels kan worden opgenomen. Dus ontwikkelden de planten de meest ingenieuze manieren om vliegen en andere insekten in de val te lokken. Het is heel boeiend om te bekijken hoe dat gaat.
Helaas is het niet eenvoudig om vleesetende planten lange tijd in leven te houden. Ze hebben regenwater nodig en de hoge luchtvochtigheid van een moeras. Gelukkig zijn vleesetende planten met wat speciale aanpassingen toch wel te kweken en kunt u ze dus ook in de huiskamer bewonderen.

Drosera aliciae

ZONNEDAUW

De bladeren van *Drosera aliciae* uit Zuid-Afrika vormen perfecte rozetten tegen de grond. Die zijn ongeveer vijf centimeter in doorsnee en bezet met rode tentakels met aan het uiteinde daarvan een kleverige druppel. Kleine dieren raken erin verkleefd en worden door de beweeglijke tentakels naar het bladoppervlak geduwd waar ze worden verteerd.
Bij goede verzorging bloeit *Drosera aliciae* met roze bloemen van meer dan een centimeter breed aan een stengel van bijna een halve meter lang.
Kweek deze soort in de volle zon. Het grondmengsel moet zuur zijn. Levend veenmos is ideaal, maar ook een mengsel van veel grove turfmolm met wat zand voldoet. Zet de pot 's zomers in een brede schotel met water, zodat de luchtvochtigheid rond de plant hoog genoeg blijft. Giet alleen op de schotel en uitsluitend met regenwater. De kweek in een bijna afgesloten glazen bak of aquarium is ideaal.
In de winter mag er geen water in de schotel staan, maar moet de grond wel goed vochtig blijven. Zet de plant in die periode liefst in een onverwarmde kamer, vorstvrij, maar bij een zo laag mogelijke temperatuur.

☼ ◊

Drosera aliciae

Links: *Nepenthes truncata*

Nepenthes

BEKERPLANT

De bekerplanten zijn bewoners van de tropische wouden tussen Madagascar en Australië. De bekers zijn omgevormde bladeren en ontwikkelen zich alleen wanneer de plant licht genoeg staat en het ook verder naar de zin heeft.
Insekten vinden nectar op het deksel boven de beker en kruipen rond op zoek naar meer. Net onder de bekerrand vinden ze nieuwe nectar, maar direct daaronder zit een glijbaan van was aan de binnenkant van de beker. Veel dieren glijden erop uit en vallen in de beker. Hun gespartel activeert klieren in de beker. Ze scheiden een sterk zuur af, dat een huisvlieg in twee

dagen kan verteren. Alleen het omhulsel blijft over.

Nepenthes-soorten zijn niet geschikt voor de gewone vensterbank. Ze blijven alleen bij een hoge luchtvochtigheid in leven. Kweek ze daarom in een tropische kas of in een kamerkasje (bijvoorbeeld een grote aquariumbak, die bijna helemaal met glasplaten wordt afgesloten). Voor een goede ontwikkeling hebben de planten in de zomer tropische temperaturen nodig en een gemiddeld lichte standplaats, uit de felle zon. Giet met handwarm regenwater. Houd de grond voortdurend vochtig, maar

Nepenthes x *chelsonii*

zorg dat het water vrijelijk weg kan stromen. Gebruik losse, doorlatende grond van varenwortel, denneschors, grove turfmolm en/of veenmos. In de winter verdragen de bekerplanten uit hoger gelegen gebieden lagere temperaturen (minimaal 10°C), maar ze kunnen het beste het hele jaar warm worden gehouden.

Nepenthes alata en *Nepenthes ventricosa* groeien in bergwouden en kunnen dus relatief koel worden gekweekt.

Nepenthes gracilis is een laaglandsoort, net zoals *Nepenthes rafflesiana* en *Nepenthes truncata* en de kruising *Nepenthes* x *chelsonii*. Ze houden van extra warmte.

Sinds de vorige eeuw zijn er talloze kruisingen gekweekt. *Nepenthes* 'Mizuho Kondo' valt op met kronkelende frontale richels, die gedraaid langs de stengel doorlopen.

Pinguicula

VETBLAD

Vetblad is een zeldzame inheemse plant in grote delen van Europa. Het gaat daarbij om *Pinguicula vulgaris*, die in hoogveenmoerassen groeit, maar ook buiten in de tuin kan worden gekweekt wanneer u een veenmoeras weet te imiteren.

In de huiskamer zijn ze moeilijk te houden. Daar komen Middenamerikaanse soorten beter tot hun recht, *Pinguicula moranensis* bijvoorbeeld, uit Mexico. In de zomer heeft deze plant veel (regen)water nodig, dat op de brede schotel wordt gegoten, waar de pot in staat. Het verdampende vocht zorgt voor een hogere luchtvochtigheid. In afwijking van bijna alle andere vleesetende planten heeft dit vetblad graag wat klei in de potgrond, die verder voor het overgrote deel uit turfmolm en wat scherp zand moet bestaan.

Zet de plant op de waterschotel (of in een terrarium) op een zonnige vensterbank en scherm alleen tegen felle zomerzon. Dan zal de plant bloeien met lange stelen en roze bloemen, die op viooltjes lijken.

In herfst en winter houdt u de plant matig vochtig. De zomerbladeren sterven af. Daarop zaten talloze minuscule tentakeltjes met druppeltjes vocht. Er komt winterblad voor in de

Rechts: *Nepenthes* 'Mizuho Kondo'
Onder: *Pinguicula moranensis*

plaats. Het is half zo groot als het zomerblad en mist de kleverige substantie. Daarin worden in de zomer kleine vliegjes en kruipende dieren gevangen en daarna aan het bladoppervlak verteerd.
Samen met zonnedauw behoort vetblad tot de vleesetende planten, die daadwerkelijk kunnen bewegen. De bladranden van vetblad krullen geleidelijk op wanneer er een groter prooidier op terechtkomt. Bij de kweekvorm *Pinguicula* 'Weser' staan de bladeren aan de rozetten ook zonder prooi al omhoog.

☼ ○

Pinguicula 'Weser'

Pinguicula caudata

Zie: *Pinguicula moranensis*

Pinguicula mexicana

Zie: *Pinguicula moranensis*

Sarracenia flava

GELE TROMPETBEKERPLANT

De slanke trechters van de gele trompetbekerplant doen ook in huis hun werk. Ze lokken vliegen die in de bekers tuimelen en erin worden verteerd. De plant blijkt zeer effectief in het vangen van vliegen en wordt zelfs om die reden gekocht.
In het voorjaar bloeit ze bovendien met typisch gevormde bloemen van soms wel tien centimeter in doorsnee. Ze lijken wel wat op een narcis, waarvan de trompet aan de voorkant bol en gesloten blijft. De kleur is overwegend groenig geel.
Deze trompetbekerplant uit de zuidelijke Verenigde Staten is relatief gemakkelijk te kweken. Ze mag voor het raam in de volle zon, al wordt schermen op het heetst van de dag aanbevolen. Geef het regenwater in een brede schotel onder de pot. Er mag een laagje in blijven staan om de luchtvochtigheid rond de plant te verhogen. In de winter hetzelfde recept, maar zet de trompetbekerplant nu op een lichte, maar zo koel mogelijk plaats (minimaal 5°C). De ideale potgrond bestaat grotendeels uit veenmos en turf, aangevuld met wat scherp zand.

☼ ○

Sarracenia purpurea

TROMPETBEKERPLANT

De soort groeit wild in de Verenigde Staten, tot hoog in Canada. De noordelijke planten worden *Sarracenia purpurea* subsp. *purpurea*

Sarracenia flava

(noordelijke trompetbekerplant) genoemd. Ze zijn tamelijk slank en volkomen winterhard. In plantenwinkels wordt meestal de zogenaamde 'zuidelijke trompetbekerplant' *Sarracenia purpurea* subsp. *venosa* verkocht. Voor de verzorging van deze laatste soort zie *Sarracenia flava*. De noordelijke trompetbekerplant is gemakkelijker zomer en winter buiten te kweken dan in de huiskamer.

☼ ◊

Utricularia sandersonii

BLAASJESKRUID

Blad en bloemen van dit Zuidafrikaanse blaasjeskruid zijn uiterst klein. De bladeren zijn maar enkele millimeters lang, de bloemen ruim een centimeter breed. Het inheemse gewoon blaasjeskruid (*Utricularia vulgaris*) leeft in water. *Utricularia sandersonii* staat in de grond: een mengsel van turfmolm met wat zand. Zet de pot in een brede schotel (gevuld met regenwater) voor het raam. Scherm tegen felle zon. In de winter staat de plant graag vochtig, maar ook liefst koeler (nooit kouder dan 5°C).

☼ ◊

Sarracenia purpurea

Utricularia sandersonii

17. Planten in potten en kuipen

Uw huis houdt niet op bij de drempel. Rondom het huis, in de serre, kas, op terras of balkon is ruimte voor planten in potten en kuipen. U kunt er heel gewone tuinplanten in kweken. In dit hoofdstuk gaan we in op soorten, die niet in de winter buiten kunnen blijven, omdat ze daar bevriezen. 's Zomers staan ze het liefst in de frisse lucht. Het gaat om kuipplanten, ook wel oranjerieplanten genoemd, of Kaapse gewassen (voor zover het om de vele Zuidafrikaanse soorten gaat). De meeste staan buiten graag in de zon. Ze krijgen daar ruim water en voeding. Vanaf halverwege het jaar –vaker laat in de zomer en in de herfst– bloeien ze met tropische bloemenpracht. Daarna volgt de winterse rustperiode, waarbij de groenblijvende soorten een lichte, koele standplaats vragen. De bladverliezende mogen eventueel donker staan. Nadat de vorst in het voorjaar is geweken, mogen ze weer naar buiten en geven er opnieuw hun vleugje zuidelijke sfeer aan uw balkon of terras.

Acidanthera bicolor

Zie: *Gladiolus callianthus*

Aeonium arboreum

De grote rozetten van *Aeonium* groeien op den duur aan vertakkende stammen van enkele tientallen centimeters hoog. Alleen aan de top van de takken zit groen blad. Meestal worden donkerbladige kweekvormen aangeboden, zoals 'Atropurpureum' (donkerrood), of 'Zwartkop' (diep-augbergine), maar ook de bontbladige 'Variegatum' (roomwit met groen) is zeer in trek.
Zet de van oorsprong Marokkaanse plant 's zomers in een ruime pot buiten op een zonnige plaats. Ieder grondmengsel voldoet, al heeft *Aeonium* voorkeur voor minerale aarde met klei en zand. Ze houdt van matig water in de zomer (bescherm haar tegen overvloedige regen).
's Winters wordt *Aeonium arboreum* bijna droog gehouden op een lichte plaats in een koele (maar vorstvrije) ruimte.

○ ●

Aeonium arboreum 'Zwartkop'

Links: *Bougainvillea glabra* 'Sanderiana'

Agapanthus

Agapanthus is in het zuidwesten van Engeland winterhard. Daar bloeien de blauwe, kogelvormige schermen tussen helmgras op de Scilly Eilanden. In de koelere delen van Europa kunt u haar het beste als kuipplant kweken. Vanaf juni kan ze in een grote pot of kuip naar buiten, op een warme, zonnige, beschutte plek. Giet ruim en voed de plant regelmatig. Aan het einde van de zomer komen er lange, ronde stengels tussen de lintvormige bladeren. In juli en augustus bloeit ze enkele weken rijk.

Geef daarna geleidelijk minder water. Laat de plant tot de eerste vorst buiten en zet haar vervolgens vrijwel droog in een koele, vorstvrije ruimte.
In het voorjaar kunnen de in elkaar verweven wortelstokken worden gescheurd. Zet ze in voedselrijke, vochthoudende grond (liefst met wat klei erin) en breng ze op een lichte, warme plaats aan de groei.
Agapanthussen kruisen zo gemakkelijk, dat sommige plantkundigen alle 10 beschreven soorten tot één soort terugbrengen. In cultuur zijn vrijwel uitsluitend kruisingen in omloop met blauwe, paarse of witte bloemen.

☼ ◊

Alpinia purpurata

RODE GEMBER

Alpinia wordt pas sinds kort op de veilingen aangevoerd. Mondjesmaat, want het gaat om een echte liefhebbersplant, die het alleen in een warme kas of serre echt naar de zin heeft. Daar wordt ze gemakkelijk twee meter hoog en bloeit in de zomer met witte bloemen tussen opvallend rode schutbladen. Die laatste vormen de sierwaarde van deze plant uit het gebied van de Grote Oceaan. Geef 's zomers ruim water en voeding en zorg voor een zo hoog mogelijke luchtvochtigheid. *Alpinia* houdt van veel licht, maar niet van felle zon.
's Winters kan de plant met weinig water toe, maar staat wel graag licht en warm (minimaal 15°C).
Tussen de schutbladen van *Alpinia purpurata* worden broedplantjes gevormd, die apart kunnen worden opgepot en bij minimaal 20°C gemakkelijk aan de groei gaan.

☼ ◊

Agapanthus praecox orientalis

Alpinia purpurata

Alyogyne huegeli

Dit familielid van de hibiscus groeit van nature in Australië. Sinds kort bloeit ze 's zomers ook in onze serres en in de zomer buiten op het terras. De plant groeit struikvormig, tot ongeveer anderhalve meter hoog en bloeit 's zomers met bijzonder mooie, dieproze bloemen tussen het zachte, diep gelobde blad.
Tijdens de groei ruim gieten en af en toe voeden. Haal de plant in de late zomer binnen zodra de nachttemperaturen beneden 10°C zakken. Dat is tegelijk de minimale temperatuur waarbij de plant goed de winter doorkomt. Geef in die periode weinig water. Bij temperaturen boven 15°C moet ook 's winters matig worden gegoten. De plant zal doorgroeien en moet dan in het voorjaar stevig worden gesnoeid.

○ ◯

Alyogyne huegeli 'Trumpet Serenade'

Anisodontea capensis

Dit struikje uit Zuid-Afrika bloeit een hele zomer lang. Vanaf juni komen er telkens nieuwe bloemen, wanneer u de plant aan de groei houdt met gemiddelde watergift en voeding. Bij de eerste nachtvorst moet *Anisodontea* naar binnen. Meestal staat ze ook dan nog in bloei.
's Winters mag de plant niet doorgroeien, dus geeft u geleidelijk minder water en zet de plant in een koele kamer (minimaal 5°C). In het voorjaar stevig insnoeien. Daarna begint de groei, gevolgd door een nieuwe lange zomer van rijke bloei.

○ ◐

Argyranthemum frutescens

Zie: *Chrysanthemum frutescens*

Anisodontea capensis

Anisodontea capensis

Azalea

Zie: *Rhododendron*

Bougainvillea

BOUGAINVILLE

Rond de Middellandse Zee bloeien hoog opklimmende bougainvillestruiken tegen de huizen. Ze bloeien er zo rijk, dat vakantiegangers het graag thuis ook met deze van oorsprong Zuidamerikaanse planten willen proberen. Dat valt vaak tegen, omdat wij zelden genoeg zon en warmte kunnen geven. De struik moet bij ons in de winter in rust en het duurt daarna een flinke tijd voordat hij weer goed aan de gang is. Bij ons bloeit hij meestal pas tegen de herfst. In een serre of kas, of op een lichte, luchtige vensterbank eerder.
Geef in de zomer ruim water en veel plantenvoeding. Wanneer u in juli zuiniger gaat gieten en voeden, wordt de plant tot bloei geprikkeld. Het zijn de paarse, roze, rode, oranje of witte schutbladen die opvallen. Ze blijven vaak veel langer aan de plant dan de buisvormige, bleke bloemen.
Zet de plant in de winter licht, luchtig en geef nauwelijks water. Het blad zal grotendeels vallen. Dat is een normaal verschijnsel. De bougainville staat in de winter graag koel bij een minimale temperatuur van 10°C.
Help de plant vanaf maart weer aan de groei, in kas of serre, of op een zonnige vensterbank. U kunt naar believen snoeien. De bloemen verschijnen aan de nieuw te vormen scheuten. De bekendste kweekvormen zijn gewonnen uit *Bougainvillea glabra*. Ze zijn te herkennen aan de grote roomwitte buisbloemen met omgeflensde rand.
De eigenlijke bloemen van *Bougainvillea spectabilis* vallen iets minder op. Er komen veel hybriden tussen de twee soorten voor en ook tussen *Bougainvillea glabra* en *Bougainvillea peruviana*, die worden aangeboden onder de naam *Bougainvillea* x *buttiana*.

☼ ○

Links: *Bougainvillea spectabilis*-hybride
Onder: *Bougainvillea* 'Aswan'

Bougainvillea Glabra-hybride

Bougainvillea sanderiana

Zie: *Bougainvillea glabra* 'Sanderiana'

Brugmansia

DOORNAPPEL

De eerste handeling na aankoop van een *Brugmansia* zou moeten zijn het naametiket weggooien, want meestal staat daarop een verkeerde naam. De vijf oorspronkelijke soorten uit de Andes kruisen gemakkelijk, zodat ontelbare hybriden zijn ontstaan, die onderling ook weer gemakkelijk kruisen.
Voor de behandeling maakt het niet uit, met uitzondering van *Brugmansia sanguinea*. Deze rode doornappel bloeit laat, meestal pas wanneer ze is binnengehaald, in herfst of winter. Wilt u van de bloemen genieten, dan moet u deze plant in de herfst veel licht, warmte en water blijven geven.
De andere soorten en hybriden staan 's zomers graag op een warme, zonnige tot halfbeschaduwde plaats buiten, of in een kas of serre. Giet ruim en voed geregeld, zodat de planten

Brugmansia

De bloem van *Brugmansia* van nabij gezien

de kracht opdoen om in de nazomer te bloeien. Koop ze ook liefst in die periode, zodat u de witte, gele, roze, oranje tot oranjerode bloemen op kleur, vorm en geur kunt beoordelen.
Haal ze voor de eerste nachtvorst binnen en zet ze bijna volledig droog in een koele kamer (minimaal 5°C). Licht is niet per se noodzakelijk omdat het blad af zal vallen. Maar de stammen blijven groen en zijn dankbaar voor ieder straaltje licht.
Verpot ieder voorjaar in voedselrijke grond, liefst met wat klei erin en snoei de planten in de winter, bij jonge planten desgewenst tot ongeveer twintig centimeter boven de grond.
Alle delen van *Brugmansia* en speciaal de bloemen en zaden zijn uiterst giftig.

☼ ◯

Callistemon citrinus

LAMPEPOETSER

De bloemen van lampepoetsers bestaan helemaal uit meeldraden. Die van *Callistemon citrinus* zijn rood en wijzen alle kanten uit, zodat ze op een borstel lijken, waarmee vroeger de glazen van olielampen werden schoongepoetst.
Men denkt dat lampepoetsers geen bloembladen aanmaken, omdat ze in droge streken van Australië groeien, waar de verdamping vanuit die bladen te veel verspilling betekent. De gekleurde meeldraden hebben de functie overgenomen om insekten te lokken. De lampepoetser groeit goed in huizen met grote ramen en centrale verwarming. Ze vraagt een zonnige standplaats en veel frisse lucht. Kunt u de plant dat niet bieden, geniet er dan in de zomer buiten van op een zonnig terras. En omdat de lampepoetser goed tegen wind kan, is ze zeer geschikt voor een winderig balkon.
In voorjaar en zomer kunt u *Callistemon* gemiddeld gieten. In de herfst kan ze als een van de laatste kuipplanten naar binnen, want ze verdraagt enkele graden vorst. Zet haar in de winter op een lichte, koele plek in de frisse lucht. Een temperatuur tussen 5 en 10°C is ideaal. U hoeft dan nauwelijks te gieten. Dat gebeurt pas weer in het vroege voorjaar, wanneer de lampepoetser bossig uitgroeit tot een sieraad voor kamer, terras, serre of balkon.
Vermeerderen van de plant gaat het beste in augustus, door er zijscheuten af te scheuren. Er blijft een klein stukje schors van de hoofdtak aan zitten. Met dit zogenaamde 'hieltje' wortelt de stek voorspoedig in een zanderig grondmengsel bij een bodemtemperatuur van liefst rond 20°C.

☼ ◑

Camellia

CAMELIA

De meeste mensen drinken dagelijks een kopje *Camellia sinensis*, thee. De planten worden

Callistemon citrinus

Camellia

als lage struiken in koele berggebieden geteeld. Het blad wordt gedroogd en gesneden tot aromatische thee.
De echte theestruik is in ons klimaat moeilijk te houden, maar talloze andere soorten blijken prachtige, wintergroene sierstruiken. Tegenwoordig zijn er kweekvormen, die 18 graden vorst verdragen en dus op een beschutte, beschaduwde plaats vrij uitgeplant in zure grond in de tuin kunnen blijven. Gevoeliger soorten en hybriden kunnen slecht tegen de warmgestookte kamer, maar zijn wel zeer geschikt als kuipplant. Ze mogen 's winters in een onverwarmde kas blijven, maar kunnen ook in een koele kamer worden gezet. Zorg voor zo veel mogelijk frisse lucht en voor veel licht, want de struiken blijven wintergroen. In de late winter en het vroege voorjaar bloeien ze met roosachtige bloemen, in alle mogelijke kleuren, maar vooral rood, roze en wit.
Zorg voor een zure, zeer humusrijke grond in de pot, voor rijkelijk water in de zomer en matig water in de winter, dan kunt u optimaal van deze showstukken genieten.

☼ – ◐ ◊

Carissa grandiflora

Zie: *Carissa macrocarpa*

Carissa macrocarpa

Deze groenblijvende kuipplant wordt zelden aangeboden. Ten onrechte, want ze bloeit met heerlijk geurende, witte, stervormige bloemen, gevolgd door rode vruchten, die er als minitomaatjes uitzien. Ze worden in de tropen gegeten. Toch kunt u beter van de plant afblijven, want op de rijpe vruchten na is ze zwaar giftig. In de zomer staat *Carissa* het liefst buiten. In

Carissa macrocarpa

Bloemen en knoppen van *Cassia corymbosa*

de halfschaduw groeit ze goed, maar in de volle zon beter. Daar bloeit ze rijker, maar nooit overdadig. Deze plant is iets voor de fijnproever.
Geef 's zomers gemiddeld water en af en toe wat mest. Voorkom dat de grond door regen doorweekt raakt. In de winter staat de wintergroene *Carissa* liefst bijna droog in een koele kamer (minimaal 10°C), op een lichte plaats.

☼ ◑

Cassia corymbosa

Tussen het geveerde blad van deze Amerikaanse struik ontrollen zich vanaf juni tot in oktober goudgele bloemen, met opvallend geknikte stamper en meeldraden. De plant kan in een pot enkele meters hoog worden en kan tot 'bol op stam' worden gesnoeid. In de zomer houdt *Cassia* buiten van een zonnige standplaats en een voortdurend vochtige grond. Die bevat bij voorkeur wat klei en zand. 's Winters wordt ze koel (minimaal 5°C) en bijna droog gezet, op een lichte standplaats.
Bij hogere temperaturen kunt u de plant op een zeer lichte plaats aan de groei houden. Ze zal dan ook in de winter nog enige tijd bloeien. Snoei de plant na de bloei stevig terug, zodat *Cassia* in het nieuwe seizoen goed kan vertakken.

☼ 💧

Cassia corymbosa in de kasteeltuinen van Arcen

Cassia didymobotrya

De bloemen van deze cassia zitten langs een lange stengel, die tijdens de bloei steeds langer wordt. De bladeren bestaan uit talloze deelblaadjes in twee rijen langs de hoofdnerf. In Afrika en India wordt de struik tot vijf meter hoog, bij ons ongeveer twee meter. Ook deze cassia kan in de zomer in een grote pot of kuip naar buiten. Maar haal haar binnen zodra de nachttemperaturen beneden de 10°C zakken. Voor verdere verzorging zie *Cassia corymbosa*.

☼ 💧

Cassia didymobotrya

Chrysanthemum frutescens

STRUIKMARGRIET

Kleine struikmargrieten worden in mei als perkplant verkocht, de grotere exemplaren in pot. Ze bloeien de hele zomer en gaan daar zelfs 's winters mee door wanneer u ze matig warm op een zeer lichte standplaats zet.
Chrysanthemum frutescens groeit van nature op de Canarische Eilanden en houdt dus van

Chrysanthemum frutescens

warmte, zon en tegelijk van veel frisse lucht. Zet zo'n tientallen centimeters hoge en brede bol vol grijsgroen blad en bloemen daarom op een warme, zonnige of halfbeschaduwde plaats in de tuin. Het blad verdampt veel vocht, zodat u zeer geregeld zult moeten gieten, want de plant mag absoluut nooit uitdrogen. Geef liefst af en toe vloeibare plantenmest.
Voor de eerste nachtvorst moet de plant naar binnen. In de huiskamer zal ze nog even doorbloeien, maar daar wordt de lucht al gauw te droog. Op een zeer lichte plaats in een koelere kamer hebt u er nog lang plezier van. U kunt de plant koel (minimaal 5°C) laten overwinteren, in het voorjaar stevig terugsnoeien, zodat de struik in het voorjaar weer compact uitgroeit. Verpot dan in voedzame, vochthoudende grond.
Desgewenst kunt u in de nazomer topstekken nemen, die op warmte aan de wortel helpen en koel en tamelijk droog laten overwinteren.

☼ ◊

Citrus limon

CITROENBOOMPJE

Het kweken van deze robuuste kuipplant is heel simpel. Stop wat pitten uit een citroen in een pot in de huiskamer en er zullen zaailingen uit kiemen met groen, glimmend blad. Ze zijn vanaf het begin mooi. Op precies dezelfde manier kunt u sinaasappelpitten zaaien. Er komen dan sinaasappelboompjes uit (*Citrus sinensis*). Ze kunnen beter tegen kou dan de citroen.
Zet de planten eind mei buiten in zon of halfschaduw en voorkom dat de potgrond uitdroogt of doorweekt raakt. Hoe ruimer de pot, des te sneller ze groeien.
Zodra de nachttemperaturen beneden 10°C zakken, verhuist uw citroenboompje naar binnen. Niet naar de warme, droge huiskamer, maar naar een lichte plaats in de koele kamer.

De vrucht van *Citrus limon*

Geef net genoeg water om de potgrond niet helemaal uit te laten drogen. Zo gekweekte planten groeien tamelijk snel uit tot struiken van twee meter hoog. U kunt ze door snoeien in toom houden. In de zomer komen er op den duur witte, sterk zoetgeurende bloemen aan, gevolgd door citroenen. De vruchtdracht komt bij uit pit gekweekte planten moeizaam op gang.
Wanneer het u om de vruchten gaat, koop dan andere citrussoorten, die vaak ook kleiner blijven: *Citrus limon* 'Meyer' (compact groeiend, met grote vruchten), *Citrus limon* 'Ponderosa' (compact, zeer grote vruchten), *Citrus reticulata* (de mandarijn), x *Citrofotunella microcarpa* (dit is het 'sinaasappelboompje' ofwel de 'dwergsinaasappel' uit de plantenwinkel. De compacte struikjes dragen kleine sinaasappeltjes, die lang aan de plant blijven hangen.

☼ ◐

Citrus limon

Citrus mitis

Zie: x *Citrofortunella microcarpa*

Datura (struikvormige, vaste soorten)

Zie: *Brugmansia*

Datura

DOORNAPPEL

De struikachtige, vaste doornappels met hangende bloemen worden bij *Brugmansia* beschreven. Tegenwoordig heten alleen de eenjarige soorten met opstaande bloemen nog *Datura*. Daartoe behoort de eenjarige plant die in heel Europa is verwilderd: *Datura stramonium*. Ze groeit vooral goed op vuilnisbelten en andere voedselrijke plaatsen.
In de winkel vindt u vaker *Datura metel*, met donziger blad en hangende vruchten. Het is een decoratieve, eenjarige potplant voor op het terras, waar ze in de zon of lichte schaduw van juni tot in september kan bloeien. Giet ruim, maar zorg dat overtollig water vrijelijk weg kan stromen en geef vaak plantenvoeding. De bloemen zijn meestal wit tot ivoorwit, maar bij kweekvormen ook gekleurd: *Datura metel* 'Alba' (zuiver wit), *Datura metel* 'Aurea' (lichtgeel), *Datura metel* 'Caerulea' (waterig blauw),
Datura metel 'Flore Pleno' (gevuldbloemig, in kleur verlopend van wit via roze naar paars). *Datura*'s zijn bijzonder giftig.

☼ ◯

Euonymus japonicus

KARDINAALSMUTS, KARDINAALSHOED

De vele kweekvormen van *Euonymus japonicus* worden vanwege het decoratieve blad gekweekt. Ze worden meestal als tuinplant verkocht, omdat ze ongeveer 15 graden vorst verdragen. Toch is potcultuur veiliger. Zet ze 's winters in een onverwarmde kas of serre of in een ongestookte kamer op een lichte plek. De verwarmde huiskamer is volkomen ongeschikt.
Na de vorst kunnen de potplanten naar buiten, waar ze in normale grond bij normaal gieten, in zon of schaduw, traag maar gestaag groeien.
De populaire kweekvormen zijn bontbladig: *Euonymus japonicus* 'Argentea Variegata' ('Argenteo Variegatus') (witte bladrand), *Euonymus japonicus* 'Aureo-marginatus' (geelgroen blad met gouden rand), *Euonymus japonicus* 'Microphyllus' (bladeren klein en

Datura

Euonymus japonicus 'Argentea Variegata'

Euonymus japonicus 'Luna'

slank met diverse bonte patronen), *Euonymus japonicus* 'Luna' (botergeel blad met groene rand), *Euonymus japonicus* 'Marieke' (groengrijsgroen blad met lichtgele rand).

○ – ◑ – ● ◑

Euonymus japonicus 'Marieke'

Felicia

Feliciasoorten komen meestal uit Zuid-Afrika, maar verdragen desondanks lichte vorst. Ze zijn zeer geschikt om in potten en kuipen te kweken. Vaak worden ze als eenjarige behandeld en bloeien dan vanaf het midden van de zomer tot diep in de herfst.
Felicia amelloides is de bekendste soort, met blauwe bloemen en geel hart. Zet haar 's zomers buiten: licht, in halfschaduw of zon, maar niet op een schroeiendhete plaats. Voorkom het uitdrogen van de grond.
U kunt het wintergroene struikje 's winters op een lichte plek in een koele kamer overhouden. Geef nauwelijks water en snoei de doorgeschoten takken in het voorjaar stevig terug.

○ ◑

Felicia amelloides

Fremontodendron californicum

Na een aarzelend begin breekt *Fremontodendron* nu algemeen door als kuipplant. Ze is bovendien ideaal voor een serre, waar ze

Fremontodendron californicum

snel uitgroeit tot een grote struik met mooi gelobd, viltig blad en grote, gele bloemen. Ze glimmen als boterbloemen.
De lange twijgen moeten geregeld worden gesnoeid om een compacte groei te behouden. De meeste liefhebbers hebben grote moeite om de plant te snoeien wanneer er bloemknoppen aan zitten en dat is een groot deel van het jaar het geval. Zelfs op de winterrustplaats bloeit ze vaak nog door.
’s Zomers rijkelijk gieten op de aarde, die liefst klei moet bevatten. Zet *Fremontodendron* op een warme, zonnige plaats buiten (of in kas of serre). Ze verdraagt enkele graden vorst. Toch kunt u haar beter voor de eerste nachtvorst binnenhalen en licht, koel en tamelijk droog zetten. Bladval is geen probleem. Het blad groeit in het voorjaar, ook op de oude takken, weer aan.

☼ 💧

Gladiolus callianthus

ABESSIJNSE GLADIOOL

De Abessijnse gladiool is een juweel, ook voor wie eigenlijk niet van gladiolen houdt. De bloemen, die aan het einde van de zomer wekenlang verschijnen, zien er heel natuurlijk uit: wit met een dieprood hart. Ze hangen sierlijk boven de meer dan een meter hoge, zwaardvormige bladeren. U kunt de knollen in mei in de border buiten planten, maar *Gladiolus callianthus* komt in een ruime pot of kuip beter tot haar recht. Zorg dat overtollig water altijd goed weg kan stromen, uit de zeer voedselrijke, vochthoudende grond. Daarin ontwikkelt het blad voldoende kracht om de planten tot bloei te brengen. Zet de kuip zonnig of in de halfschaduw en laat de grond nooit uitdrogen.
Geef na de bloei steeds minder water. Het loof sterft af. Haal de planten voor de eerste vorst binnen, haal de knollen uit de pot en bewaar ze koel en droog tot het volgend voorjaar. Rond de oude knollen groeien ’s zomers zeer veel klisters, die u voor de vermeerdering kunt gebruiken. Het duurt enkele jaren voor die de bloeibare grootte hebben bereikt.

☼ ◑–💧

Hebe

Hebestruikjes in de tuin zijn gevoelig voor vorst, vooral op natte grond en bij vrieswinden uit het oosten. Speciaal de bontbladige soorten kunnen beter als kuipplant worden gekweekt, waarbij ze ’s winters in een onverwarmde kas of serre, of in een koele kamer worden gehouden. Aangezien ze wintergroen zijn, hebben ze wel een lichte standplaats nodig.

Gladiolus callianthus

Hebe x *andersonii*

Hebe 'Inspiration'

's Zomers staan de struikjes graag in de frisse lucht, buiten in halfschaduw tot volle zon. Daar mag u de planten ruim begieten. Laat de grond nooit uitdrogen. In voedzame grond zullen ze vanaf begin zomer (sommige kweekvormen vanaf de late zomer) enkele weken met korte, brede aren bloeien, meestal paars of blauw, soms ook wit.
Hebe x *andersonii* is een kruising tussen *Hebe salicifolia* en *Hebe speciosa* en wordt op den duur meer dan een meter hoog en breed. De kweekvorm 'Variegata' wordt nog groter met groen en grijsgroen blad en ivoorwitte rand.
Hebe 'Inspiration' is een andere bontbladige kruising, met grijsgroen en groen in het blad en zeer brede, gele bladranden.

○ – ◑ ◯

Hedychium

SIERGEMBER

Siergembers zijn bijzonder geschikt voor kuipcultuur. Ze groeien in het voorjaar snel uit, met brede, lintvormige bladeren aan ronde stengels. Tegen het einde van de zomer en in de vroege herfst, wanneer veel planten het af laten weten, komen de siergembers juist in bloei. De bloemen zijn overweldigend mooi en heerlijk geurend, in tot dertig centimeter hoge en tien centimeter brede aren.
Aan de verdikte wortelstokken is te zien dat het om gemberachtigen gaat. De rhizomen lijken spreken op grote gemberknollen. De sterke *Hedychium*-soorten groeien voornamelijk in de Himalaya, waar de planten bovengronds in de koude periode afsterven. Dat gebeurt ook bij ons in de winter. Het maakt overwintering op een donkere plaats mogelijk. In die periode mag u de knollen helemaal droog houden. Pot ze in het vroege voorjaar weer op in

Onder: *Hedychium forrestii*

Rechts: *Hedychium gardnerianum*

De wortel van *Hedychium ellipticum*

vruchtbare grond in een brede pot of kuip (er komt veel blad aan de plant, die in een smalle pot gemakkelijk omwaait) en zet deze buiten nadat het vorstgevaar is geweken. Geef 's zomers ruim water en voeding.
Hedychium coccineum is de rode siergember. Ze vraagt meer warmte en kan het beste in een kas of serre worden gekweekt. De ondersoort *carneum* heeft vleeskleurige bloemen.
Hedychium ellipticum heeft sierlijke witte bloemen, die geknikt aan de steel zitten.
Hedychium flavum bloeit geel en lijkt veel op *Hedychium gardnerianum*.
Hedychium forrestii heeft zeer elegante, witte bloemen.
Hedychium gardnerianum is de bekendste soort, die in bepaalde subtropische gebieden als sierplant is verwilderd. Aan de tot twee meter hoge stengel bloeien in de nazomer grote, goudgele bloemaren. Alleen deze soort wordt door specialistische bedrijven aangeboden. Door onvoldoende vraag van de consument zijn de andere schitterende en gemakkelijk te kweken soorten vooralsnog nauwelijks in cultuur.

☼ ⬯

Heliconia

Deze familieleden van de banaan groeien het best in een tropische of gematigde kas. In de zomer kunnen ze in een grote pot of kuip buiten op een beschutte lichte plaats (in milde zon of halfschaduw) prachtig bloeien. Zorg dan voor veel water en voeding.
Houd de planten in de winter tamelijk droog bij een minimumtemperatuur van 15°C, op een lichte standplaats.
Heliconia psittacorum maakt grote, banaanachtige bladeren, tot twee meter hoog, en

Onder: *Hedychium ellipticum*

Rechts: *Heliconia rostrata*

draagt in de zomer sierlijke bloemen in alle mogelijke kleuren, maar meestal oranje. Er zijn meer dan 1.000 kweekvormen beschreven.
Heliconia rostrata wordt nog groter, met nog groter banaanachtig blad. Uit de schijnstam komt bij warme teelt op den duur een lange, hangende bloeiwijze, waarvan vooral de rood met gele schutbladen opvallen.
Heliconia's worden nog niet standaard op de veiling aangevoerd, zodat ze voorlopig echte liefhebbersplanten blijven.

☼ – ◑ ◯

Hibiscus rosa-sinensis

CHINESE ROOS

De Chinese roos is een bloem voor huiselijke mensen. Alleen bij gelijkmatige verzorging blijft *Hibiscus rosa-sinensis* goed aan de groei. De wortelkluit moet altijd vochtig blijven, maar mag nooit in het water staan en de plant groeit het liefst bij een constante temperatuur van rond de 20°C in vochtige lucht. Geef het groenglimmende struikje bovendien iedere maand wat kamerplantenmest, dan zal het aan één stuk door bloeien. Iedere dag ontvouwen zich nieuwe bloemen van wel twaalf centimeter doorsnee. Ze zijn fluwelig, vuurrood. De meeldraden en stamper zijn tot een steel vergroeid, die ver uit de kelk steekt.
Er zijn talloze cultuurvormen uit *rosa-sinensis* gekweekt: zalmkleurige, witte, gele, oranje en crèmekleurige cultivars. Andere zijn meer-

De bloem van *Hibiscus rosa-sinensis*

Hibiscus rosa-sinensis

kleurig gevlamd, soms dubbelbloemig en/of kroesbladig. Geef mij de echte maar. Ik zie niet in wat daar aan te verbeteren valt.
In China groeien de hibiscussen uit tot struiken van ongeveer twee meter hoog. Bij ons worden de aangeboden kamerplanten met chemische middelen compact gehouden. Op den duur verdwijnen deze stoffen en groeit *Hibiscus* sneller. Na de rustperiode in de winter (waarbij de Chinese roos in de huiskamer mag blijven) kan de altijdgroene plant worden bijgesnoeid. Maar u kunt haar ook struikachtig uit laten groeien en als kuipplant gebruiken op het terras. Haal de struik dan wel binnen wanneer de temperatuur 's nachts beneden 10°C zakt.
Kou is een van de oorzaken van knopval. De knoppen vallen ook af wanneer de lucht te droog is en wanneer de plant ten opzichte van het licht wordt gedraaid.

Lantana camara

In de tropen groeit de van oorsprong Zuidamerikaanse *Lantana* als onkruid. Ze werd vanwege de rijke bloei overal op aarde verspreid en woekert er in warme klimaten op los. Bij ons gedraagt ze zich netjes, in grote potten en kuipen. Vul die met een voedzaam en tegelijk goed doorlatend, grondmengsel. In de zomer houdt *Lantana* van gemiddelde watergift, maar heeft een grote hekel aan klefnatte grond. Zet de pot liefst op een zonnige plek. Vanaf het begin van de zomer tot laat in de herfst komen er telkens weer nieuwe schermen aan de uiteinden van de takken. De oranje bloemen verkleuren op den duur donkerrood, zodat een tweekleurig scherm ontstaat. Er zijn talloze zogenaamde '*camara*-hybriden' met zeer uiteenlopende bloemkleuren van wit, via geel en oranje naar zalm, roze tot dieprood.
In de winter staat *Lantana* graag koel (minimaal 10°C), licht en vrijwel droog. Voorjaarssnoei bevordert mooie vertakking van de struik.

Lantana camara

Leonotis leonurus

Deze Zuidafrikaanse, kruidachtige plant groeit tot twee meter hoog en bloeit in de late zomer en herfst met kransen oranje bloemen. Wanneer de vorst in het voorjaar is geweken, mag de plant op een zonnige, beschutte plaats

Leonotis leonurus

buiten worden gezet. Hij houdt van een altijdvochtige, voedzame grond en wordt daarom geregeld begoten en bemest. Vanaf ongeveer augustus ontwikkelen zich van onderen naar boven steeds nieuwe bloemkransen en de plant staat waarschijnlijk nog in volle bloei wanneer ze na de eerste nachtvorst naar binnen moet.
Zet haar daar koel en houd de aarde bijna droog. Er zal veel blad vallen, zodat een lichte overwinteringsplaats niet per se nodig is. In het voorjaar stevig terugsnoeien en liefst in verse grond oppotten.

☼ ◑

Leptospermum

In het droge westen van Australië vormen leptospermums brede struiken of lage bomen. Bij ons blijken sommige soorten enige vorst te verdragen. In kustgebieden worden ze als windkering geplaatst, die goed bestand blijkt tegen zoute wind.
In pot staan ze graag in losse, zure grond. Heidegrond is ideaal. Geef niet te veel water, maar laat de plant evenmin uitdrogen. Ze groeit het beste in de volle zon, maar ook een andere lichte plaats voldoet.
Na de eerste vorst verhuist de kuipplant naar een lichte, koele ruimte binnenshuis. Een serre of onverwarmde kas is ideaal. In droge toestand verdraagt de meest geteelde soort, *Leptospermum scoparium*, gemakkelijk tien graden vorst. De plant krijgt nu minimaal water, tot ze weer in het vroege voorjaar naar buiten kan voor een nieuw seizoen van rijke bloei met roze tot witte bloempjes.
Leptospermum citratum is iets gevoeliger voor kou. Het blad geurt heerlijk naar citroen. Ook deze soort heeft bleekroze bloemen.

☼ ◑

Leptospermum petersonii

Zie: *Leptospermum citratum*

Lobelia tupa

Dit is een van de vele nieuwe kuipplanten. De dieprode bloemen steken in de nazomer bijzonder mooi af tegen het grijsgroene blad. De plant komt van oorsprong uit Chili en staat graag op de zonnigste en warmste plaats in de tuin. Ze groeit in pot en kuip in standaardaarde, bij gemiddelde watergift en verdraagt in de

Leptospermum scoparium

herfst enige vorst (tot ongeveer -10°C). Uiteindelijk moet ook dit juweel binnenshuis de winter door, in een koele, lichte en zo luchtig mogelijke ruimte. Kas of serre zijn ideaal. Geef net genoeg water, zodat de wortelkluit niet helemaal uitdroogt.

○ ◑

Lobelia tupa

Lycianthes rantonnetii

Zie: *Solanum rantonnetii*

Lysimachia congestiflora

WEDERIK

De meeste wederiksoorten behoren tot de vaste tuinplanten. *Lysimachia congestiflora* is een tot nog toe tamelijk onbekend buitenbeentje, dat het mooiste in hangmanden buiten groeit en bloeit. 's Zomers mag ze op een half beschaduwde tot zonnige plaats en krijgt voortdurend voldoende water, zodat de grond nooit uitdroogt. Vanaf halverwege de zomer worden de takeinden gesierd door clusters wasachtig verdikte, gele bloemen, met wat rood in de keel.
's Winters bijna droog houden op een lichte, koele en zo fris mogelijke plaats in huis.

○ ◑

Malphigia coccigera

Aan de glanzendgroene blaadjes van *Malphigia coccigera* zitten enkele stekels. Om deze reden wordt de tot één meter hoge struik ook wel 'mini-hulst' genoemd. De takken groeien compact en laten zich gemakkelijk snoeien. In de loop van de zomer komen er telkens wat lichtroze bloemen aan met bijzondere, gewimperde blaadjes.

Lysimachia congestiflora

Van oorsprong groeit de struik in het Caribisch gebied en staat graag warm en zo vochtig mogelijk. Alleen in de warmste maanden kan ze buiten op een zonnige, of halfbeschaduwde plaats. Giet dan gemiddeld en voorkom dat er water bij de wortels blijft staan.
In de winter staat *Malphigia* graag op een lichte, maar niet te koele plaats (minimaal 15°C). U zult daar af en toe water moeten geven om het uitdrogen van het wintergroene blad te voorkomen.

☼ – ◑ ◐

Malva capensis

Zie: *Anisodontea capansis*

Malvastrum capense

Zie: *Anisodontea capensis*

Nandina domestica

Wanneer de nachten kouder worden, krijgen de bladeren van *Nandina* schitterende herfstkleuren. Daarna volgt de verrassing: ze vallen niet af, maar worden binnen in de loop van de winter weer groen. In het voorjaar verschijnen er pluimen witte bloemen tussen, gevolgd door witte bessen, die uiteindelijk rood verkleuren. De lange, dunne twijgen, die tot ongeveer anderhalve meter lang kunnen worden, lijken op bamboe (waar de plant overigens geen familie van is).
In streken waar het nooit meer dan tien graden vriest, kan *Nandina* in de volle grond worden gekweekt. Elders is het een ideale kuipplant. Er komen veel vruchten aan wanneer de pot of kuip 's zomers op een zonnige of halfbeschaduwde plaats in de luwte staat. De plant bestuift zichzelf, maar zal rijker vruchtdragen wanneer er een andere *Nandina* naast bloeit. De plant groeit het beste in goed gedraineerde, normale potgrond. In de zomer vrij veel water geven, in de winter droog, licht en vorstvrij houden.
Er zijn talrijke kweekvormen, onder andere 'Alba' (matwitte bessen), 'Compacta' (kleinblijvend, ongeveer 70 centimeter hoog), 'Firepower' (kleinblijvend, met felle herfstkleuren) en 'Nana Purpurea' (kleinblijvend met altijd purperpaars blad).

☼ ◯

Malphigia coccigera

Nandina domestica

Nandina domestica leucocarpa

Zie: *Nandina domestica* 'Alba'

Nerium oleander

OLEANDER

In Arabië bloeit de oleander op blakerend hete plaatsen, waar verder geen groen is te zien. Wie beter kijkt, ziet dat dit altijd aan de rand van 'wadi's' is, droge beddingen waardoor het regenwater af en toe omlaag gutst. De wortels van de oleander zoeken het water op. Geef de plant in pot of kuip daarom 's zomers ruim water en voeding en zet haar op een zo zonnig mogelijke plek. Hebt u een kas of serre, dan kunt u haar daar beter in houden. Dan zullen de knoppen zich zeker tot volle trossen bloemen ontwikkelen. Staat de plant buiten, dan komt de bloei pas heel laat op gang of blijft helemaal uit. De bloemen zijn meestal roze, maar soms ook wit, zalmkleurig of rood.
Snoei de uitgebloeide takken zeer drastisch terug om de plant compact te houden. Laat de nieuwgevormde scheuten met rust, want daaraan beginnen zich in de herfst al nieuwe knoppen voor het volgend seizoen te ontwikkelen.
De oleander overwintert het liefst op een koele (minimaal 5°C), lichte standplaats, in bijna droge aarde.
Vermeerderen lukt alleen in de zomer goed, met halfhoutige stekken of zijscheuten, die met een hieltje (een snipper bast van de hoofdstengel) worden afgescheurd. Zet de stekken op water, of in vochtige grond. De hele plant is zeer giftig.

Nerium oleander

Petunia

Petunia's vrolijken 's zomers de borders op, wanneer het tenminste niet langdurig regent of waait, want daar kunnen vooral de grootbloemige kweekvormen slecht tegen. Potcultuur geeft u de mogelijkheid om de petunia's bij langdurig slecht weer binnen te zetten, in serre, kas of achter een licht raam.
U kunt kiezen uit alle mogelijke bloemkleuren van de eenjarig gekweekte *Petunia* x *hybrida*, van paars via rood en roze naar geel, roomwit en wit. Er zijn ook veelkleurige petunia's en picotee-typen (een gekleurd randje langs ieder bloemblad). Hangende petunia's worden in het hoofdstuk over klim- en hangplanten onder de naam 'Surfinia' behandeld.
U kunt ze in februari-maart zelf bij kamertemperatuur zaaien of vanaf mei bloeiende planten kopen. Soms worden ze ook in het najaar bloeiend verkocht. Dergelijke planten kunnen in de huiskamer langdurig in herfst en winter bloeien.
Geef gemiddeld water in normale potgrond, die niet rijk aan voeding hoeft te zijn. Een tegen wind beschutte, zonnige, maar luchtige standplaats is ideaal.

Petunia

Punica granatum

GRANAATAPPEL

In het Midden-Oosten en Klein-Azië groeit de granaatappel uit tot een grote struik of kleine

boom, die na de zomerse bloei in het najaar vruchten draagt ter grootte van een forse sinaasappel. Binnen de leerachtige schil zit vruchtvlees in sappige blaasjes. Het friszure vruchtvlees wordt vaak bij nagerechten geserveerd.
Als kuipplant worden meestal kleinblijvende kweekvormen aangeboden, zoals 'Nana', met kleinere oranje bloemen. De vruchtvorming is bijzaak. Bij de kweekvormen, die soms geënt worden aangeboden, gaat het om de hoge sierwaarde van de zomerse bloemen en het fijne, groene blad, dat in de herfst verkleurt en afvalt.
Zet de kuip 's zomers op een zonnige en warme plek en giet ruim. De granaatappel stelt weinig eisen aan de grond, die wel goed gedraineerd moet zijn, liefst met wat klei erin. In de winter koel zetten (minimaal 5°C) en nauwelijks water geven. Snoei flink terug. De bloemen verschijnen in de volgende zomer aan het nieuwe hout.

☼ ◊

Punica granatum 'Nana'

Rhododendron x *obtusum*

JAPANSE AZALEA

Heel wat verschillende soorten en kruisingen van *Rhododendron* worden onder de naam Japanse azalea verkocht. Vaak gaat het om een van de talrijke cultuurvormen van *Rhododendron* x *obtusum*. Deze wordt al eeuwen in Japan veredeld. Uit de talloze kruisingen zijn zeer veel kweekvormen gewonnen met bloemen in alle mogelijke kleuren.

Rhododendron

Rhododendron

De Japanse azalea's kunnen op een beschutte plek in de tuin worden uitgeplant. Het blad valt alleen bij strenge vorst. Wanneer die laat komt, hebben de struiken er erg van te lijden en het duurt dan lang voordat ze zich hebben hersteld.
Behalve in milde klimaten, zoals die in Ierland, West-Engeland en zuidelijke landen, is de teelt als kuipplant geschikter. Zet de plant in een ruime pot of kuip met grond, die aan de zure kant moet zijn. De kluit mag nooit helemaal uitdrogen. Verder houdt de Japanse azalea van een frisse, halfbeschaduwde plaats buiten. Laat ook in de winter de grond niet helemaal uitdrogen en zet de azalea op een vorstvrije, luchtige en zo licht mogelijke plaats.

Senna corymbosa

Zie: *Cassia corymbosa*

Senna didymobotrya

Zie: *Cassia didymobotrya*

Solanum rantonnetii

NACHTSCHADE

Blad en bloemen van de meeste nachtschaden zijn giftig. De vruchten en knollen soms niet, zoals nachtschadesoorten als de tomaat en aardappel bewijzen. *Solanum rantonnetii* (de officiële nieuwe naam is *Lycianthes rantonnetii*) wordt in een grote pot of kuip als sierplant gekweekt. Ze wordt manshoog, met lange, losse twijgen en groen blad.
Wanneer u de plant in het groeiseizoen rijkelijk begiet en voedt, verschijnen in de nazomer bundeltjes met blauw tot violette bloemen. Het gele hart en de meeldraden contrasteren er sterk mee.
Solanum rantonnetii staat 's zomers graag op een warme, zonnige tot halfbeschaduwde plaats buiten, of in een kas of serre. Haal deze nachtschade uit Argentinië en Paraguay voor de eerste nachtvorst binnen en zet de plant bijna volledig droog in een koele, eventueel donkere kamer (minimaal 5°C). Ze verliest bij deze behandeling al het blad, maar het groeit in het voorjaar weer aan. U kunt de sliertige scheuten de hele herfst, winter en vroege lente naar believen inkorten.

Solanum rantonnetii

Strelitzia reginae

PARADIJSVOGELBLOEM

In Zuid-Afrika wordt de paradijsvogelbloem door vogels bestoven. Ze kunnen goed op de horizontale schutbladen landen, waaruit de oranje en diepblauwe bloemdelen omhoog komen. Bij ons is *Strelitzia* vooral voor winter-

tuinen geschikt, want ook in de winter vraagt ze een lichte standplaats. Het blad sterft niet af. 's Winters heeft ze minimaal 10°C nodig, maar mag ook warmer staan. Dan heeft de plant meer water nodig. In een koele kamer hoeft u alleen het uitdrogen van de wortels te voorkomen.
Vanaf de vroege zomer mag de paradijsvogelbloem op een beschutte, warme plaats in de tuin. Houd haar uit de felste zon en giet en voed de plant overvloedig, zonder dat er water bij de wortels kan blijven staan.
De paradijsvogelbloem past alleen in een grote pot. Verpotten is dan pas na enkele jaren nodig. In de tussenliggende jaren wordt de toplaag vernieuwd met voedzame grond.

☼ ◊

Tibouchina semidecandra

Zie: *Tibouchina urvilleana*

Tibouchina urvilleana

In Zuid-Amerika groeit de struik op de lichte standplaatsen tegen beboste hellingen van bergachtige streken. Het blad is donzig behaard, aan lange vierkante, behaarde stengels.

Tibouchina urvilleana

In cultuur kan *Tibouchina* een groot deel van het jaar bloeien, zelfs in de winter, wanneer de plant licht en warm staat.

Strelitzia reginae

Zet haar overigens liefst in een koele, lichte kamer (minimaal 8°C) en geef weinig water, zodat de plant niet doorgroeit.
In het vroege voorjaar flink terugsnoeien, verse, voedzame grond geven en geleidelijk meer warmte. Zo brengt u haar weer aan de praat. Zet haar buiten op een beschutte, warme plek, alleen afgeschermd tegen de allerheetste zomerzon. Vanaf ongeveer halverwege de zomer komen er de vele centimeters brede, paarsblauwe bloemen aan. Giet in die periode ruim en geef geregeld plantenvoeding, dan bloeit de schitterende plant tot diep in de herfst door.

Trachelospermum jasminoides

STERJASMIJN

De witte bloemen van deze wintergroene Chinese plant geuren intens, als jasmijn. Sterjasmijn is van nature een klimplant, maar groeit lange tijd als bescheiden struikje met sliertige takken in een grote pot. De teelt is probleemloos. Sterjasmijn staat graag in de zon of gedeeltelijke schaduw, groeit in normale potgrond en verdraagt in de zomer veel water. Een keer vergeten te gieten is evenmin een ramp, al is matige vochtigheid ideaal.
In de herfst kan ze lang buiten blijven, want 5 graden vorst wordt gemakkelijk verdragen (*Trachelospermum asiaticum*, die er veel op lijkt, overleeft zelfs 15 graden vorst).
In de winter heeft het dikke, leerachtige blad binnenshuis veel licht nodig, anders valt er te veel van af. In het voorjaar kunnen de lange stengels naar believen worden gesnoeid.
De hele plant is giftig.

Trachelospermum jasminoides

Tulbaghia violacea

Tulbaghia lijkt een verkleinde uitgave van *Agapanthus*. Ze komt ook uit Zuid-Afrika en bloeit met lila bloemen. Agapanthus bloeit enkele weken in de nazomer. *Tulbaghia* begint er in de voorzomer mee en gaat er, met korte tussenpozen, tot in de herfst mee door. De bloemen zitten in een bolvorm aan het einde van de stengels, die ongeveer een halve meter lang worden. Het lintvormige blad wordt niet langer dan dertig centimeter.
Tulbaghia violacea is een probleemloze kuipplant, die de hele zomer tot diep in de herfst buiten kan blijven. Ze kan tegen enkele graden vorst. Zet haar 's winters koel, luchtig en licht en geef net genoeg water om de kluit niet helemaal te laten verdrogen.
In het voorjaar ruim gieten en mesten, totdat u de bloemstengels ziet. Daarna is gemiddeld water beter. Geef de plant een warme, zonnige standplaats. Ze kan door scheuren en zaaien worden vermeerderd.

Verbena

IJZERHARD

Deze vaste planten uit Amerika worden bij ons meestal eenjarig gekweekt. In het voorjaar worden talloze kweekvormen van *Verbena* x *hybrida* aangeboden. U kunt ze als eenjarige perkplant gebruiken, terwijl de hangende vormen mooi uitkomen in bloembakken en hangmanden. Spreidende en rechtopgroeiende kweekvormen zijn bijzonder geschikt voor potcultuur.
Ze groeien graag in de volle zon, maar desnoods ook in de halfschaduw. Zorg voor

Verbena 'Sissinghurst-Pink'

Verbena 'Silver Anne'

voedzame, vochthoudende grond en giet in het groeiseizoen ruim. Wanneer u de uitgebloeide bloemen wegknipt, zullen de stengels zich vertakken en vanaf het begin van de zomer tot in de vroege herfst doorbloeien.
U kunt ijzerhardsoorten zelf zaaien, in het vroege voorjaar binnen onder glas, of in de nazomer in een kas of serre. Houd ze in de winter licht, matig vochtig bij minimaal 8°C. In de nazomer is stek nemen eenvoudig. Help ze bij bodemwarmte aan de wortel en behandel ze in de winter als zaailingen.

Verbena x *hybrida* 'Peaches and Cream'

Viola x *wittrockiana*

TUINVIOOLTJE

Al vierhonderd jaar voor het begin van onze jaartelling waren viooltjes op Griekse markten te koop. Sindsdien is er zo vaak met de wilde soorten gekruist, dat de afstamming niet meer precies bekend is.
De meeste kweekvormen die worden aangeboden, behoren tot de *wittrockiana*-hybriden. Ze geuren niet.
Kies de planten op kleur (en eventueel geur). Ze zijn in het voorjaar te koop voor borders, bakken en potten en bloeien een zomer lang wanneer u de humushoudende grond voortdurend vochtig houdt en de potten niet te zonnig zet.
In het najaar komen de winterviolen, die enkele graden vorst verdragen, maar toch beter binnen op een koele plaats kunnen worden gehouden. Daar kunt u tot in het voorjaar van de bloemen genieten.

Viola x *wittrockiana*

Zantedeschia aethiopica

ARONSKELK

Deze aronskelk uit Zuid-Afrika is vanwege de bloeiwijzen verspreid geraakt over alle tropische en vooral subtropische gebieden op aar-

de. Meestal wordt ze in potten of kuipen gekweekt. De witte bloeischede met roomkleurige kolf wordt in veel landen als grafbloem gebruikt. Juist in gematigde gebieden, zoals op Madeira en de Azoren, is de soort ook verwilderd en duikt in de natuur op, vooral op vochtige plaatsen.
Dit zegt veel over de cultuur in onze streken: *Zantedeschia aethiopica* kan buiten erg goed tegen kou, desnoods tegen 10 graden vorst. Kweekt u de wortelstokken in een pot, laat het er dan niet op aankomen en haal de plant bij de eerste nachtvorst binnen.
Het overwinteren van planten, die in de zomer binnen hebben gestaan, kan het beste bij minimaal 10°C.
Rond Kaapstad groeit deze aronskelk in moerassen. Ze kan als aquarium- en vijverplant worden gekweekt, tot op een diepte van meer dan een halve meter onder water, waar de wortelstokken 's winters niet kunnen bevriezen.
Deze kweekwijze bewijst dat *aethiopica* goed tegen veel vocht kan. In potcultuur is matig vochtige grond voldoende. De plant mag in de volle zon of in de halfschaduw.
In de voorzomer verschijnen de bloeiwijzen op ongeveer één meter lange stelen. De plant is giftig.
Voorkom dat het sap op de huid of in de ogen komt en schakel een arts in wanneer iemand het binnenkrijgt. Eerste hulp: veel water laten drinken.

○ ◐–○

Zantedeschia aethiopica

Viooltjes, blauwe druifjes en lavendel in potten (*Viola* x *wittrockiana*)

18. Fuchsia's en geraniums

Fuchsia's en geraniums zijn niet voor niets zo populair. Ze groeien probleemloos en bloeien maanden aan één stuk, met schitterend gekleurde bloemen.
Fuchsia's komen voornamelijk uit bergwouden van Latijns-Amerika, waar de bomen bescherming bieden tegen wind en de felle, tropische zon. De lucht is er fris en vochtig.
Geraniums (die officieel Pelargonium *heten) komen bijna allemaal uit zuidelijk Afrika. Ze beleven een droge periode, waarin het blad gemakkelijk valt, gevolgd door een periode van uitbundige groei en bloei.*
Voor een zonnig raam, terras of balkon kunt u het beste geraniums kiezen. Op het beschaduwde balkon, terras of een matig zonnige binnenplaats komen fuchsia's beter tot hun recht.

Fuchsia

BELLENPLANT

Fuchsia's ademen de sfeer van de tropen. Toch groeien de ruim honderd verschillende soorten op zeer uiteenlopende plaatsen, van het warme Mexico tot in het barre klimaat van Vuurland, de zuidpunt van Zuid-Amerika. Daar bloeien soorten die ook in ons klimaat winterhard zijn, zoals *Fuchsia magellanica*, de tuinfuchsia.
Ook in de rest van Latijns Amerika groeien fuchsia's eerder in koele bergstreken dan in het hete laagland. In sommige delen van de Andes zijn ze van levensbelang voor kolibries. Deze miniatuurvogeltjes zweven onder de bloemen en drinken er nectar uit. De lange bloeiperiode van de fuchsia's zorgt ervoor dat de kolibries ook in de hoger gelegen streken kunnen overleven. Op hun beurt hebben de bellenplanten profijt van de vogels: de bloemen raken erdoor bestoven.
Het is deze onderlinge samenwerking tussen vogel en plant die verantwoordelijk is voor de vorm en kleurenpracht van de bloemen. In tegenstelling tot insekten kunnen vogels rood zien. Bij veel fuchsia's is de buitenkant van de bloemen opvallend rood of roze. Deze buis en kelkbladen lokken de vogels van verre. De kroonbladen hangen er als een rok onder. Ze hebben een sterk contrasterende kleur om de vogels naar de ingang van de bloem te leiden. Meeldraden en stamper steken er ver onderuit,

Links: *Fuchsia* 'Walz Jubelteen'
Onder: Een fuchsiatuin

Fuchsia boliviana 'Alba'

zodat de kopveren van de kolibrie bepoederd raken met stuifmeel, dat later aan de stempel van een andere bloem wordt afgestreken.
Uit de ruim honderd wilde soorten, die behalve in Latijns Amerika ook in Nieuw-Zeeland en op Tahiti groeien, zijn meer dan 8.000 geregistreerde cultivars gekweekt waarvan er ongeveer 2.000 in cultuur zijn. De allersterkste worden in de plantenhandel aangeboden. Ze kunnen op een niet te zonnige vensterbank binnenshuis worden gekweekt wanneer de lucht er fris is en niet te droog. In bedompte lucht krijgt grauwe schimmel (*botrytis*) een kans. Is de lucht te droog, dan vallen veel knoppen af.
Giet in het voorjaar matig, in de zomer rijkelijk en voed de plant geregeld. Ze heeft in de huiskamer geen winterrust nodig en kan tot in de winter doorbloeien. Snoei zo gekweekte planten in het voorjaar stevig terug, zodat ze weer compact uit kunnen groeien.
Fuchsia's kunnen ook buiten worden gekweekt. De ongeveer twintig winterharde soorten en kweekvormen kunnen zomer en winter in de volle grond blijven. Ze sterven 's winters bovengronds af, maar lopen in het voorjaar weer uit.
De overige kweekvormen zijn uiterst geschikt als kuipplant, in serre of kas, op het terras, in bloembakken en als hangplant. Ze worden hier ingedeeld naar de behandeling die ze in de winter nodig hebben.

Fuchsia's voor 10 tot 15°C

Het gaat hierbij om soorten uit warmere streken, zoals *Fuchsia triphylla* van Hispaniola (Haïti en de Dominicaanse Republiek) en om de kweekvormen daaruit (de zogenaamde Triphylla-hybriden). Ze kunnen niet worden ingekuild en hebben een minimale wintertemperatuur van 10°C nodig:
Fuchsia boliviana groeit fors struikvormig, met houtige takken en groot, fluwelig blad en trossen tot 30 centimeter lange, buisvormige bloemen, roze tot rood. 'Alba' heeft een witte buis.
Fuchsia 'Fuji San' is een tamelijk nieuw juweel, met karmijnroze buis, lichtgroen gepunte kelkbladen en daaronder een oranje rokje.
Fuchsia 'Nell Gwyn' groeit het beste op een zonnige groeiplaats. Ze heeft een wasachtige, zuurstokroze buis met lichtere kelkbladen en een oranjerode kroonrok.
Fuchsia 'Pink Cornet' is gekruist uit *F. boliviana* en dat is aan de trossen zeer lange bloemen goed te zien. Ze wordt een grote struik voor een zonnige, beschutte plaats in de tuin. Het blad is groot, golvend en fluwelig. De bloembuis verloopt van roomwit naar lichtroze, de kroon is felrood.
Fuchsia x *speciosa* (Van Delen) is een kruising uit twee Middenamerikaanse soorten: *F. fulgens* en *F. splendens*. De plant vormt een grote struik, met groot fluweliggroen blad en

Fuchsia 'Fuji San'

Rechts: *Fuchsia* 'Pink Cornet'
Onder: *Fuchsia* x *speciosa*

Fuchsia 'Stella Ann'

trossen brede buisbloemen, dieprood met groene punten aan de kelkbladen, die zich nauwelijks openen.

Fuchsia 'Stella Ann' is een typische Triphylla-hybride met zalmroze, brede buisbloemen, die zich net genoeg openen om de oranje kroonbladen te laten zien.

Fuchsia's voor 5 tot 10°C

Onderstaande soorten en kweekvormen kunnen niet of slecht worden ingekuild, maar verdragen in de winter wel vrij lage temperaturen van 5°C of hoger.

Fuchsia 'Baby Face' groeit uit tot een dwergstruikje met relatief kleine, roomkleurige bloemen, met zachtroze blos. De plant houdt niet van zon.

Fuchsia 'Danny Kaye' heeft 'komieke' bloemen met roze kelk en gevlamde kroon in tinten rood en roze. Ze werd in 1992 gewonnen uit *F.* 'Bicentennial' x *F.* 'Walz Mandoline' en mag in de volle zon.

Fuchsia microphylla var. *hemsleyana* komt uit het berggebied op de grens van Panama en Costa Rica. De gedrongen struiken hebben klein, donkergroen blad en zeer kleine rode bloemen.

Fuchsia 'Melanie' ontstond in 1987 uit *F.* 'Grusz aus dem Bodethal' x *F.* 'Foolke'. Deze struikvorm voor in de halfschaduw heeft een lakrode buis en kelkbladen en een pruimpaarse rok (kroon).

Fuchsia 'Baby Face'

Fuchsia 'Danny Kaye'

Fuchsia 'Red Rain' krijgt scharlakenrode, breed buisvormige bloemen van het Triphylla-type aan struikje of hangplant, en wenst een zeer lichte of een zonnige plaats.
Fuchsia 'Sunray' wordt speciaal vanwege het bonte blad gekweekt: groen met roomwit, in de nieuwgroei met roze waas.
Fuchsia 'Walz Jubelteen' is een gemakkelijk groeiende plant met opstaande amberkleurige tot roze bloemen. Ze werd in 1990 gewonnen uit *F.* 'Toos' x *F.* 'Prince Syray'. Ze is goed doorbloeiend op een zonnige plaats.
Fuchsia 'Zet's Alpha' is een nieuwe kweekvorm (1993) met trossen zeer lange bloemen. Buis en kelkbladen zijn karmijnroze, de kroon oranje aan de stevige, opgaande struik.

Fuchsia microphylla x *hemsleyana*

Fuchsia 'Melanie'

Fuchsia 'Red Rain'

Fuchsia 'Zet's Alpha'

Winterharde fuchsia's

Uit de wilde soorten fuchsia's uit koude streken worden steeds meer kweekvormen gekweekt die ook in de winter in de tuin kunnen blijven. Ze sterven bovengronds af en hebben baat bij enige bedekking met blad, stro of een ander isolerend materiaal. Ze kunnen ook in

Fuchsia 'Corallina'

Fuchsia 'Sunray'

potten worden gekweekt, maar moeten dan wel 's winters naar binnen.

Fuchsia 'Corallina' is een heel oude kruising (1843) van *F. magallenica globosa* x *F. splendens*. Ze bloeit rijk maar laat, met karmijnrode/paarse bloemen. De struik groeit sterk in de breedte en kan ook als hangplant worden gebruikt. De plant wil een beschutte plaats uit de felle zon.

Fuchsia 'Monsieur Thibaut' groeit krachtig en bloeit met een grote kersrode buis en kelk met magenta kroon.

Fuchsia's voor de kuil

Het overgrote deel van de verkochte fuchsia's kan op een heel speciale manier de winter door. Wanneer de eerste nachtvorsten komen, wordt de plant sterk gesnoeid en uit de pot gehaald. Alleen de wortels en de bladloze stammen worden in een gat in de tuin opgekuild. Liefhebbers gebruiken ook kapotte diepvrieskasten in schuren voor dit doel. Ze leggen daarin de planten (elk voorzien van een naamlabel) en dekken die af met turfmolm.

Fuchsia 'Alison Ryle' ontstond in 1968 uit *F.* 'Lena Dalton' x *F.* 'Tennessee Walz'. De helderroze met lavendelblauwe, goed vertakkende struik wil een lichte (eventueel zeer zonnige) standplaats.

Fuchsia 'Berba's Fleur' lijkt veel op 'Alison Ryle' met signaalrode kelk en paarsblauwe kroon.

Fuchsia 'Gift Wrap'

Fuchsia 'Alison Ryle'

Fuchsia 'Glenby'

Onder: *Fuchsia* 'Juni May' Rechts: *Fuchsia* 'Multa'

Fuchsia 'Berba's Fleur'

Fuchsia 'Gift Wrap' groeit hoog op en bloeit rijk met witte buis en kelk en variabele kroon. De bladeren van de rok beginnen paars, maar verkleuren tijdens de bloei naar rood.

Fuchsia 'Welsh Dragon'

Fuchsia 'Whiteknight's Pearl'

Fuchsia 'Glenby' vertakt mooi regelmatig en bloeit 'mild' met meekraprode buis en kelkbladen die omhoog gaan staan. De kroon is paars, roze verbloeiend.
Fuchsia 'Juni May' groeit vooral in de breedte, wat de plant geschikt maakt als hanger. Onder de witte buis en kelk hangt een mauve rokje, dat roze verkleurt.
Fuchsia 'Multa' heeft een felrode buis en kelk met een felpaarse kroon eronder. De kleine bloemen verschijnen in overvloed aan de hangende struik.
Fuchsia 'Welsh Dragon' heeft opvallend bolronde knoppen en bloemen, van buiten rozerood, met magenta kroon. Het is een struik voor in de zon.
Fuchsia 'Whiteknight's Pearl' bloeit rijk met slanke, teer roze bloemen met de vorm van *Fuchsia magellanica*. De bossige struik wil in de zon.
Fuchsia. De meeste planten in tuincentra worden naamloos verkocht. Het gaat vaak om multihybriden, waarvan de naam niet meer is te achterhalen.
Fuchsia's die buiten in potten worden gekweekt, staan graag op een luwe plaats. Er zijn soorten die graag in de volle zon staan, de meeste geven de voorkeur aan gedeeltelijke schaduw. 's Zomers hebben ze veel water nodig en geregeld mest.
Fuchsia's stekken bijzonder gemakkelijk, zowel op water als in een mengsel van grof zand

en turf. Neem in het voorjaar de jonge scheuten en snijd die door een knoop af. Bodemwarmte van minimaal 15°C helpt de stekken snel aan de wortel. Zaaien kan in het najaar, direct na het rijpen van het zaad, maar eventueel ook nog in het voorjaar. Het zaad verliest snel zijn kiemkracht.

Fuchsia

Fuchsia boliviana luxurians 'Alba'

Zie: *Fuchsia boliviana* 'Alba'

Pelargonium

GERANIUM

Met de wetenschappelijke naam *Geranium* worden de zogenaamde ooievaarsbekken aangeduid, die zomer en winter in de tuin kunnen worden gekweekt. De populaire naam 'geranium' wordt gebruikt voor de ruim 250 soorten *Pelargonium*. Ze groeien voornamelijk in Zuid-Afrika en kunnen niet tegen vorst.
In de plantenhandel worden bijna uitsluitend kweekvormen van de geranium aangeboden. Het aanbod is enorm en kan als volgt worden ingedeeld: geurgeraniums, Grandiflorum-hybriden (Franse geraniums), Zonale-hybriden en Peltatum-hybriden (de hanggeraniums).

Geurgeraniums

Pelargonium capitatum

ROZENGERANIUM

Wie langs het blad van de rozengeranium strijkt, ruikt rozegeur. Blad en stengels zijn met witte haartjes bezet. De plant heeft een kruipende groeiwijze en is zeer geschikt voor een hangmand. Boven de talrijke scheuten komen kleine, felroze bloemen met de voor deze groep kenmerkende donkerder adering. Voor verzorging zie *Pelargonium graveolens*.

Pelargonium capitatum 'Snowflake'

Pelargonium crispum

CITROENGERANIUM

De citroengeranium geurt naar citroen, vooral wanneer u het blad aanraakt. Dat is behaard en voelt kleverig aan. De naamgeving van de zeer gemakkelijk te kweken plant is een onoplosbaar probleem. Planten die onder de naam citroengeranium worden verkocht, zijn over het algemeen kruisingen van verwante soorten *Pelargonium* uit zuidelijk Afrika. Ze worden vaak verkocht onder de naam *Pelargonium graveolens*, maar de afgebeelde kruising lijkt meer op *Pelargonium crispum* 'Variegatum'. Zie verder *Pelargonium graveolens*.

Pelargonium x *domesticum*

Zie: *Pelargonium* Regale-hybriden

Pelargonium crispum 'Variegatum'

Pelargonium graveolens

CITROENGERANIUM

Citroengeraniums worden meestal onder deze naam aangeboden, terwijl er sprake is van kruisingen (zie ook *Pelargonium crispum*). Wat de verzorging betreft, zijn de citroengeraniums probleemloos. In de volle zon blijven ze flink aan de groei zolang ze niet droog komen te staan. Wanneer er veel bladeren verschrompelen, hebben ze meer water of voeding nodig. Verpot geregeld in losse, zanderige grond, liefst met wat klei erin.

In de winter krijgen ze slappe scheuten, behalve wanneer u ze op een koele, lichte plaats hebt gezet. Geef daar nauwelijks water. Bladverlies is nu geen ramp. Na snoei in het voorjaar vertakken de planten des te mooier.

Op den duur verhouten de planten en worden van onderen kaal. Dan is het tijd om stekken te nemen van half afgerijpt hout. Breng ze in water of vochtige grond aan de wortel.

☼ ◑

Pelargonium graveolens-hybride

Pelargonium fragrans

WELRIEKENDE GERANIUM

Onder deze naam wordt een groep zachtbladige geraniums aangeboden. Bij aanraking geuren ze mild kruidachtig met duidelijk verschillende geuren. Strijk dus in de winkel voorzichtig langs het blad en kies de plant met uw neus. Er bestaan talloze kweekvormen van deze Zuidafrikaanse soort. In de namen komt de geur tot uitdrukking: 'Old Spice' en 'Snowy nutmeg'. Bontbladige vormen worden onder de naam 'Variegata' aangeboden.

De verzorging is gelijk aan die van *Pelargonium graveolens*, maar bescherm het zachte en dunnere blad van de welriekende geranium tegen de heetste middagzon.

☼ ◑

Pelargonium fragrans

Pelargonium Grandiflorum-hybriden

FRANSE GERANIUM

Deze grootbloemige geraniums voor huiskamer, balkon en terras worden ook wel aangeduid met *Pelargonium* Regale-hybriden. Het gaat om kruisingen uit Zuidafrikaanse soorten zoals *Pelargonium grandiflorum* en *Pelargonium alchemilloides*. Het relatief sappige blad is trechtervormig. De planten bloeien een zomer lang met felgekleurde bloemen.
Zorg binnenshuis voor een zonnige standplaats (licht schermen tegen de allerheetste zomerzon). Geef matig water en voed de planten geregeld. Bij watergebrek gaat het blad slap hangen.
In de winter koel en vrijwel droog zetten. In het vroege voorjaar terugsnoeien, desgewenst verpotten en geleidelijk meer warmte en water toedienen.
Stek de sappige stengels bij voorkeur al in de zomer in mildwarme, zanderige grond. Houd de aarde gelijkmatig vochtig. Te nat leidt tot voetrot.
De meeste Franse geraniums worden op kleur aangeboden. Benoemde kweekvormen zijn: 'Grand Slam' (rozerood), 'Lavendel Grand Slam' (lavendelroze) en 'White Glory' (wit).

☼ ◐

Pelargonium x *hortorum*

Zie: *Pelargonium* Zonale-hybriden

Pelargonium Peltatum-hybriden

HANGGERANIUM

Hanggeraniums hebben klimopachtig, sappig blad (vandaar dat ze ook wel 'klimopgeranium' worden genoemd). De dunne stengels hangen slap omlaag. Dit maakt deze geraniums uitermate geschikt voor bloembakken en hangmanden, waarin ze vanaf mei tot diep in de herfst kunnen bloeien. U kunt iets meer water en mest geven dan aan de Zonale-hybriden, maar laat ook hier de aarde na iedere gietbeurt opdrogen.
Behalve geraniums die op bloemeigenschappen zijn gekweekt, worden ook zogenaamde 'bladpelargoniums' aangeboden, met de sierwaarde vooral in het blad. Een schitterende bladpelargonium uit de Peltatum-groep is *Pelargonium* 'L 'Elégante' met enkelvoudige witte bloemen met purperen strepen. Het blad is vet, grijsgroen met een roomwitte tot lichtroze rand. Voor verdere verzorging zie *Pelargonium* Zonale-hybriden.

☼ ◐

Pelargium Grandiflorum-hybride

Links en onder: *Pelargonium* Peltatum-hybride

Pelargonium Regale-hybriden

Zie: *Pelargonium* Grandiflorum-hybriden

Pelargonium Zonale-hybriden

Dit zijn de bekendste geraniums, soms ook wel aangeduid met de naam *Pelargonium* x *hortorum*. Het gaat om kruisingen van onder andere *P. inquinans* en *P. zonale*, beide uit Zuid-Afrika. De ronde twijgen zijn eerst sappiggroen. Later verhouten ze tot kleine struikjes. Het blad is meestal min of meer rond met

Pelargonium Stellar-hybride

Pelargonium Peltatum-hybride 'L'Elégante'

een hoefijzervormige verkleuring. De bloemen zijn groot, enkel of gevuld, vaak in roze, rood, paars of wit.
De planten zijn zeer geschikt voor bloembakken en voor potcultuur op balkon of terras, liefst op een zonnige, beschutte plaats. Kweek ze in niet te grote potten, zodat de aarde tussen de gietbeurten goed kan drogen. In de zomer kan gemiddeld worden gegoten. Wees zuinig met stikstofmest, want die zorgt wel voor bladvorming, maar remt de bloei.
In de winter droog houden en koel maar vorstvrij wegzetten, zodat de planten niet meer groeien. Bladval is in deze periode geen probleem. Haal verdord blad weg om grauwe schimmel te voorkomen. Snoei in de late winter flink en top de nieuwgoei in de lente, zodat compacte struikjes ontstaan.
De weggesnoeide toppen kunnen in de lente gemakkelijk aan de wortel worden gebracht. Snijd ze direct onder een knoop af. Laat de wond een dag in de schaduw drogen en haal alle bladeren (behalve de nieuwgroei in de top) eraf. Steek de stekken in zand of in een mengsel van zand en turf. Houd de stekgrond mildvochtig (nooit nat, om voetrot te voorkomen) en zorg voor een temperatuur van minimaal 15°C, uit de volle zon.
Behalve de onbenoembare kruisingen en de compactere F1-hybriden, zijn er ondergroepen met duidelijke kenmerken, zoals:
Stellar-hybriden: hebben stervormig blad. De bloemen zijn meestal wit of bleek, met duidelijk gegaffelde tot gerafelde bovenste bloembladen.
Startel-hybriden: uit de Stellar-hybriden gewonnen compacte F1-hybriden, met kleurrijke bloemen.

☼ ● – ◑

Pelargonium Startel-hybride 'Bird dancer'

Pelargonium Zonale-hybride

Register

A

B

C

G

H

I

J

K

L

M

N

O

P

R

S

Dankbetuiging

Uitgever en auteur danken de volgende personen en instellingen voor hun medewerking aan deze uitgave, die zonder hun hulp niet tot stand was gekomen:

Arboretum Poort-Bulten, De Lutte
Botanische Tuinen Universiteit Utrecht
Cultuurtuin voor Technische Gewassen, Delft
De Egelantier, Paterswolde
De Prionatuinen, Schuinesloot
Hortus Botanicus Amsterdam
Hortus Botanicus Leiden
Hortus Botanicus Vrije Universiteit, Amsterdam
J. Hummel, Zevenhuizen
Kasteeltuinen Arcen
Kwekerij De Bloemenhoek, De Bilt
Kwekerij Hartog, Peize
Mevrouw Dekker, Veere
Mevrouw Roozen, Haarlem

Speciale dank zijn wij verschuldigd aan Intratuin in Groningen, waar vele in dit boek geplaatste foto's gemaakt mochten worden.